KARLHEINZ GIERDEN

Das Rheinland – Wiege Europas?

DAS RHEINLAND – WIEGE EUROPAS?

Eine Spurensuche von Agrippina bis Adenauer

Herausgegeben von
Karlheinz Gierden

Unter Mitarbeit von Marion Gierden-Jülich

Lübbe Ehrenwirth

Dieser Titel ist auch als E-Book erschienen

Lübbe Ehrenwirth in der Bastei Lübbe GmbH & Co. KG

Originalausgabe

Textredaktion: Dr. Marion Gierden-Jülich
Umschlaggestaltung: Tanja Østlyngen
Umschlagmotiv: akg-images; © akg-images/Doris Poklekowski
Satz: Siebel Druck & Grafik, Lindlar
Gesetzt aus der Freight Text Pro
Druck und Einband: GGP Media GmbH, Pößneck

Printed in Germany
ISBN 978-3-431-03859-0

5 4 3 2 1

Sie finden uns im Internet unter: www.luebbe.de
Bitte beachten Sie auch: www.lesejury.de

Inhaltsverzeichnis

KARLHEINZ GIERDEN

Einleitung

Das Rheinland ist eine Landschaft mentalen Charakters. Zu dieser Feststellung kommt der Autor des zehnten Beitrages, Hans-Peter Schwarz, über Konrad Adenauer. Nun liegt das sicher nicht an der rheinischen Aufweichung der deutschen Sprache und dem Abschleifen der Konsonanten. Vielleicht ist Toleranz gegenüber dem auswärtigen Besucher der typischen Kölner Kneipe ein Ausdruck rheinischen Charakters. Aber wer sind Rheinländer, Persönlichkeiten, die das Bild des Rheinlandes geprägt haben, in welcher Landschaft? In der Tat, die Feststellung des mentalen Charakters trifft zu. Das Rheinland wird nicht begrenzt von unüberschaubaren, schneebedeckten Bergen und nicht von einer von Ebbe und Flut bewegten See. Der Rhein selbst bewegt sich eher träge von den Alpen zur Nordsee, gibt seinen Namen spät dem Land an seinen westlichen und östlichen Ufern. Dort wo er überschaubar und überbrückbar erscheint, ist er als natürliche Grenze nicht mehr geeignet. Weder die Schwarzwälder und Elsässer, noch die Pfälzer und Hessen haben den Namen Rheinländer angenommen, die Rheinhessen immerhin schon zur Hälfte.

Dann beginnt das Rheinland mit erweitertem Blick aus dem Tal des Rheines. Aber nicht die Grenzen der Landschaft, sondern Ortsnamen, wie Xanten oder Bonn, erinnern an die Besuche und Heimsuchungen aus dem Rest Europas. Wie in der Literatur Carl Zuckmayer bereits erkannt hat, kamen in dieses Rheinland Römer, Gallier, Ungarn (Pannonier), Spanier, Franzosen, Kroaten und so fort und so fort.

Was zeichnete sie aus? Was führte sie zusammen? Gemeinsamer Gesang und Trank am Feuer wie die alten Germanenstämme, gemeinsame Sprache oder gemeinsame Kunst oder Religion? Oder war es nicht doch die gemeinsame Geschichte?

Die Rheinländer haben keine Stammesgeschichte wie die Bayern an den Alpen und die Friesen an der See. Bischöfliche Kurfürsten in Köln, Mainz und Trier erinnerten stets daran, dass es in Europa nördlich der Alpen eine auf Rom zurückzuführende Reichsidee gibt. Um diese Reichsidee muss man politisch – in welchem Abstand auch immer – kreisen, mal näher, mal ferner. Das Europa, das wir kennen, hat schon im alten Reich die staatliche Gestaltung für das Miteinander der Europäer gefunden.

Als allerdings dem Rheinland erstmals zu Beginn einer nationalstaatlichen Entwicklung in Deutschland eine Einheitsdynastie übergestülpt wurde, 1815 beim Wiener Kongress, war das nicht rheinisch, nicht europäisch, sondern zwangsweise preußisch. Die Reichserhebung 1871 hatte mit der alten Reichsidee nichts gemein.

Die preußisch-deutsche Staatsbildung entsprach einzig nationalstaatlichen Vorstellungen, nicht der Idee von einem Europa südlich und nördlich der Alpen. Bismarck hat im ehemaligen aufgelösten Reich, dem Bund zwischen Wien und Berlin, zunächst die Führung und dann die Auflösung zugunsten einer kleindeutschen Lösung betrieben.

Im Gegensatz zu dem 1933 folgenden Dritten Reich war das Zweite Reich immerhin zunächst auf Ausgleich und Frieden in Europa ausgerichtet. Das Scheitern eines europäischen Ausgleichs zwischen souveränen Staaten führte in den Ersten Weltkrieg. Dessen Ende brachte den Deutschen zwar die Demokratie anstelle einer preußischen Monarchie, eine Befriedung Europas gelang hingegen nicht. Versuche, Europa über den Völkerbund zu schaffen, trafen gerade in Deutschland auf einen nationalistischen Revanchismus, der zum Nährboden für das Erstarken des Nationalsozialismus wurde. Befördert wurde er durch eine mit den Nationalstaaten aufgekommene Denkweise, die die politische Dominanz der Mächtigen über das Miteinander der Völker im Dienst einer gemeinsamen Idee, der von Rom übernommenen Reichsidee, stellte.

Die endgültige Perversion der Reichsidee war die Reichserhebung 1933 mit der Absicht, ein neues germanisches Großreich mit universellem Machtanspruch zu schaffen. Das Dritte Reich leitete die größte Katastrophe Europas seit Menschengedenken ein. Joseph Goebbels, auch er Rheinländer, versuchte zum Ende des Zweiten Weltkrieges unter Missbrauch der alten Reichsidee mit der Zeitschrift »Das Reich« die Hitler'sche Kriegspolitik vor ihrem greifbaren Ende noch einmal zu aktivieren. Er musste scheitern und ist folglich auch gescheitert.

Dem Ende dieses Reiches musste die endgültige Besinnung auf die Reichsidee des alten Europa folgen. Wie war sie entstanden und wer bzw. was hat sie bewirkt? Wo stand sie, die Wiege Europas?

Lange galt Kreta als Wiege Europas. Nach der griechischen Mythologie lag Hera auf dem Idagebirge in Kreta Zeus bei. Aber: Sie wartete die Geburt nicht ab, sondern ging »dann fort zu den berühmten Stämmen der Menschen«, so steht im vierzehnten Gesang der Illias zu lesen (Übersetzung nach Roland Hampe bei Reclam). Danach stand die Wiege Europas schon einmal nicht alleine auf Kreta.

Und ein Weiteres: Es waren nicht nur Männer, die Geschichte machten, wie Treitschke, ein urpreußischer Historiker des 19. Jahrhunderts, glaubte. Frauen haben vor und auch zu seiner Zeit, eigentlich immer schon Geschichte mitgemacht. Selbst wer Geschichte auf dem Schlachtfeld sucht, kann an der Jungfrau von Orleans nicht vorbeischauen. So sind es denn Personen beiderlei Geschlechts, die immer Geschichte gemacht haben. Das gilt auch für die Geschichte des Rheinlandes.

Rheinländer und Rheinländerinnen müssen nicht am Rhein geboren sein, sie müssen im Rheinland einen Kristallisationspunkt für das Miteinander von Menschen europäischer Herkunft gefunden haben. Folglich ist die Auswahl der zwölf Rheinländer, die in diesem Band porträtiert werden, weder ihrem Geburtsort noch ihrer Sprache und schon gar nicht von Gott vorgegebenen deterministischen Überlegungen geschuldet. Es war vielmehr ihr Handeln, das auch heute noch sichtbare Spuren in der zweitausendjährigen Geschichte Europas nördlich der Alpen hinterlassen hat. Diesen Spuren will dieser Band nachgehen. Sie führen in ein Rheinland, das sich nicht nur, aber auch unter ihrem Einfluss, ihrer Gestaltung und ihrer Mitwirkung zur Wiege Europas nördlich der Alpen entwickelt hat.

Auf die Idee, mit Gallien wie Germanien, das Europa nördlich der Pyrenäen und nördlich der Alpen, mit dem Imperium Romanum zu überziehen, kamen zuerst die Nachfolger Caesars, des Eroberers: Augustus, Tiberius und Claudius sorgten administrativ für die Eingliederung der eroberten Gebiete am Rhein in das römische Imperium. Agrippina die Jüngere, Tochter des Tiberiussohnes Germanicus und von Agrippina der Älteren, wurde zur Gattin und Mörderin des Kaisers Claudius. Ihm hatte sie die Genehmigung der Erhebung des Oppidum Ubiorum, einer römisch geprägten Germanensiedlung, zur römischen Stadt CCAA, Colonia Claudia Ara Agrippinensium, abgewonnen. Sie war in der Ubierstadt geboren und eröffnete damit Schritt für Schritt auch den germanischen Bewohnern des Oppidum Ubiorum den Weg ins römische Bürgerrecht.

Die vom Imperium Romanum abzuleitende europäische Reichsidee blieb nicht ohne Einfluss auf das Verhalten von im Rheinland wirkenden Persönlichkeiten. Reichstreue wurde zum Begriff.

Karl der Große leitete aus dieser Vorstellung seine Verfassung für die von den Franken eroberten römischen und später hinzugewonnenen germanischen Gebiete ab. Es war ein großes Reich, es reichte vom Kanal bis nach Süditalien, ging von der Elbe bis über die Pyrenäen. Das Fundament des Reiches und damit auch das Verständnis von Reichstreue war römisch-katholisch, eine auf Nicaea und den Gegner des Arius, Athanasius, zurückgehende Lehre von der Gott-Mensch-Natur.

Einer seiner Vorgänger, der Sugambrer Clodwig I., hatte bei Zülpich im Rheinland die heidnischen Alemannen und später auch die arianisch-christlichen Westgoten besiegt. Seine Söhne gliederten die Burgunder ins Frankenreich ein. Der Arianismus entsprach in der Vorstellung der Franken germanischer Heldenverehrung. Ein Sieg des Arianismus hätte das Papsttum Westroms zum Untergang gebracht. So aber sicherte Karl nicht nur das Papsttum, sondern er sicherte sich, neben der politischen Herrschaft über den Papst, auch die Entscheidungshoheit in kirchlichen Fragen.

Einheit und Zwietracht zwischen Kaisern und Päpsten in Europa haben später, im Hochmittelalter, immer der Frage gegolten, wer das Schwert in Europa zu führen habe, das geistliche oder weltliche jeweils allein, oder wie zusammen?

Die Oströmerin Theophanu kam aus einem ebenfalls christlich geprägten Reich. In Konstantinopel war der Kaiser Leiter der Konferenz von Patriarchen, die im Orient und im slawisch besiedelten Osten Europas den christlichen Glauben verbreiteten und bewahrten. Theophanu brachte diese Konzeption in die Ottonenherrschaft ein. Sie führte ihren Sohn Otto III. nach Gnesen in Polen, um dem einzigen slawischen Volk die Königswürde zu bringen. Polen wurde mit beachtlicher Wirkung dem römischen Reich zugeordnet. Die Enkelin der Theophanu, Richeza aus dem Rheinland, Stifterin der Kirche einer Abtei in Brauweiler, wurde polnische Königin. Beide Frauen sind in Köln begraben.

Der Hildesheimer Rainald von Dassel war Kanzler und Heerführer des Kaisers Friedrich Barbarossa, der mit dem Papst und seinen politischen Anhängern in Italien um das Schwert des Reiches ringen musste. Köln, Regierungssitz des Erzkanzlers und Erzbischofs Rainald von Dassel, wurde der Wallfahrtsort der Kirche nördlich der Alpen schlechthin. Waren dorthin doch von jenem Feldherrn die Gebeine der Heiligen Drei Könige aus Mailand gebracht worden, die als erste Abgesandte aller Welt den Menschensohn Gottes gesehen hatten.

Mit der Aufklärung und der Pluralität des Christentums römischer Prägung wurde eine entscheidende Axt an die von Rom ausgegangene Reichsordnung gelegt. Einheit oder Konflikt zwischen Kaiser und Papst wurden verfassungspolitisch irrelevant. Das Augsburger Konzept von 1555 – Cuius regio, eius religio; wessen Herrschaft, dessen Religion – stellte auch das Rheinland vor die Frage nach der Einheit im Reich. Unterschiedliche Typen gaben ihre Antwort.

Der Pfälzer Johann Wilhelm entschied sich für Düsseldorf als Residenz, blieb aber in der spanisch-französischen Auseinandersetzung der Idee vom Reich treu. Die Auseinandersetzung zwischen den Bürgern der Stadt Köln und ihrem Erzbischoffürsten 1288 bei Worringen hatte die direkte Reichsgewalt zugunsten von Dynastien am Niederrhein und im Bergischen Land aufgelöst, die Reichsidee blieb jedoch.

Wo sind die Rheinländer im Dreißigjährigen Krieg, einer Auseinandersetzung um die Herrschaft im Reich – nur mittelbar um die Religion der Untertanen –, geblieben? Franzosen und Schweden unterschiedlicher Religion, stritten gemeinsam mit reichstreuen Böhmen, Kroaten, vor allem Bayern um die Macht am Rhein. Der Reitergeneral in bayrischen Diensten Jan von Werth, bei Neuß geboren und in Köln aufgewachsen, verließ seinen Oberbefehlshaber aus München, als dieser vorübergehend seine Treue zum Reich in Frage stellte.

Im Prinzip bewiesen die Bayern über 250 Jahre im Rheinland

ihre Treue zum Reich, vor allem als Kurfürsten hinterließen sie überzeugende Denkmäler der Kultur. So blieben von einem Wittelsbacher, Clemens August, in Brühl und Bonn Zeugnisse des Barocks, die das Bürgertum in Köln nicht hervorgebracht hat.

Man hat lange darüber philosophiert, ob Napoleon I. Europa mit militärischer Gewalt zur Einheit bringen wollte, aber nicht konnte. Josef Görres aus Koblenz befasste sich mit diesen Vorstellungen und kam zu der damals richtigen Erkenntnis, dass Nationalstaaten Europa nicht schaffen wollten und auch nicht konnten. Die Geschichte hat ihm Recht gegeben.

Letztlich war die Reichsidee jedoch schon am Beginn des 19. Jahrhunderts ausgerechnet in der alten Reichsstadt Wien einem machtpolitischen Staatensystem geopfert worden, gestützt auf die napoleonische Entscheidung von 1806, das alte Erste Reich formal aufzulösen.

Der Versuch eines preußischen Königs, Friedrich Wilhelm IV., mit den rheinischen Unternehmern Ludolf Camphausen aus Köln und David Hansemann aus Aachen, über die Wirtschaft in Europa die Kooperation zwischen dynastisch und national ausgerichteten Staaten zu fördern, scheiterte an dem Widerstand preußischer Grundbesitzer und Generäle.

So war es denn ein Rheinländer, Konrad Adenauer, der als erster Deutscher unter dem Eindruck der größten Katastrophe Europas das Miteinander beiderseits des Rheins zwischen bis dahin verfeindeten Staaten betrieb. Der Hamburger Helmut Schmidt ist ihm rational überzeugend nach Paris gefolgt, der Pfälzer Helmut Kohl rational und emotional, konsequent beide, wer heute?

Heute, bald zweitausend Jahre nach Gründung der CCAA (Köln) stellt sich die Frage nach der Tragfähigkeit und der Zukunft der europäischen Idee erneut, und zwar drängender denn je. Was ist geblieben von den Visionen der Gründungsväter

Europas? Am Ausgang des vergangenen Jahrhunderts schien die politische Einheit Europas zum Greifen nahe. Droht uns der Rückfall in nationalstaatliches und kurzsichtiges Klein-Klein? Nun lesen und hören wir zwar täglich, die Europäische Union sei »alternativlos«, um ein aktuelles Modewort zu nutzen. Das ist sicher richtig. Aber wo sind sie, die Botschafter der europäischen Idee? Wer erreicht mit Europa die Herzen der Menschen, löst Begeisterung und Empathie aus? Zwar ist ein Europa ohne Grenzzäune mit gemeinsamer Währung insbesondere für junge Menschen heute selbstverständlich. Gleichzeitig gilt aber: Zu weit weg ist Brüssel vom Lebensalltag der Menschen, immer noch fehlt die demokratische Legitimation für europäisches Handeln, wird Europa lediglich als gigantisches bürokratisches Monstrum wahrgenommen. Das Festhalten an einem europäischen Marktgeschehen, das von der Konkurrenz wirtschaftlich starker und schwacher Staaten mit jeweils eigener Finanz-, Wirtschafts- und Sozialpolitik getragen wird, wird sich – das zeigt das aktuelle Geschehen überdeutlich – wohl kaum als Motor für die Einheit Europas erweisen. Mehr noch: In der aktuellen Finanzkrise setzt sich Europa Auseinandersetzungen aus, die nur noch weit entfernt um die Vision und das Ziel eines sich einigenden Europas im Sinne der alten Reichsidee kreisen. Die permanenten Streitereien um die Frage, wer welchen Beitrag an wen und wofür zu leisten habe, erinnern eher an einen Verein, den nur noch die Beiträge seiner Mitglieder am Leben erhalten, der aber schon lange vergessen hat, was einmal das Motiv für seine Gründung gewesen war. So kam mir die Idee, Rheinländer vorzustellen, nicht ihrer Herkunft, ihrer Abstammung, sondern ihrem Wirken in Europa nach.

Spuren der Geschichte des Rheinlandes, die von den zwölf Wirkenden unterschiedlichen Ranges getragen oder beeinflusst wurde, finden sich sichtbar und greifbar in Kirchen und auf Straßen und Plätzen. Die bei manchem Betrachter entstandene

Mythologiedeutung über einzelne von ihnen haben die Autoren dieses Bandes allerdings in eine historisch fundierte Realität herabgeholt.

Die Zeugnisse dieser Realität aber verdienen zur Kenntnis genommen zu werden: die Rekonstruktion des Nordtores der Colonia Claudia Ara Agrippinensium, damals einer mächtigen Stadt des Römischen Reiches nördlich der Alpen; der Kaiserstuhl Karls des Großen im Aachener Dom, bescheiden, aber Instrument der Krönung von dreizehn Königen des Heiligen Deutschen Reiches Deutscher Nation; Kirchen von Frauen aus dem Ottonengeschlecht des 10. Jahrhunderts, St. Pantaleon in Köln, Stiftung und Grabstätte der Oströmerin Theophanu, die Abteikirche in Brauweiler, gestiftet von ihrer Enkelin und polnischen Königin Richeza; der Schrein der Heiligen Drei Könige im Kölner Dom zur Erinnerung an die große Tat des Erzbischofs und Erzkanzlers Rainald von Dassel; Jan Wellem hoch zu Ross vor dem Rathaus in Düsseldorf; das Denkmal des Reitergenerals Jan von Werth mit der Jungfrau gebliebenen Griet auf dem Alten Markt in Köln; das Brühler Schloss Augustusburg des Kurfürsten Clemens August von Wittelsbach; vom Philosophen und Schriftsteller Joseph Görres aus Koblenz ist bis in unsere Tage der »Rheinische Merkur« geblieben; die erste Eisenbahn im Rheinland führt zu ihren Erschaffern Ludolf Camphausen und David Hansemann, zwei Unternehmem aus Köln und Aachen. Schließlich erinnert der Auftritt des französischen Staatspräsidenten Charles de Gaulle mit dem Bundeskanzler Konrad Adenauer vor dem Kölner Rathaus und damit auf der Erde über dem römischen Prätorium aus der Zeit Agrippinas an nahezu zweitausend Jahre rheinischer Geschichte.

☆☆☆

Als ich anlässlich der Vollendung meines achtzigsten Lebensjahres nach meiner politischen Herkunft gefragt wurde, schloss ich meine Dankesansprache an die Gäste in der rheinischen Abtei Brauweiler mit den Worten: »Ich bin pflichtbewusster Deutscher, überzeugter Europäer und liebe das Rheinland.« Diese innere Überzeugung hat einen Juristen, allerdings lebenslangen Regionalpolitiker, zu diesem Buch geführt. Immerhin liegt meiner Einschätzung historischer Betrachtungen eine Erkenntnis zugrunde, die ich in meiner Doktorarbeit über »Hegels Lehre vom Staat« gefunden habe. Entgegen diesem großen Philosophen, der den Idealismus als Weltgeist in die Geschichte einbezog, bin ich jedoch nicht der Meinung, dass sich Gottes Fügung in der Politik von Staaten wiederfindet. Geschichte ist der Vollzug der Freiheit, die Gott der Menschheit gegeben hat, von ihr genutzt und missbraucht.

Dank

Mein Dank gilt vor allem den zehn Autoren, die mit wissenschaftlicher Gründlichkeit anhand der von mir gewählten Persönlichkeiten belegt haben, dass historische Relevanz nicht nur auf Deutungen und Erklärungen, sondern vor allem auf orientiertem Handeln beruht.

Die Idee eines über Achtzigjährigen musste sich natürlich auch mit zeitgenössischen Betrachtungen und Wertungen auseinandersetzen. So gilt der Dank Beratern, vor allem meiner Tochter Dr. Marion Gierden-Jülich, die das Buch koordiniert und inhaltlich mitgestaltet hat. Im Umgang mit rheinischer Kultur bin ich seit Jahren mit dem langjährigen Kulturdezernenten des Rheinlands, Dr. Gert Schönfeld, verbunden. Ihm gilt mein Dank für Begleitung und Unterstützung dieses Projektes ebenso wie den in Köln und im Rheinland engagierten Dr. Lothar Theodor Lemper und Dr. Ulrich Soénius sowie Frau Prof. Dr. Margret Wensky.

Der Lübbe Verlag, insbesondere Stefan Lübbe, zeigte sich sofort interessiert und ansprechbar. Ihm, dem Verlagsleiter Sachbuch, Steffen Haselbach, aber auch der das Projekt begleitenden Lektorin, Frau Anne Stadler, bin ich denn zu besonderem Dank verpflichtet. Lübbe ist rechts des Rheines etabliert, ich links, Europa liegt im Rheinland beiderseits des Rheines.

WERNER ECK

Agrippina die Jüngere (15–59)

Die Koloniegründung in der Gemeinde der Ubier im Jahr 50 n. Chr.

Im Jahr 1950, bald nach Ende des Zweiten Weltkrieges, feierte man in Köln die Gründung der Stadt. Man bezog sich auf ein Ereignis, das sich 1900 Jahre früher in Köln zugetragen hatte. Damit erinnerte Köln zweifellos seine Bürger an ein auch für das moderne Köln wichtiges Geschehen. Denn im Jahre 50 n. Chr. hatte das damalige Gemeinwesen das römische Kolonierecht erhalten. Doch – und das hatte man gar nicht realisiert – dies war nicht die Gründung der Stadt, weder in dem Sinn, damals sei eine Gemeinde, als eine Gemeinschaft sich selbst verwaltender Bürger, geschaffen worden, noch in dem Sinn, damals sei der urbane Kern entstanden. Beides geschah lange vor dem Jahre 50.

Die Stadt Köln als Bürgergemeinde verdankt ihren Anfang Marcus Vipsanius Agrippa, der wie kein anderer mit Augustus, dem ersten römischen Princeps, politisch und persönlich verbunden war und mit ihm zusammen die neue Herrschaftsform, den Prinzipat, geschaffen hatte. Ab dem Jahre 20 v. Chr. ging Agrippa daran, dem von Caesar eroberten Gallien eine Gestalt zu geben, damit diese Großregion für Rom unter dem Aspekt der Sicherheit des Reiches im Norden nicht nur eine schwere Last darstellte; von dort aus sollte vielmehr die Herrschaft Roms gesichert und gestützt werden. Eine Maßnahme, die eine die Jahrhunderte überdauernde Wirkung entfaltete, war die Umsiedlung eines Teils des germanischen Stammes der Ubier, die bis dahin auf der rechten Rheinseite entlang der Lahn und um den Dünsberg ihr Siedlungsgebiet hatten. Da sie von anderen germanischen Stämmen vom Norden und Osten her bedrängt wurden, stimmte die Mehrheit des Stammes zu, sich auf römischem Gebiet als Verbündete des römischen Volkes ansiedeln zu lassen. Das geschah während des Aufenthalts Agrippas in Gallien in den Jahren 20/19 v. Chr. Siedlungsgebiet wurde wohl schon damals die Region etwa vom Vinxtbach im Süden bis etwa Krefeld im Norden, grob gesprochen also die Kölner Bucht. Im Westen reichte das Siedlungsgebiet zuerst vermutlich nur bis zur Ruhr; erst wesentlich später (nicht vor dem späteren 1. Jahrhundert n. Chr.) wurde es bis in den Raum von Aachen hinein ausgedehnt.

Mit dieser Ansiedlung der Ubier beginnt die Geschichte Kölns als Selbstverwaltungseinheit, als Gemeinde; nach römischer Vorstellung muss diese Gemeinde als Stadt bezeichnet werden. Die Ubier waren die Bürger, die den Kern dieser Gemeinde gebildet haben. Dieses Gemeinwesen besteht seit dem Jahr 20/19 v. Chr. ohne Unterbrechung bis heute, freilich mit sehr unterschiedlicher räumlicher Ausdehnung. Heute existiert auf dem ehemaligen Territorium der ubischen Gemeinde eine große Zahl von Selbstverwaltungseinheiten, die alle auf eine römische Vergangenheit zurückblicken können; eigene Gemeinwesen sind sie erst später geworden.

Was dieser ubischen Gemeinde nach römischen Ordnungsvorstellungen freilich zunächst noch fehlte, war ein konstanter Mittelpunkt, an dem gemeinsame Beschlüsse aller Bürger des Gemeinwesens gefasst werden konnten und der gleichzeitig als Identifikationsort seine Wirkung entfaltete. Der germanische Stamm der Ubier hat dieses Manko wohl zunächst kaum bemerkt, weil er diese Organisationsform mit Zentralort und Territorium bisher nicht kannte. Für Rom jedoch war es eine Konstante, dass eine Gemeinde aus einem urbanen Mittelpunkt und dem zugehörigen Land bestand; das Territorium war lebenswichtig, weil die Bürger der Gemeinde dessen Ertrag, d.h.

die landwirtschaftlichen Erzeugnisse, brauchten, um überhaupt leben zu können. Diese römische Vorstellung wurde auch für die Ubier bald in die Realität umgesetzt. Das aber führte zum zweiten Akt der Stadtwerdung: Zur Anlage einer urbanen Mittelpunktsiedlung, aus der sich vor allem Köln im heutigen Sinn entwickelte.

2000 Jahre Stadt als urbane Siedlung – das hätte man in Köln um das Jahr 1993 feiern können, woran damals freilich niemand gedacht hat, da man vor knapp zwei Jahrzehnten diese Erkenntnis als Konsequenz aus der historisch-archäologischen Überlieferung noch nicht gezogen hatte.

☆☆☆

Der Zeitpunkt für diese »Stadtwerdung« ergab sich, als auf Augustus' Befehl seit 12 v. Chr. das rechtsrheinische Germanien erobert wurde. Im Jahr 7 v. Chr. schien diese Eroberung abgeschlossen zu sein. Sie hatte eine neue Provinz Germania zur Folge, und zwar zu beiden Seiten des Rheins. Dieses neueroberte Gebiet brauchte aus politischen und praktischen Gründen notwendigerweise einen Mittelpunkt. Denn die eben unterworfenen Germanen mussten wissen, wo sie den römischen Vertreter am ehesten erreichen konnten. Sie sollten aber vor allem mit einem solchen Ort ganz konkret ihre Loyalitätspflichten verbinden. Dazu eignete sich als sichtbare Loyalitätsform der sogenannte Herrscherkult, wie er sich unter Augustus entwickelt hatte. Eine Festversammlung der Vertreter einer Provinz beging jährlich diesen Loyalitätsakt mit Opfern für Rom und Augustus und mit Spielen. Für Germanien wählten Augustus und seine Berater das Gebiet der heutigen Kölner Altstadt als den Ort, an dem dieser Loyalitätsakt stattfinden sollte; der Ort lag mitten im Gebiet des loyalen Stammes der Ubier. Durch ein zufälliges Zeugnis aus dem Jahr 9 n. Chr., dem Jahr der Niederlage des römischen Statthalters und Feldherrn Varus durch Arminius, wissen wir, dass damals innerhalb des Zentralortes der Ubier von den Germanen aus der gesamten Provinz dieser Kult begangen wurde.

Im Jahr 7 v. Chr., als die Eroberung des rechtsrheinischen Germanien abgeschlossen zu sein schien, war allerdings das Gebiet der heutigen Kölner Altstadt noch unberührtes Gelände; ein Fest war dort noch nicht zu feiern, die simpelsten Voraussetzungen dazu fehlten, sie mussten erst geschaffen werden. Dies geschah auf Augustus' Befehl seit etwa dem Jahr 7 v. Chr. durch römische Truppen. Eine größere Pionierabteilung schuf die Grundstruktur eines städtischen Zentrums, in dem der Provinzialkult für Augustus und Roma durchgeführt werden sollte. Das Netz der sich rechtwinkelig kreuzenden Straßen mit den davon abgegrenzten Wohngebieten wurde angelegt, dazu notwendige Bauten, vor allem aber das Kultzentrum selbst. Dieser Bezirk war wohl eine der ersten Arbeiten, die in dieser Zeit abgeschlossen wurden. Die äußere Form der Siedlung wurde schon damals in der Größe von 96 Hektar angelegt, so, wie sie uns durch die spätere, noch heute zum Teil sichtbare Ummauerung geläufig ist.

Sosehr der äußere Anlass für die Schaffung dieses Zentrums die Einrichtung des Kultbezirks war, sosehr war doch auch mit der planmäßig geschaffenen Siedlung von Anfang an die Idee verbunden, dass dies der städtische Mittelpunkt für die Ubier sein sollte. Im Übrigen war dies auch aus praktischen Gründen nötig, da nur eine Siedlung und ihre Bevölkerung all das bereitstellen konnte, was die Teilnehmer der Kultfeier brauchten. Gleichzeitig aber wurde diese Siedlung auch als politisch-administrativer Mittelpunkt der Provinz geplant. Für den höchsten römischen Vertreter, den Statthalter, oder ein Mitglied der Familie des Augustus wurde eine Residenz errichtet, vielleicht schon dort, wo sich später das Praetorium als Sitz des Statthalters erhob. Hinzu kam die Einrichtung der Finanzadministration für die

Provinz Germania. Zum einen mussten die gewaltigen Truppenmassen am Rhein mit Sold und allen notwendigen Materialien versorgt werden, zum anderen hatte Augustus sogleich mit der Ausbeutung der Ressourcen im eroberten Land beginnen lassen. Wir kennen das sehr konkret für den Abbau von Blei, etwa in der Gegend von Brilon im Sauerland. Die Bleigruben gingen in Augustus' Besitz über, sie wurden verpachtet, wobei von den Betreibern ein Teil des Bleis in natura an die Finanzadministration abgeführt werden musste. Wir haben diese Informationen, weil Bleibarren mit den Schiffen, die das Blei nach Rom bringen sollten, im Mittelmeer untergegangen sind; vor wenigen Jahren wurden sie dort aufgefunden. Der Aufbau der Finanzadministration ist aber auch durch imposante Grabmäler bekannt, die sich einzelne der Funktionsträger dieser Administration vor den Toren Kölns errichten ließen. Auf diese Weise kann man noch heute sehen, wie ertragreich die Ausbeutung der neuen Provinz gewesen sein muss, zumindest für einige Leute in der Administration.

So diente die neue Siedlung ganz unterschiedlichen Zwecken, die jedoch zusammen den besonderen Stellenwert des Zentrums ausmachten, für Rom und für die Ubier. In wenigen Jahrzehnten war aus dem Nichts eine imponierende Siedlung aufgebaut worden, die sich auch urbanistisch sehen lassen konnte. Noch in den ersten Jahrzehnten wurden monumentale Steinbauten errichtet, wovon heute zwar nur noch spärliche Fragmente von Säulen, Kapitälen und Architraven erhalten sind. Doch sie reichen aus, um den wahrhaft urbanen Charakter der Siedlung zu dokumentieren, innerhalb und außerhalb der Mauern. Für Augustus selbst oder vielleicht für einen seiner Angehörigen wurde ein monumentaler Ehrenbogen errichtet; der konkrete Grund für dieses Ehrenmonument ist nicht zu erschließen, aber ohne Zweifel sollte die Herrscherfamilie dadurch im Denken der hier lebenden Menschen als die bestimmende Macht sichtbar verankert werden. Außerhalb der Mauern sorgten viele, nicht nur die Mitglieder der Finanzadministration, durch gewaltige Grabmonumente dafür, dass sie nach dem Tod nicht vergessen wurden; sie dokumentierten so auch ihre Bedeutung zu Lebzeiten und für die Zukunft. Auch diese Bauten ließen jedem deutlich werden, welch bedeutsame Siedlung in wenigen Jahrzehnten herangewachsen war.

Der urbane Teil der Siedlung entstand wohl zunächst mit nur geringem Einsatz durch die Ubier; sie hatten die Techniken, die für den Aufbau einer zentralen Siedlung nötig waren, erst zu lernen. Zugewanderte Handwerker aus Gallien und Italien sowie römische Veteranen, die sich sogleich in der aufstrebenden Siedlung niederließen, entfalteten die verschiedenen Kulturtechniken für monumentale Bauten nicht weniger als die für eine hochentwickelte Metallverarbeitung und für eine effiziente Keramikproduktion. Doch die Ubier lernten schnell. Nach wenigen Jahrzehnten war durch zugezogene Römer und Ubier ein blühendes städtisches Zentrum entstanden, wohin wohl auch viele der führenden Familien der Ubier ihren Wohnsitz verlegten. Dort tagte ihr Rat, vermutlich auch die Volksversammlung, um die jährlich wechselnden Leitungsfunktionen der Gemeinde zu besetzen. Das entsprach der römischen Praxis. Aller Wahrscheinlichkeit nach hatten sie die Ubier übernommen; denn vor der Übersiedlung hatten ihre führenden Persönlichkeiten in aristokratischer Manier eher dauerhaft die Ämter besetzt. Das römische Vorbild war in der Form des höchsten Militärkommandeurs der Truppen am Niederrhein und seines Stabes in Köln ständig präsent. Mit diesen römischen Repräsentanten in guten Beziehungen zu stehen, war von Vorteil, da der Gouverneur nicht nur die politische Macht nach außen repräsentierte, er übte sie auch konkret aus, weil er vor allem höchster Richter in größeren Zivilprozessen, aber in allen Kriminalfällen war. Die Ubier lernten jedenfalls schnell, was es hieß, römisch zu sein, römisch zu leben, sich zu kleiden und zu wohnen. Es entging ihnen sicher nicht, dass es ein wesentlicher Unterschied war, ob man nur zu der ubischen Gemeinde gehörte, oder ob man vielleicht auch das römische Bürgerrecht besaß. Viele Zuwanderer besaßen dieses Recht, vor allem die aktiven Legionssoldaten, die beim kaiserlichen Legaten Dienst taten, und natürlich die Veteranen, die nach ihrer Entlassung die Stadt der Ubier als ihren Sitz gewählt hatten. Lucius Poblicius, dessen imposantes Grabmal vor den Toren Kölns errichtet worden war, könnte einer dieser frühen Veteranen gewesen sein. Die römischen Bürger, die *cives Romani*, genossen den besonderen Schutz des römischen Rechts, d.h. auch durch den Statthalter. Sie konnten das römische Bürgerkleid bei besonderen Anlässen benutzen und grenzten sich dadurch sichtbar von denen ab, die nicht zu den Bürgern Roms gehörten. Sie gehörten zu den Herren des Reiches, alle anderen waren Untertanen, so wie auch die Ubier und ihre gesamte Gemeinde von Remagen bis nach Krefeld. Die Ubier konnten sich zwar nach innen selbst verwalten, unterstanden aber im Rahmen ihres Bündnisvertrags den römischen Autoritäten. Sie gehörten nicht zum herrschenden Volk der Römer. Köln war für römische Vorstellungen eine peregrine Gemeinde, eine Gemeinde von Fremden. Und sie wäre es wohl für immer oder doch zumindest für lange Zeit geblieben wie zum Beispiel Mainz, der Hauptort des obergermanischen Gebiets, das nicht einmal eine Selbstverwaltungseinheit eigenen Rechts war und es wohl auch in römischer Zeit nie wurde.

☆☆☆

Doch für die peregrine Gemeinde der Ubier ereignete sich recht plötzlich etwas sehr Unerwartetes. In Rom war eine Frau, die in der Stadt der Ubier geboren war, die Gattin von Kaiser Claudius geworden, Agrippina. Sie nahm Einfluss auf die Stadt am

Rhein und ihr verdankt sie auch den Namen, den die Stadt bis heute trägt: Köln. Doch zunächst zur Vorgeschichte, auch des Namenserwerbs.

Der äußere Anlass für Agrippinas spätere Intervention in der Stadt am Rhein war recht unbedeutend: Agrippina war dort geboren. Seinen Geburtsort kann bekanntlich niemand bestimmen; er bestimmt sich schlicht nach dem zufälligen Aufenthaltsort der Mutter. Die Mutter Agrippinas trug denselben Name wie ihre Tochter. Man unterscheidet sie beide durch den Zusatz Agrippina die Ältere und die Jüngere. Agrippina d.Ä. war eine Tochter von Marcus Agrippa, des Mannes, der die Ubier auf die linke Rheinseite geholt hatte, und von Iulia, Augustus' einziger Tochter. Agrippina d.Ä. war damit Enkelin des ersten römischen Princeps und gehörte auf diese Weise zum engsten Familienkreis des Herrschers. Wegen der Bedeutung der Blutsverwandtschaft für Augustus war es klar, dass seine Enkelin als Trägerin seines Blutes eine bedeutende Rolle spielen würde. Augustus verheiratete sie deshalb auch mit einem weiteren Verwandten, mit Germanicus, dem Sohn des älteren Drusus. Dieser war zwar nicht mit Augustus direkt verwandt, sondern Sohn von Livia, Augustus' Gemahlin, die Drusus zusammen mit ihrem älteren Sohn Tiberius im Jahr 38 v. Chr. in die Ehe mit Augustus gebracht hatte. Der Princeps schätzte seinen Stiefsohn Drusus jedoch sehr wegen seines umgänglichen Wesens. Er hatte ihn deshalb mit einer Halbnichte aus der Ehe seiner Schwester Octavia verheiratet, einer Antonia. Aus der Ehe von Drusus und Antonia waren viele Kinder hervorgegangen, von denen zwei in unserem Zusammenhang eine wichtige Rolle spielten: Germanicus und dessen Bruder Claudius; Germanicus war der Ehemann der älteren Agrippina, worauf noch zurückzukommen ist.

Drusus, der Vater von Germanicus und Claudius, hatte in Augustus' Auftrag die Eroberung des rechtsrheinischen Germanien begonnen und auch erfolgreich fortgeführt; doch dann starb er noch recht jung beim Rückmarsch von der Elbe im Jahr 9 v. Chr. Drusus' Bruder Tiberius vollendete dessen Eroberungswerk in Germanien in wenigen Jahren. 7 v. Chr. durfte er über das rechtsrheinische Germanien einen Triumph feiern. Dieser Erfolg wurde durch die Vernichtung der Legionen des Varus im Jahr 9 n. Chr. zwar in Frage gestellt. Doch Augustus dachte gar nicht daran, Germanien wegen der Niederlage aufzugeben. Er betrieb die Rückeroberung, die er vom Jahr 11 n. Chr. an dem Sohn des Drusus, eben Germanicus, anvertraute. Seit dieser Zeit versuchte dieser mit wechselndem Erfolg, die rechtsrheinischen Stämme wieder zur Räson zu bringen, bis ihn im Jahr 17 n. Chr. – inzwischen war Augustus im Jahr 14 gestorben – Tiberius, Augustus' Nachfolger und gleichzeitig Adoptivvater des Germanicus, aus Germanien zurückrief. In all den Jahren von 11 bis 17 n. Chr. hielt sich Germanicus an der Rheinfront auf, vor allem in Köln. Doch er war dort nicht allein, sondern wurde immer von seiner Frau, der älteren Agrippina, begleitet. Und da die Ehe zwischen beiden tatsächlich beispielhaft gewesen zu sein scheint und Agrippina sehr fruchtbar war, gebar sie an der Rheinfront oder doch zumindest im angrenzenden Gallien mehrere Kinder, vielleicht einen Sohn, den späteren Kaiser Caligula (37–41 n. Chr.) und eben auch die älteste Tochter, Agrippina d.J. Sie erblickte am 6. November wohl des Jahres 15 in Germanien das Licht der Welt, in der Stadt der Ubier, wie der römische Historiker Tacitus berichtet. Allein die Tatsache, dass die schwangere Agrippina während des Winters in Köln blieb, zeigt im Übrigen, wie weit sich die Siedlung seit dem Beginn der ersten Arbeiten für die neue Stadt etwa im Jahr 7 v. Chr., also seit kaum zwanzig Jahren, schon entwickelt hatte. Eine Frau, für die alle Annehmlichkeiten eines luxuriösen Lebens in Rom selbstverständlich waren, hätte den kalten Winter nicht in einer primitiven ubischen Siedlung verbracht, zumal sie schwanger war. Die Stadt bot inzwischen den Komfort, den die Mitglieder

der Herrscherfamilie gewohnt waren. So kam am 6. November des Jahres 15 die älteste Tochter von Agrippina und Germanicus in der Ubierstadt zur Welt. Die Mutter gab der Tochter ihren eigenen Namen, was als eine Anweisung auf eine politische Zukunft verstanden werden kann. Denn diese sah sich als Enkelin des Augustus durchaus berufen, an der Macht teilzuhaben. Und wenn ihr dies selbst nicht gelingen sollte, dann sollten es zumindest ihre Kinder tun, auch ihre älteste Tochter Agrippina. Sie wurde die wahre Erbin ihrer Mutter. Köln war eines der Politikfelder, auf dem sie das Vermächtnis ihrer Mutter, Teilhabe an der kaiserlichen Macht zu erlangen, in die Realität umsetzte.

Dass freilich die Stadt der Ubier für das eben geborene Mädchen einmal wichtig werden würde, das hat damals niemand vermuten können. Spätestens ein Jahr nach ihrer Geburt hatten ihre Eltern die Rheinfront schon verlassen, weil Kaiser Tiberius, Germanicus' Onkel und Adoptivvater, den Krieg gegen die rechtsrheinischen Germanen eingestellt hatte. Angeblich wollte er das Reich nach dem Rat des Augustus nicht weiter ausdehnen, doch in Wirklichkeit hatte er kein volles politisches Vertrauen mehr in seinen »Sohn« Germanicus; denn die Truppen am Rhein hatten unmittelbar nach dem Tod des Augustus, im Herbst des Jahres 14 n. Chr., gegen ihn revoltiert und versucht, Germanicus als Herrscher über das römische Imperium durchzusetzen. Das gelang zwar nicht, weil auch Germanicus nicht mitspielte. Aber das echte Vertrauen zwischen Tiberius und Germanicus wurde nicht wiederhergestellt. Tiberius hatte zu oft in seinem Leben erfahren, wie man ihn zugunsten anderer übergangen hatte. Das Misstrauen gegenüber anderen war daher fast zu seiner zweiten Natur geworden. Das führte zur Rückberufung des Germanicus nach Rom, nicht die angeblich gescheiterte Politik gegenüber den Germanen.

Das kleine Mädchen Agrippina verließ mit ihren Eltern das germanische Volk der Ubier. Wo sie die nächsten Jahre lebte, ist uns nicht bekannt, vielleicht in Rom, vielleicht aber nahmen sie ihre Eltern auch mit nach dem Osten des Reiches, da ihr Vater dort einen neuen Auftrag erhalten hatte. Er sollte von der Provinz Syrien aus in den umliegenden Klientelstaaten die politische Ordnung im Sinne Roms wiederherstellen. Agrippina begleitete erneut ihren Mann. Dass beide nicht allein nach dem Osten gingen, ist sicher, aber ob das kleine Mädchen Agrippina sie begleitete, ist in den Quellen nicht bezeugt. Spätestens im Oktober des Jahres 19 n. Chr. wäre sie dann aber sicher nach Rom zurückgekehrt; denn ihre Vater war in Antiochia, der Hauptstadt Syriens, am 9. Oktober dieses Jahres gestorben – unter mysteriösen Umständen. Angeblich soll er von Gnaeus Calpurnius Piso, dem Statthalter Syriens und Vertrauten des Tiberius, durch Gift beseitigt worden sein. Das ist nach aller historischen Wahrscheinlichkeit auszuschließen; doch die Öffentlichkeit und vor allem die Witwe Agrippina hatten keinen Zweifel, dass Germanicus durch Mord beseitigt worden war. Diese Vorstellung vermittelte sie auch ihren Kindern, was zu einem Dauerkonflikt mit Tiberius führte. Ihre älteren Söhne verloren darüber das Leben. So erlebte das heranwachsende Mädchen sehr direkt, was es in dieser Zeit hieß, zu einer herrschenden Familie zu gehören: Fressen oder gefressen werden war das Motto, unter dem das Leben vieler Mitglieder des kaiserlichen Hauses stand. Auch die Mutter Agrippina wurde schließlich auf eine Insel verbannt, wo sie – so die Überlieferung – durch Verweigerung der Nahrung im Jahr 33 ihrem Leben ein Ende machte. Ob es nicht doch ein Mord war, ist heute nicht mehr zu eruieren.

☆☆☆

Wie weit das Leben der jüngeren Agrippina von all diesen Turbulenzen und Tragödien in ihrer Familie konkret betroffen wurde, bleibt im Dunkeln. Vielleicht nutzte es ihr, dass sie bereits im

Jahr 28, also erst knapp dreizehn Jahre alt, mit einem Domitius Ahenobarbus verheiratet wurde. Diese Familie hatte eine lange, in die Republik zurückreichende Tradition; sie hatte auch verwandtschaftliche Beziehungen zur Familie des Augustus geknüpft. Mit der Heirat beider blieb man somit in der weiteren Familie. Agrippina war auf diese Weise jedenfalls ein wenig aus dem todbringenden Umfeld ihrer Mutter entfernt.

Ihr erster politischer Einfluss kam mit dem Tod ihres Großvaters Tiberius im Jahr 37 n. Chr. Denn ihr einziger überlebender Bruder Gaius, bekannt als Caligula, wurde Kaiser. Er hatte viele Jahre in der engsten Umgebung des Tiberius auf der Insel Capri verbracht – und dort gelernt. Er kannte die Unterwürfigkeit aller, die sich vom Herrscher etwas erhofften, wusste aber auch, dass man sich nur auf wenige voll verlassen konnte; er hatte auch gelernt, wie man Gegner direkt – durch Mord – oder indirekt – durch Anklagen vor dem Senatsgericht – beseitigte. Dass er in dieser Umgebung keine gefestigte Persönlichkeit geworden ist, sondern labil und exzentrisch wurde, ist nicht verwunderlich. Dass er sich alles erlauben konnte, war ihm zutiefst bewusst.

Für die Schwestern Caligulas schien eine goldene Zeit anzubrechen, vor allem für Agrippina, da sie bereits einen Sohn hatte, während alle anderen Mitglieder der Familie noch kinderlos waren. Caligula zeichnete alle seine Schwestern durch Übertragung der Ehrenrechte der Vestalischen Jungfrauen aus, obwohl keine von ihnen mit deren Lebensweise etwas anfangen konnte: die Vestalinnen hatten 30-jährige Keuschheit gelobt; wer dagegen verstieß, musste auf grausame Art mit dem Leben bezahlen. Agrippina indes scheint in ihrem Streben nach Teilhabe an der Macht von Anfang an auch ihre weiblichen Waffen eingesetzt zu haben. Man sagt ihr deshalb auch nach, sie habe sich mit dem Gatten ihrer Schwester, Aemilius Lepidus, eingelassen, da dieser als vielversprechender Kandidat für die Nachfolge Caligulas galt. Denn Letzterer hatte sich durch seine Exzentrik und die

Missachtung aller Regeln im politischen Umgang schnell fast alle führenden Kreise zu Feinden gemacht. Gegen den eigenen Bruder ihre Pläne zu verfolgen, machte Agrippina kein Problem. Doch flog das Komplott auf; nur die Zugehörigkeit zur engsten Familie rettete ihr das Leben; sie wurde verbannt, wie schon einst ihre Mutter.

Ein erfolgreicher Mordanschlag gegen Caligula im Januar 41 n. Chr., der von einer Gruppe von Senatoren und höheren Offizieren der Prätorianergarde ins Werk gesetzt wurde, veränderte erneut Agrippinas Lage. Denn Kaiser wurde Claudius, der Bruder ihres Vaters Germanicus, also ihr Onkel. Er war wie sie selbst nicht in Rom geboren worden, sondern im gallischen Lugdunum (Lyon) im Jahr 10 v. Chr., während sein Vater Drusus am Rhein den römischen Angriffskrieg gegen die Germanen anführte. Sein Geburtsort sollte gerade in Verbindung mit Köln für Agrippina noch Bedeutung gewinnen.

Claudius war auf seine Aufgabe, die Führung eines Weltreiches zu übernehmen, nicht vorbereitet. Er war in seiner Kindheit und Jugend etwas zurückgeblieben, in der Öffentlichkeit war er kaum zu sehen gewesen. Seine Freude und Erfüllung hatte er bei Büchern gefunden und im Schreiben historischer Werke. Das wiederum hatte seinen Blick so geschärft, dass er ein Werk über die Bürgerkriege zwischen 44 und 31 v. Chr. nur in sehr abgekürzter Form publizierte, da er einsah, dass er die historische Realität angesichts der gewandelten Herrschaftsform nicht wirklich beschreiben konnte. Realitätssinn scheint ihm also keineswegs gefehlt zu haben. Dazu gehörte auch, dass er viele Aufgaben, die andere tatkräftiger und sachgerechter erledigen konnten, ihnen überließ. Allerdings scheint er dies öfter mit einem zu großen Vertrauen getan zu haben, ohne die verschiedenen Funktionsträger stets in der nötigen Weise zu kontrollieren. Dies trug ihm dann den Vorwurf ein, sich anderen auszuliefern und von ihnen abhängig zu sein. Vor allem Frauen, von denen er sich angezogen fühlte, aber auch Freigelassene, also ehemalige Sklaven, seien diejenigen gewesen, die bei ihm über den größten Einfluss verfügten. Wie weit das wirklich zutraf, ist schwer zu bestimmen, ganz unberechtigt war die Wahrnehmung von außen her sicher nicht. Es ist allerdings die Frage, ob dies zum Schaden des Reiches und seiner Untertanen geschah. Im römischen Köln hätte man dem Kaiser diesen Vorwurf sicher nicht gemacht. Es dauerte allerdings noch einige Jahr nach dem Herrschaftsbeginn, bis zwischen der Gemeinde der Ubier und dem Kaiser eine engere Beziehung entstand.

Sobald Claudius die Macht übernommen hatte, ließ er seine Nichte Agrippina aus der Verbannung, in die sie sein Neffe Caligula gesandt hatte, zurückrufen; auch ihr Vermögen wurde ihr zurückerstattet. Doch sie war inzwischen verwitwet; ihr Mann Domitius Ahenobarbus war verstorben. Für Agrippina hieß dies, dass sie im politischen Getriebe Roms wenig mitmischen konnte; dazu war immer noch ein Mann nötig. Noch im Jahr 41 schloss sie eine neue Ehe mit Passienus Crispus, einem Mitglied des Senats, der bereits Konsul gewesen war und damit zur Elite Roms gehörte. Im Jahr 44 erhielt er sogar ein zweites Konsulat, wobei die Heirat mit der Nichte des Kaisers sicherlich förderlich war. Mehr erfahren wir über diese zweite Ehe nicht. Crispus starb nach wenigen Jahren; jedenfalls war er im Jahr 49 bereits verstorben. Denn damals war sie erneut, wie der Historiker Tacitus mit gezielter Doppeldeutigkeit und Bosheit formulierte, durch die weise Voraussicht der Götter Witwe. Andere behaupteten später, sie habe Crispus rechtzeitig aus dem Weg geräumt. Der rechtzeitige Augenblick kam Ende des Jahres 48.

Claudius war bis zu dieser Zeit in dritter Ehe mit Valeria Messalina verheiratet. Deren Bild ist in der Überlieferung durch die sexuellen Abenteuer geprägt, die sie stets und überall gesucht haben soll. Wie weit diese Tradition durch Geschichten beeinflusst wurde, die später als Rechtfertigung für ihr gewaltsames

Ende in Umlauf gebracht wurden, lässt sich heute nicht mehr klären. Allerdings wurde sie in so auffälliger und sensationeller Weise aus dem Weg geräumt, dass irgendetwas völlig Ungewöhnliches eingetreten sein muss. Sie soll trotz ihrer Ehe mit Claudius eine zweite Ehe mit einem weit jüngeren Senator, Gaius Silius, eingegangen sein, dem sie die Herrschaft übertragen wollte. All das ist rational wenig stimmig; das Ergebnis aber war eindeutig: Messalina wurde in ihren Gärten von einem Prätorianertribun erstochen, Claudius war damit Witwer und der Platz an der Seite des Kaisers wieder frei. Diese Chance ließ sich Agrippina nicht entgehen. Sie wollte die wichtigste Position, die eine Frau im damaligen Rom erreichen konnte: Frau des Kaisers zu sein. Wie es zu dieser Entscheidung gekommen ist, muss wiederum ungeklärt bleiben. Angeblich hat jeder der drei Freigelassenen, denen Claudius viele der Regierungsgeschäfte überlassen hatte, versucht, seine eigene Kandidatin durchzusetzen. Sieger sei Pallas geworden, der eben Agrippina gefördert hat. Angeblich hatten beide ein sexuelles Verhältnis miteinander. Das kann stimmen, es kann aber ebenso spätere Erfindung sein, als mit allen Mitteln versucht wurde, das Bild Agrippinas in dunkelsten Farben zu malen. Agrippina setzte sich jedenfalls durch, was in Rom durchaus als Skandal angesehen wurde. Denn Claudius war der Onkel Agrippinas, damit war eine Ehe unmöglich, weil das Verwandtschaftsverhältnis zu eng war. Darüber äußerte man sich freilich nicht offen. Ganz im Gegenteil: Man inszenierte eine totale Zustimmung. Und da alle, die in Rom und in der Umgebung des Kaisers etwas zu sagen hatten, diese Ehe aus verschiedenartigsten Gründen wollten, fand man auch einen Weg: Man änderte die rechtlichen Regeln: Eine Ehe von Onkel und Nichte sollte in Zukunft erlaubt sein, nicht freilich zwischen Tante und Neffe; denn dafür gab es keinen aktuellen Bedarf. Der Antrag wurde im Senat enthusiastisch begrüßt und genehmigt. Die Hochzeit konnte stattfinden.

Agrippina hatte endlich ihr Ziel erreicht. Sie, die Urenkelin von Augustus, war die Frau an der Seite des regierenden Kaisers. Es war die Stellung, die ursprünglich auch einmal ihrer Mutter als Frau von Germanicus in Aussicht gestanden hatte. Dessen frühzeitiger Tod hatte das verhindert, ihr im Gegenteil am Ende nur einen bitteren, tiefen Fall beschert. Ihre Tochter aber hatte jetzt endlich diese Stellung erreicht. Was würde sie daraus machen?

☆☆☆

Bedenkt man ihre familiäre Herkunft und ihr Handeln bis zur Hochzeit mit Claudius, dann war kaum zu erwarten, dass sie sich mit einer rein passiven Rolle neben ihrem kaiserlichen Ehemann begnügen würde. Dafür war sie eine zu starke Persönlichkeit. Sie betrieb auch sogleich den Ausbau ihrer Macht, die Stärkung ihres politisch-sozialen Netzwerkes und die Absicherung ihrer Position für die Zukunft. Das war vor allem deswegen nötig, weil sie mit ihrer Heirat zwar die Gemahlin des Herrschers geworden war, sie war aber nicht Kaiserin. Eine solche Stellung gab es nicht, konnte es auch nicht geben. Denn all das, was der Kaiser war und tat, beruhte auf einzelnen Rechten, die ihm der Senat übertragen hatte. Genau dies aber galt natürlich nicht für Agrippina, konnte auch gar nicht gelten, weil Frauen nach der geheiligten Tradition und der tiefverwurzelten römischen Vorstellung im politischen Leben nichts zu sagen hatten. Sie waren zwar rechtlich Römerinnen, aber da sie nicht im Heer dienen konnten, war ihnen der Zugang zu allen öffentlichen Funktionen in Volksversammlung, Senat und Magistraturen verwehrt. Es waren zwei getrennte Welten; die Welt des öffentlichen Wirkens und die Welt der Frauen. Deshalb ist es auch nicht verwunderlich, dass selbst nach der Erlaubnis der Heirat zwischen Onkel und Nichte im Senat kein Antrag gestellt wurde,

Agrippina irgendwelche aktiven politischen Mitwirkungsrechte einzuräumen. Auf diesen Gedanken wären selbst ihre engsten Anhänger nicht verfallen. Alles, was man sich von ihr erwartete, war ihr Einsatz beim Kaiser. Auf diesen konnte sie wirken. Das war legitim, war schon immer so in Rom gewesen. Mütter und Ehefrauen waren nicht machtlos, aber sie mussten ihre Macht über Männer ausüben, über Väter, Ehegatten oder eben auch Söhne. Das wusste Agrippina, und sie handelte konsequent.

Ihr Ehemann Claudius ließ sich wohl leicht lenken, er war damals schon fast 60 Jahre alt. Die Zukunft gehörte jüngeren Menschen, vor allem demjenigen, der einst Claudius Nachfolger werden würde. Claudius hatte einen leiblichen Sohn von Messalina, Britannicus, geboren im Jahr 41. Doch auch Agrippina hatte einen Sohn von Domitius Ahenobarbus, Nero, den sie mit in die Ehe brachte. Er war gut drei Jahre älter als Britannicus, aber eben nicht der Sohn des Herrschers. Gleichzeitig wusste Agrippina, dass bei Britannicus nicht die Aussicht bestand, dass er sie im Fall von Claudius' Tod weiterhin in einer bevorzugten Stellung belassen würde. Zu sehr war sie die Nutznießerin des gewaltsamen Todes seiner Mutter Messalina. Nero schien da die besseren Zukunftsperspektiven für Agrippina zu bieten. So betrieb sie seinen Aufstieg. Schon Anfang 49 wurde Nero mit der Tochter des Claudius, Octavia, verlobt, ein Jahr später, Anfang 50, wurde er von Claudius adoptiert und damit seinem leiblichen Sohn gleichgestellt. Da Nero älter war, erschien dies als eine wichtige Weichenstellung. Und wenig später wurden ihm sogar wichtigste politische Rechte übertragen. Dass er nach Claudius die Herrschaft übernehmen werde, war nach kurzer Zeit allen klar. Die Zukunft Agrippinas schien ein solides Fundament zu haben.

Aber es ging ihr nicht nur um die zukünftige Herrschaft ihres Sohnes, auch sie selbst sollte sichtbar als einzigartig in der Öffentlichkeit gesehen werden. Das geschah ebenfalls Anfang 50, in engster Verbindung mit der Adoption ihres Sohnes durch Claudius. Sie erhielt, wohl durch Senatsbeschluss, den Beinamen Augusta. Das war der Beiname, der Augustus vom Senat verliehen worden war und den nach ihm jeder seiner Nachfolger auch erhalten hatte. So gewann das Wort, obwohl es ein echter Name war, ein Cognomen, bald eine Art titularen Beiklang, das, was wir mit dem Wort Kaiser verbinden. Man muss sich nur klarmachen, dass mit dem Beinamen Augustus keinerlei rechtliche Befugnisse verbunden waren. Das galt in gleicher Weise für die weibliche Form Augusta.

Zu Augustus' Lebzeiten hatte nur er dieses ehrende Cognomen getragen, erst nach seinem Tod vererbte er es auch an seine Frau Livia. Messalina war nie mit diesem Namen ausgezeichnet worden, wohl aber jetzt Agrippina. Sie wusste, dass man mit einem Namen, der nicht näher definiert war, auch neue Vorstellungen verbinden konnte. Sie war nun Augusta neben dem Augustus. Das konnte man so sehen, dass sie beide, Claudius und Agrippina, gleichen Ranges, sich ebenbürtig waren, jedenfalls solange man nicht nach den konkreten Rechten fragte, die ihnen beiden zukamen: denn Claudius besaß alle Rechte, Agrippina aber keines. Gerade danach aber fragte offen niemand.

☆☆☆

In diesem Kampf um das öffentliche Prestige der beiden Eheleute kommt die Stadt der Ubier wieder ins politische Geschehen zurück. Denn Agrippina entdeckte, dass diese Stadt am Rhein ein Element in ihrem Bemühen sein konnte, sich als gleichwertig mit ihrem Ehemann in der Öffentlichkeit zu präsentieren. Die Stadt der germanischen Ubier war ihr Geburtsort; diese Gemeinde aber war nur peregrinen Rechts. Auch ihr Ehemann war nicht in Rom geboren, sondern, wie erwähnt, im gallischen Lugdunum. Doch welch ein Unterschied in der Rechtsstellung und im Namen. Lugdunum war bereits durch Caesar als römische Kolonie geplant und nach seinem Tod als solche ausgebaut worden. Als Claudius zur Herrschaft gekommen war, stellte er seine Geburtsstadt in besonderer Weise dadurch heraus, dass er ihr den Beinamen Claudia verlieh, nach seinem Familiennamen. Ferner hat wohl er der Stadt das sogenannte *ius Italicum* zuerkannt. Damit stellte er die Gemeinde den Städten in Italien gleich, was gleichzeitig hieß, dass die Bewohner weder Grund- noch Kopfsteuer zu zahlen hatten, wie eben die Gemeinden in Italien auch. Der Geburtsort des Claudius war also in der gallischen Welt in besonderer Weise geadelt worden. Keine andere Stadt konnte mit Lugdunum konkurrieren. Was war dagegen die Stadt der Ubier, wo Agrippina 35 Jahre früher das Licht der Welt erblickt hatte? Dieses Gemeinwesen gehörte nicht einmal zum römischen Bürgerverband, es war nur eine simple peregrine Stadt. Das war für Agrippina offensichtlich nicht tragbar. Und sie handelte.

Tacitus gibt in seinen Annalen zum Jahr 50 folgende kurze Notiz: »Doch Agrippina wollte ihre Macht auch den verbündeten Völkern zeigen. Deshalb setzte sie es durch, dass in der Stadt der Ubier, in der sie geboren war, eine Veteranenkolonie gegründet und nach ihrem eigenen Namen benannt wurde« (Tacitus, Annalen 12, 27, 1). Der Name dieser neuen römischen Kolonie lautete: Colonia Claudia Ara Agrippinensium (= CCAA). Das erste Namenselement besagte, dass die Stadt nunmehr den Rang einer römischen Stadt hatte, die nach römischem Recht und Gesetz organisiert war. Claudia nannte den rechtlichen Urheber der Rangerhöhung, eben Kaiser Claudius. Ara verwies auf den entscheidenden Grund, weshalb Augustus diese Stadt hatte anlegen lassen; das Wort lässt auch erkennen, wie wichtig es für die Siedlung auch im Jahr 50 noch war, den heiligen Bezirk für den Herrscherkult innerhalb der Mauern zu haben. Doch das wichtigste und überraschendste Element in dem neuen Namen kam am Ende: Agrippinensis. Dieser Name sagte aus, wer wirklich die Gründung der Kolonie veranlasst hatte: Agrippina selbst. Ihr Name war jetzt mit der Siedlung verbunden, wo sie einst geboren war. Sie hatte die Macht, diesen unbedeutenden peregrinen Ort auf die glanzvolle Höhe einer römischen Kolonie zu erheben. Durch den Namen wurde allen Bewohnern am Rhein und in Gallien deutlich gemacht, was sie vermochte. Nicht nur Lugdunum, der Geburtsort ihres Mannes war eine Kolonie, die seinen Namen führte, auch ihr Geburtsort hatte nun diesen Rang. Und dieser Ort trug ihren Namen, der bisherige germanische Name wurde nicht eingeschlossen, anders als bei Lugdunum, das seinen gallischen Stadtnamen behielt. Der Name der neuen Kolonie am Rhein bestand nur aus römischen Elementen.

Für jeden, der in der römischen Welt über ein längeres historisches Gedächtnis verfügte, war das Sensationelle die Benennung der Stadt nach Agrippina selbst. Denn es gab weder vorher noch nachher in einer Provinz eine Kolonie des römischen Volkes, die den Namen einer Frau getragen hat, es waren nur die Namen von Männern, vor allem von Caesar, Augustus und eben auch von Claudius, die in verschiedenen Varianten in den jeweiligen Kolonienamen eingebaut wurden: Iulia, Augusta, Claudia. Gleiches geschah in der nachclaudischen Zeit. Doch niemals wurde eine römische Kolonie mit dem Namen einer Frau verbunden, außer eben im Fall der Ubierstadt, dem Geburtsort von Agrippina. Dieses absolut Exzeptionelle zeigt auch mit Klarheit, dass es Agrippina selbst war, die die Erhebung Kölns zur Kolonie durchgesetzt hatte; sie war die treibende Kraft gewesen, auch wenn rechtlich ihr Ehemann Claudius die Anordnung gegeben hatte. Und damit ganz klar war, dass ihr Geburtsort denselben Rang hatte wie der ihres Mannes, erhielt die Stadt am Rhein wie Lugdunum das *ius Italicum*. Rechtlich war die neue Kolonie damit den römischen Gemeinden in Italien gleichgestellt, vor allem die Freiheit von Boden- und Kopfsteuer war von größtem

Vorteil. Schließlich verblieben die finanziellen Mittel, die sonst an den kaiserlichen Fiskus abzuführen waren, den Bürgern der CCAA. Die zukünftige ökonomische Leistungsfähigkeit der Stadt erhielt damit einen kräftigen Impuls.

Gerade aus der Gestaltung des Stadtnamens ergibt sich mit Klarheit, dass Agrippinas Hauptmotiv für die Koloniegründung in ihrem persönlichen Prestigebedürfnis in der Konkurrenz mit ihrem Gatten lag. Ihr Geburtsort stand nicht mehr hinter dem ihres Mannes zurück, das zeigte der Name allen im gesamten gallisch-germanischen Raum. So wie es heute eine Konkurrenz zwischen Städten gibt (nicht nur Köln und Düsseldorf sind dafür ein Beispiel), so gab es das auch in römischer Zeit. In dieser Hinsicht konnte die bisherige Ubierstadt nunmehr überall mitsprechen.

Die Erhebung der Stadt zur Kolonie war freilich nicht nur ein rechtlich-politischer Akt, sie brachte tiefgreifende Veränderungen mit sich. Vor allem die Ansiedlung von römischen Legionsveteranen war ein entscheidender Faktor zur Neugestaltung der Stadt. Wie viele Personen dies waren, ist nicht überliefert, doch dürften es im Verlauf mehrerer Jahre wohl doch einige tausend geworden sein. Sie erhielten Land zur Versorgung auf dem Territorium der Kolonie, sie erbauten wohl auch innerhalb der Mauern ihre Häuser. Wie das im Einzelnen durchgeführt wurde, lässt sich nicht sagen. Die Eingliederung der Veteranen muss jedoch in einem recht friedlichen Miteinander zwischen den Neuankömmlingen und den schon alteingesessenen Ubiern abgelaufen sein. Denn als knapp zwei Jahrzehnte später in den Jahren 69/70 der sogenannte Bataveraufstand die gesamte Region in ein Chaos stürzte, wurden alle damals in der CCAA wohnenden Römer und Ubier vor eine existenzbedrohende Situation gestellt. Germanische Stämme von rechts des Rheins drängten die Agrippinenser, alle Römer zu töten und sich den Aufständischen anzuschließen. Das lehnten die Bewohner der

Stadt, wohl in der Mehrzahl frühere Ubier, mit dem Hinweis ab, dies zu tun, hieße, »Eltern, Geschwister, Kinder« umzubringen. Denn man lebe in enger Lebensgemeinschaft mit den Angesiedelten. Somit muss der Prozess der Integration ab dem Jahr 50 n. Chr. ohne größere Spannungen abgelaufen sein.

☆☆☆

Die Kolonie erhielt ein eigenes, auf ihre Bedürfnisse zugeschnittenes Gesetz. Die Organe und Institutionen einer römischen Kolonie wurden etabliert, die Volksversammlung der Bürger, die Magistrate und vor allem der städtische Rat, der ordo decurionum, der die entscheidende Machtstellung in einer Kolonie einnahm. Dort waren die führenden Familien der Kolonie präsent und entschieden über alle die gesamte Bürgerschaft interessierenden Fragen. Einen Rat der Gemeinde der Ubier hatte es auch vorher gegeben, im neuen Dekurionenrat aber konnten nur römische Bürger einen Platz erhalten. Die bisherigen Ratsmitglieder der Ubier konnten dort nur einen Platz finden, wenn sie wie die Veteranen auch das römische Bürgerrecht besaßen. Vermutlich hatten dies manche Ubier auch schon vor dem Jahr 50 erhalten, aber wohl kaum die Mehrheit. Da andererseits die Integration, wie das Verhalten der Agrippinenser im Jahr 69/70 n. Chr. erkennen lässt, sehr gut gelungen war, scheint es wenig wahrscheinlich, dass die Masse der bisherigen Ratsherren der Ubier aus dem neuen Gremium ausgeschlossen wurde; das hätte zu große Spannungen erzeugt, die in zwei Jahrzehnten kaum abgebaut worden wären. Deshalb darf man schließen, dass bei der Koloniegründung auch an Ubier das römische Bürgerrecht verliehen wurde, und vor allem an führende Familien der verbündeten Stadt. Auf diese Weise konnten von Anfang an, alte und neue römische Bürger gemeinsam das nunmehr römische Gemeinwesen gestalten. Dass dies ganz ohne Spannungen abgegangen sein kann, ist wenig wahrscheinlich, aber aufs Ganze gesehen kann der Prozess nicht zu einer Zerreißprobe geführt haben.

Wie sich die Erhebung ihrer Gemeinde zu einer römischen Kolonie auf die Masse der ubischen Bevölkerung, die auf dem ausgedehnten Territorium ihre Höfe bewirtschaftete, ausgewirkt hat, ist nur in Ansätzen zu erkennen. Sicher ist jedoch, dass nicht alle Ubier auch römische Bürger wurden, manche behielten ihren peregrinen Personalstatus. Denn noch zu Beginn der 70er Jahre, also mehr als zwei Jahrzehnte nach der Einrichtung der Kolonie, wurden Ubier für Hilfstruppeneinheiten rekrutiert, in denen damals nur Nicht-Römer dienten. Rechtlich gesehen trat somit eine gewisse Spaltung der ubischen Gesellschaft ein. Doch da andererseits die wichtigen Beziehungen innerhalb einer solchen lokalen Gesellschaft wie der der Ubier weniger rechtlich definiert als vielmehr von den sozialen Abhängigkeiten bestimmt waren, also etwa der Abhängigkeit einfacher Leute von einflussreichen Familien, hat der unterschiedliche Rechtsstatus vielleicht weniger Bedeutung gehabt, als es unter einer rein rechtlichen Betrachtung der Fall wäre. Probleme scheinen daraus jedenfalls für die neue Kolonie nicht entstanden zu sein.

Die neue Kolonie wurde durch den kaiserlichen Rechtsakt nach aller Wahrscheinlichkeit auch in materieller Hinsicht gestärkt. Zum einen bildeten die vielen Veteranen mit ihren Entlassungsgeldern eine merkbare Verstärkung der Konsumenten, vor allem auch für die ubische Handwerkerschaft, die sich in den vorausgegangenen Jahrzehnten entwickelt hatte. Die Neuankömmlinge produzierten aber auch selbst, speziell auf dem ihnen zugewiesenen Land, sodass die Produktivität des gesamten Gemeinwesens deutlich gestärkt wurde. Die ökonomische Führungsschicht der Kolonie, die auch im Wesentlichen die Lasten des Gemeinwesens tragen musste, wurde durch die Veteranen deutlich verstärkt. Das sollte sich bei der Ausgestaltung der Stadt durchaus bemerkbar machen. Doch neben dieser indirekten Förderung des Lebens der Kolonie wird Agrippina wohl den weiteren Ausbau finanziell unterstützt haben. Dass wir davon nichts wissen, besagt wohl wenig, da öffentliche Bauinschriften des römischen Köln nur in geringen Resten bis heute überlebt haben. Zudem wurden Statuen und Inschriften der Koloniegründerin nach ihrem gewaltsamen Tod im Jahr 59 n. Chr. weithin beseitigt. Doch eine Baumaßnahme, die durch eine neronische Bauinschrift bezeugt ist, könnte durchaus auf eine länger dauernde Förderung der Stadt hinweisen. Denn im Jahr 66 ließ die 15. Legion mit dem Beinamen Primigenia eine große Bauinschrift anbringen, an einem Bauwerk, das im Text nicht genannt wird. Doch die Form und Größe der Inschrift könnte darauf hinweisen, dass sie mit einem Tor verbunden war, was weiter noch auf die Stadtmauer verweisen könnte. Gerade bei solchen umfangreichen Infrastrukturmaßnahmen wurden immer wieder Militäreinheiten eingesetzt, wodurch eine Gemeinde von den Kosten für solche Bauten entlastet wurde. Dass Nero die von seiner Mutter promovierte Kolonie auf diese Weise weitergefördert hat, liegt nicht allzu fern. Vielleicht sollte ja auch auf diese Weise von dem Schicksal, das die Koloniegründerin in Rom getroffen hatte, abgelenkt werden.

☆☆☆

Agrippina hatte unter Claudius sehr viel erreicht, was weit über die bisher bekannten Einflussmöglichkeiten einer Frau in der Öffentlichkeit hinausging. Doch ihre eigentliche Zukunft sah sie unter der kommenden Herrschaft ihres Sohnes Nero. Als diese Aussicht mit der Rückbesinnung des Claudius auf seinen leiblichen Sohn Britannicus gefährdet schien, reagierte Agrippina schnell. Dass sie ihren Mann aus dem Weg räumte, kann man nicht bezweifeln; zu einhellig und klar sind die Überlieferung und das Verhalten der Akteure bei dem Geschehen. Am 13. Oktober war Claudius tot, Nero trat ohne Komplikationen die Nachfolge an; er hatte ja dank der Bemühungen der Mutter schon längst die wichtigsten Herrschaftsrechte. Die Prätorianer, denen Nero als erstes Losungswort: *Optima mater*, »beste Mutter«, gab, akklamierten ihn, der Senat stimmte zu.

Agrippina aber schien alles Maß verloren zu haben. Auf den ersten Goldmünzen, die nach Neros Regierungsantritt geprägt wurden, erschienen auf der Vorderseite die einander gegenüberstehenden Porträts von Agrippina und Nero. Schon dies war mehr als auffällig, da auf den römischen Reichsmünzen bisher Porträts von Frauen zu deren Lebzeiten nur auf die Rückseite geprägt wurden. Doch weit sensationeller war die Legende, die diese Porträts begleitete. Agrippinas Name erschien auf der Vorderseite, und zudem im Nominativ. Das musste jeder so verstehen, dass sie die Ausprägung dieses Münztyps veranlasst hatte. Die Münzprägung aber war das Recht des Kaisers; ausschließlich sein Name war bisher in diesem Casus auf die römischen Münzen geprägt worden. Und um noch deutlicher zu machen, wie nunmehr die politische Hierarchie gestaltet war, konnte man Neros Name nur auf der Rückseite und im Dativ lesen: Die Mutter Agrippina prägte für ihren Sohn Nero die Goldmünzen. Mit diesen Münzen wurde die richtige Ordnung auf den Kopf gestellt. Eine Revolution wurde hier propagiert. Wer aber außer Agrippina konnte an einer solch grundstürzenden Neuordnung ein Interesse haben? Damit ist jeder Zweifel ausgeschlossen; sie ist die Auftraggeberin der Prägung gewesen. Wer sehen wollte, der sah, was da kommen sollte, wenn die anderen mitspielen würden.

Doch das taten sie nicht. Vor allem einige wichtige Leute um Nero wie der Prätorianerpräfekt Afranius Burrus oder Seneca, der Erzieher Neros, mussten sich einem solchen Versuch, der Mutter des Kaisers die politische Führung zuzugestehen, widersetzen. Vielleicht hat auch der soeben Kaiser gewordene, siebzehnjährige Nero gefühlt, was diese Münzen auch für seine eigene Stellung bedeuteten. Nach kurzer Zeit wurde die richtige Ordnung auf den Münzen, einem der wichtigsten Kommunikationsmittel der Zeit, wiederhergestellt. Agrippinas Name verschwindet spätestens Anfang 55 von allen römischen Reichsmünzen; das muss man als bewusste Ausschaltung ihrer Person ansehen, was sich schnell auch in anderer Weise zeigte. In rascher Folge wurde sie aus dem engeren Kreis um Nero, ja sogar aus dem Kaiserpalast selbst hinausgedrängt, ihre Möglichkeiten wurden immer mehr beschnitten. Sie war damit noch nicht völlig machtlos, aber doch nur noch ein Schatten der machtvollen Persönlichkeit, die sie in den letzten Jahren unter Claudius und in den ersten Wochen der Herrschaft ihres Sohnes Nero gewesen war. Dass schließlich im Jahr 59 ihr eigener Sohn sie von einem Trupp bewaffneter Soldaten der Flotte von Misenum am Golf von Baiae ermorden ließ, muss durch ein Bündel von Motiven veranlasst worden sein. Ganz klar lässt sich das heute nicht mehr erkennen. Der willfährige Senat akzeptierte die groteske Anklage, die ihr Sohn vor dem Hohen Haus erhob: Sie habe ihn ermorden lassen wollen. Damit verbunden wurden von Nero weitere wilde Behauptungen im Senat vorgetragen, nicht wenige sind wohl in die historische Überlieferung eingegangen, ohne dass es möglich wäre zu erkennen, ob sie nicht auf die Rede zurückgehen, mit der Nero den Mord an seiner Mutter als Handeln aus Staatsräson zu bemänteln suchte.

☆☆☆

Die Nachricht vom Tod Agrippinas muss in der Stadt der Agrippinenser mit größtem Befremden, ja mit Entsetzen aufgenommen worden sein. Ihre Gönnerin eine potentielle Mörderin ihres Sohnes? Ob man das geglaubt hat, lässt sich nicht sagen.

Doch dem Senatsbeschluss, ihre Statuen, Porträts und die damit verbundenen Inschriften zu beseitigen, konnte man sich kaum widersetzen. Dafür sorgte schon der senatorische Militärkommandant, der im praetorium residierte. Kaum einer der Senatoren hatte Sympathie für Agrippina entwickelt, zu sehr widersprach deren Verhalten all dem, was die politische Kaste Roms einer Frau in der Öffentlichkeit zugestanden hat. So wurde der Senatsbeschluss vermutlich auch in Köln ausgeführt. Nur eines geschah nicht, soweit wir dies unseren Quellen entnehmen können. Die Stadt legte den Namen Agrippinensis nicht ab, obwohl gerade dadurch die Erinnerung an die ermordete Mutter Neros bewahrt wurde. Der Senat hatte vermutlich in seinem Beschluss eine solche Namenstilgung auch nicht verfügt, es gab nur die eine Stadt, die ihren Namen führte. So konnte der Name überleben. Und in der Blütezeit der CCAA im späteren 1. und im 2. Jahrhundert trugen die Bürger der Stadt überall diese Herkunftsbezeichnung: Agrippinensis. Die Erinnerung an die Koloniegründerin verstärkte sich noch seit dem 3. Jahrhundert, als der Name der Stadt mehr und mehr nur noch Agrippina hieß. Dies war in der Spätantike die offizielle Bezeichnung der Stadt, die auch auf Meilensteinen erschien und anzeigte, wie weit man noch vom Zentrum der niedergermanischen Provinz entfernt war. In den frühen Konzilsakten gallischer Synoden wird die Gemeinde des Bischofs von Köln ganz selbstverständlich als civitas Agrippinensium, als Gemeinde der Agrippinenser, bezeichnet, so etwa bei Bischof Maternus, als er im Jahr 314 an der Synode von Arles teilnahm. Die Vernichtung des Andenkens an diese Frau, die in außergewöhnlicher Weise ihre Umwelt herausgefordert hat, ist in der ehemaligen Ubierstadt nicht gelungen, jedenfalls solange Rom dort die Herrschaft ausübte.

Erst in der nachrömischen Zeit gerät Agrippinas Name aus dem Gebrauch. Wann genau dies geschah, lässt sich nicht feststellen. Seit dem späteren 6. Jahrhundert wurde die Siedlung, die damals schon seit mehr als hundert Jahren unter der Herrschaft fränkischer Könige stand, mit einem neuen Namen bezeichnet: COLVNIA, daneben auch schon als COLONIA. Auf indirekte Weise wird damit doch wiederum auf die Tatsache verwiesen, durch die der Rang der Stadt in besonderer Weise bestimmt worden war: Agrippina hatte durch ihren Einsatz die Siedlung der Ubier zu einer römischen Kolonie erhoben; die Stadt war damit ein Teil Roms geworden. Über verschiedene Namensformen ist daraus schließlich der heutige Name Köln geworden.

Der Tatsache, dass man diesen Rang innerhalb des Imperium Romanum erreicht hatte, ist man sich in Köln wohl stets in der einen oder anderen Form bewusst gewesen. In der sogenannten Koelhof'schen Chronik von 1499 wird vermerkt, Kaiser Traian sei persönlich nach Köln gekommen und habe aus den drei Ständen, dem gemeinen Volk, den Rittern und den Adligen in Rom je fünf Personen ausgewählt, habe sie selbst nach Köln begleitet und sie dort angesiedelt, woraus sich die fünfzehn großen Geschlechter Kölns entwickelt hätten. Die Umstände, die dabei geschildert werden, haben mit der historischen Realität nichts zu tun, aber die Grundtatsache, dass Köln seine Gründung und seinen Namen Rom verdankt, das ist nie vergessen worden.

☆☆☆

Zu Beginn dieser Ausführungen wurde auf das Jahr 1950 verwiesen, als die Stadt 1900 Jahre Köln feierte. Diese Vorstellung ist irrig. Wenn Köln sich seiner römischen Wurzeln erinnern will, dann muss es stets drei zeitliche Bezugspunkte und drei Personen einbeziehen: Agrippa, der 19/18 v. Chr. die Ubier auf das linke Rheinufer holte und damit das Gemeinwesen schuf, das seitdem kontinuierlich hier besteht; Augustus, weil er seit dem Jahr 7 v. Chr. den urbanen Siedlungskern erbauen ließ, in dem und um den sich die Stadt in den folgenden zwei Jahrtausenden entwickelte; und schließlich Agrippina, weil sie als gebürtige »Kölnerin« ihren Geburtsort nicht vergessen, sondern ihn im Jahr 50 n. Chr. zum Rang einer römischen Kolonie erhoben hat. Wäre das nicht geschehen, gäbe es heute nicht den stolzen Namen der Stadt: Köln.

Literatur:

B. Levick, *Claudius,* London 1990

W. Eck, *Agrippina – die ›Stadtgründerin‹ Kölns. Eine Frau in der frühkaiserzeitlichen Politik,* Köln ^{2}1993

W. Eck, *Agrippina* (15–59), in: *Rheinische Lebensbilder* 14, Köln 1994, S. 7–27

A. A. Barrett, *Agrippina. Sex, Power, and Politics in the Early Empire,* Boston 1999

W. Eck, *Köln in römischer Zeit. Geschichte einer Stadt im Rahmen des Imperium Romanum,* Köln 2004

E. Champlin, *Nero,* Cambridge 2003

W. Eck, *Köln im Übergang von der Antike zum Mittelalter,* in: *Engagierte Verwaltung für die Wissenschaft. Festschrift für Johannes Neyses, Kanzler der Universität zu Köln zum 60. Geburtstag,* Hrsg. P. Hanau – C. A. Lückerath – W. Schmitz – C. Zintzen, Köln 2007, S. 55–72 (= in: *Geschichte in Köln* 54, 2007, S. 7–26.)

M. Moltesen – A. M. Nielsen, *Agrippina Minor. Life and Afterlife,* Copenhagen 2007.

WILFRIED HARTMANN

Karl der Große (748–814)

Der Name der Herrscherfamilie der »Karolinger« geht auf den Namen Karl zurück, dessen erster Träger in dieser Familie der Großvater Karls des Großen war, der 741 verstarb. In männlicher Linie lässt sich die Familie noch fast 150 Jahre bis zum »Spitzenahn« Arnulf zurückverfolgen, der um 580 in einer Adelsfamilie aus dem Maasgebiet geboren wurde und der 640 als Einsiedler in Remiremont in den Vogesen starb, nachdem er von 614 bis 629 Bischof von Metz gewesen war.

Arnulfs Enkel Pippin (»der Mittlere«) hat die politische Macht der späteren Karolinger eigentlich begründet. Durch seine Heirat mit Plektrud konnte er bedeutende Güter im Kölner Raum, am Niederrhein und im Gebiet um Trier gewinnen. In Köln erinnert das Kloster St. Maria im Kapitol daran. Er selbst erlangte das Amt eines Hausmeiers im gesamten Frankenreich durch den Sieg in der Schlacht bei Tertry (an der Somme) im Jahr 687. Da die fränkischen Könige aus dem Geschlecht der Merowinger damals bereits fast nur noch dem Namen nach das Reich beherrschten, waren die Hausmeier die tatsächlichen Regenten. Nach Pippins Tod 714 konnte sich sein jüngster Sohn Karl gegen seine Stiefmutter Plektrud und deren Anhänger durchsetzen. Er ist bis heute berühmt durch seinen Sieg über die Muslime, den er 732 in der Nähe von Poitiers erringen konnte. Im 9. Jahrhundert erhielt Karl den Beinamen Martell, der Hammer; er war überhaupt ein sehr kriegerischer Fürst, der nur im Jahr vor seinem Tod (741) keinen Kriegszug durchgeführt hat. Seit 737 regierte er das Frankenreich ohne einen merowingischen König; die Chroniken sprechen von ihm als *princeps*, als Fürst, oder nennen ihn *subregulus*, Unterkönig.

Nach seinem Tod sollte das Reich unter seine drei Söhne Karlmann, Pippin und Grifo aufgeteilt werden; Grifo wurde aber von seinen älteren Stiefbrüdern zur Seite gedrängt. Diese mussten sich jedoch nicht nur mit Grifo und seinen Anhängern, sondern auch mit Aufständen in Aquitanien und Alemannien befassen, daher erhoben sie 743 wieder einen Merowinger, Childerich (III.), als König. Im Anschluss an einen Aufstand der Alemannen 746, den Karlmann mit äußerster Brutalität niedergeschlagen hatte, trat dieser 747 ins Kloster ein.

Etwas früher hatte sich Pippin mit Bertrada verheiratet, die aus derselben Sippe stammte, aus der auch Plektrud hervorgegangen war und die im Moselraum große Macht besaß. 747 war diese Ehe wahrscheinlich noch kinderlos, während Karlmann mehrere Kinder, darunter einen Sohn namens Drogo hatte, der nach dem Klostereintritt seines Vaters dessen Erbe wohl hatte übernehmen sollen. Jedoch konnte Pippin seine Alleinherrschaft im Frankenreich durchsetzen und 751 auch den letzten merowingischen Frankenkönig absetzen und ins Kloster schicken.

Vielleicht hatte Pippin damals bereits zwei Söhne, Karl und Karlmann. Karl war der ältere; er wurde wahrscheinlich am 2. April 748 geboren. Sein Geburtsjahr und auch der Tag seiner Geburt sind aber in den Quellen nur sehr schwach bezeugt. Über den Ort seiner Geburt sagen die zeitgenössischen Quellen überhaupt nichts. Zahlreiche Orte, vor allem in Deutschland, in Frankreich und in Belgien, streiten sich bis heute um die Ehre, der Geburtsort Karls zu sein. Die früheste Äußerung zu diesem Thema stammt erst aus dem 12. Jahrhundert, als Gottfried von Viterbo († um 1200) der Stadt Ingelheim am Rhein diese Ehre zubilligte. Der bayerische Historiker Aventin (1477–1534) schreibt, Karl sei auf der Burg Karlsberg am Würmsee geboren und in Ingelheim erzogen worden. Daneben wird u.a. auch die Bertradaburg von Mürlenbach bei Prüm in der Eifel als Geburtsort genannt.

☆☆☆

Über Karls Kindheit wissen wir sehr wenig. Nur zwei Episoden aus dem Jahr 754 sind quellenmäßig gut bezeugt: einmal, dass der damals wohl erst fünfjährige Sohn des Frankenkönigs Pippin am 6. Januar 754 dem Papst Stephan II. entgegenreiste, um diesen im Frankenreich willkommen zu heißen. Am Osterfest, am 14. April 754, wurden Karl und Karlmann vom Papst zu Mitkönigen gesalbt. Über die Erziehung der beiden Königssöhne wissen wir nicht viel; wahrscheinlich wurden sie am Hof des Vaters ausgebildet und haben dort u.a. auch lesen gelernt.

Nur in zwei Urkunden Pippins wird Karl erwähnt; ein Diplom vom 1. Juni 760 nennt Karl *vir illuster*; diesen Titel hatten sich ... die merowingischen Könige, die karolingischen Hausmeier und Pippin selbst gelegentlich beigelegt. Karl hatte in dieser Zeit das mündige Alter erreicht, das nach der Lex Salica bei zwölf Jahren liegt. In einem Privileg vom 13. August 762 wird die Zustimmung Karls und auch Karlmanns ausdrücklich erwähnt.

763, also im Jahr der Mündigkeit Karlmanns, soll Pippin seinen Söhnen einige Grafschaften übertragen haben. Karl erhielt dabei Herrschaftsrechte im Gebiet um Le Mans, an der Grenze zu Aquitanien. Dieses Land stand damals noch nicht unter fränkischer Herrschaft; an den Kriegszügen nach Aquitanien in den Jahren 761 und 762 hat Karl teilgenommen. Weitere Nachrichten über kriegerische oder andere Aktivitäten der Söhne Pippins haben wir bis zum Tod ihres Vaters (am 24. September 768) nicht.

Wann Karl seine erste Frau genommen hat, wissen wir nicht. Wir kennen aber ihren Namen, Himiltrud, und wir wissen, dass aus dieser Verbindung ein Sohn mit Namen Pippin hervorging.

Da mit diesem Namen nur ein eventueller Erbe bezeichnet worden sein kann, ist die Beziehung zwischen Karl und Himiltrud wohl eine legitime Ehe gewesen. Später wurde Himiltrud als Konkubine und Pippin als Bastard bezeichnet, um Karl nicht dem Vorwurf auszusetzen, er habe mehrfach seine legitime Ehefrau verstoßen.

769 bahnte die Königinwitwe Bertrada eine eheliche Verbindung Karls mit der Tochter des letzten Langobardenkönigs Desiderius an, gegen die Papst Stephan III. heftig protestierte, u.a. mit dem Argument, dass Karl bereits in rechtmäßiger Ehe lebe. Dennoch wurde diese neue Ehe 770 geschlossen; merkwürdigerweise verschweigen die Quellen den Namen der Frau. Bereits Ende 771 oder Anfang 772, kurz nach dem frühen Tod von Karls Bruder Karlmann, wurde die Langobardin zu ihrem Vater zurückgeschickt.

Karl verband sich kurze Zeit später mit der erst 13-jährigen Hildegard, die aus dem herzoglichen Geschlecht Alemanniens stammte. Die Ehe Karls mit Hildegard dauerte bis zu ihrem Tod; sie starb am 30. April 783. Aus dieser Ehe gingen insgesamt neun Kinder hervor; vier Knaben und fünf Mädchen. Die Geburtsjahre der älteren Kinder (Karl, Adelheid, Rotrud und Karlmann) kennen wir nicht genau; dagegen wissen wir, dass die Zwillinge Ludwig und Lothar am 16. April 778 geboren wurden; Lothar starb wenig später. Die Geburtsjahre der Töchter Berta und Gisela waren wohl 779 und 781; kurz nach der Geburt ihrer jüngsten Tochter Gisela ist Hildegard gestorben. Am Tag nach ihrem Tod, am 1. Mai 783, machte Karl eine Stiftung für das Kloster St. Arnulf in Metz, in dem Hildegard begraben wurde. Dabei wird sie mehrfach als »über alles geliebte Gattin« und als »allersüßeste Gattin« angesprochen, was doch als Ausdruck einer engen persönlichen Beziehung Karls zu seiner Ehefrau gewertet werden darf.

Schon wenige Monate nach dem Tod Hildegards heiratete

Karl erneut; die neue Gemahlin war die fränkische Adlige Fastrada. Mit dieser hatte Karl zwei Töchter, Theodrada und Hiltrud, die um 785 und um 787 geboren wurden. Fastrada hat – anders als Hildegard – anscheinend durchaus die Rolle einer Königin ausgefüllt, so übte sie in Abwesenheit des Königs den Vorsitz bei Gericht aus. Am Ende ihres Lebens war Fastrada anscheinend sehr krank; sie starb am 10. August 794 in Frankfurt; zwei Tage später wurde sie im Kloster St. Alban in Mainz beigesetzt.

Nach dem Tod Fastradas ist Karl anscheinend keine weitere legitime Ehe eingegangen; allerdings wird Liutgard, zu der Karl wohl bereits zu Lebzeiten Fastradas eine Beziehung pflegte, seit 799 in einigen Quellen als *uxor* bezeichnet und wir wissen, dass sie eine wichtige Rolle spielte. Sie war dabei, als die Beute aus den Awarenkriegen unter die Bischöfe und Kirchen des Frankenreichs verteilt wurde, und sie besuchte mit ihren Stieftöchtern 798 das Kloster Nivelles, um dort für das Seelenheil der Familie zu beten. Aber Karls enger Berater Alkuin, von dem wir mehrere Briefe an Fastrada besitzen, hat sie nie als Ehefrau angesprochen. Für die Zeit nach Liutgards Tod (am 4. Juni 800) nennt Karls Biograph Einhard noch die Namen von drei Konkubinen (Gerswind, Regina und Adallind); es gab aber mit Sicherheit noch andere, wir kennen noch die Namen Madalgard und Sigrada. Politischen Einfluss haben diese Beischläferinnen sicher nicht ausgeübt; anders sieht es mit Karls älteren Töchtern aus, vor allem Rotrud, Berta und Gisela waren nämlich dauernd in der engen Umgebung des Vaters.

Obwohl es Heiratspläne für diese Töchter gab – Rotrud sollte in den 780er Jahren mit dem byzantinischen Kaiser Konstantin VI. und Berta mit dem angelsächsischen Königssohn Ecfrith verheiratet werden – blieben die Töchter am Hof Karls und nahmen dort Beziehungen zu fränkischen Adligen auf, aus denen auch Kinder hervorgingen. Rotruds Sohn Ludwig wurde später Abt von St. Denis und starb 867; über Bertas Zwillingssöhne

Hartnit und Nithard wissen wir nur aus dem Geschichtswerk, das Nithard über die innerfränkischen Konflikte nach dem Tode Ludwigs des Frommen (840) verfasst hat.

Am Ende von Karls Leben wohnten die Töchter Berta (Rotrud starb 810), Gisela, Ruodhaid, Theodrada, Hiltrud, Ruodhild und Adaltrud, seine Cousinen Gundrada und Theodrada, sowie fünf Enkelinnen, die Töchter des 810 verstorbenen Sohns Karlmann-Pippin am Hof. Dazu kamen wohl noch einige Konkubinen. Nach Karls Tod beendete sein Nachfolger Ludwig der Fromme diese Weiberwirtschaft; er entfernte die Frauen vom Hof, die sich wohl auf ihre Besitzungen zurückzogen; Theodrada und Ruodhild sind ins Kloster eingetreten.

Von Karls acht Söhnen entstammten fünf legitimen Ehen. Der älteste, Pippin, wurde wohl schon 781 aus dem Kreis der erbberechtigten Söhne entfernt, als Karl mit seinen beiden jüngeren Söhnen von Hildegard, Karlmann und Ludwig, Rom besuchte. Dabei erhielt nämlich Karlmann den Taufnamen Pippin. Als Karl 789 seinem gleichnamigen Sohn Karl dem Jüngeren eine selbstständige Herrschaft übergab, wurde der ältere Pippin abermals übergangen. Wenig später versuchte er gegen seinen Ausschluss von der Herrschaft zu rebellieren; der Misserfolg dieses Aufstands führte dazu, dass er offiziell enterbt wurde und im Kloster Prüm verschwand, wo er 811 verstarb.

Der älteste Sohn der Hildegard erhielt den Namen Karl, er wird bereits 784 als Anführer eines Heers im Sachsenkrieg erwähnt. Auch später hat Karl der Jüngere im Osten des Frankenreichs gekämpft, in den 790er Jahren gegen die Sachsen und nach 800 gegen Böhmen, Sorben, Wenden und Dänen. Zum König gekrönt wurde er an Weihnachten 800 in Rom. Bemerkenswert ist noch, dass dieser Sohn bis zu seinem Tod (am 4. Dezember 811) unverheiratet geblieben ist; es gibt einige Indizien dafür, dass er homosexuell war.

Die beiden jüngeren Söhne Karls von Hildegard, Karlmann-

Pippin und Ludwig, wurden bereits 781 durch den Papst zu Königen gesalbt; Pippin für Italien und Ludwig für Aquitanien. Sie verbrachten zwar immer wieder Zeit am Hof des Vaters, sollten aber in ihren Unterkönigreichen eigene Höfe unterhalten, um die regionalen Adligen an die fränkische Herrschaft zu binden.

Ludwig heiratete 794 eine vornehme Adlige namens Irmingard, mit der er drei Söhne hatte, Lothar, Pippin und Ludwig. Pippin, der sich als tüchtiger Kriegsmann hervorgetan hatte und der wahrscheinlich keine legitime Ehe eingegangen war, starb am 8. Juli 810. Er hinterließ einen Sohn und fünf Töchter. Durch den Tod der beiden älteren Söhne Karl und Pippin war die im Jahr 806 erlassene Nachfolgeordnung hinfällig geworden. Als einziger überlebender Sohn wurde Ludwig im Herbst 813 zum Mitkaiser erhoben. In Italien sollte aber der Sohn Pippins, Bernhard, als König herrschen.

Von den drei Söhnen, die Karl nach 800 von Konkubinen geboren wurden, haben zwei nach 818 Karriere gemacht. Drogo wurde 823 Bischof von Metz, er starb 855. Hugo wurde Abt des Klosters St. Quentin; er starb 844.

Zur äußeren Erscheinung Karls kann wohl am besten Einhards Aussage zitiert werden, denn Einhard hatte den Kaiser in seinen letzten Jahren fast täglich vor Augen: »Karl war von breitem und kräftigem Körperbau, dabei von hoher Gestalt, die aber das rechte Maß nicht überstieg. Es ist allgemein bekannt, dass er sieben Fuß groß war. Er hatte einen runden Kopf, seine Augen waren sehr groß und lebhaft, die Nase etwas lang; er hatte schöne graue Haare und ein freundliches, heiteres Gesicht. Seine Erscheinung war immer imposant und würdevoll, ganz gleich, ob er stand oder saß. Sein Nacken war zwar etwas dick und kurz, sein Bauch trat ein wenig hervor, doch fielen diese Fehler bei dem Ebenmaß seiner Glieder nicht sehr auf. Er hatte einen festen Gang, eine durchaus männliche Haltung des Körpers und eine helle Stimme, obwohl diese nicht so kräftig war, wie man bei seiner Größe hätte erwarten können«. Die Untersuchung seiner Gebeine hat die neueste Forschung dazu geführt, für Karl eine Körpergröße von mindestens 1,84 m anzunehmen. Seine helle und eher schwache Stimme wird von weiteren Quellen bezeugt.

Ein zeitgenössisches Bild Karls hat sich nicht erhalten; am ehesten dürften einige Münzporträts das tatsächliche Aussehen des Kaisers wiedergeben. Er hat wohl einen Schnurrbart getragen und damit den Ostgotenkönig Theoderich nachgeahmt, den er auch sonst verehrte. Ein runder Kopf und ein Schnurrbart kennzeichnen auch den Herrscher zu Pferd auf der sogenannten Reiterstatuette Karls des Großen, die um 860 in der Regierungszeit seines Enkels, des westfränkischen Königs Karls des Kahlen (843–877), in Metz angefertigt wurde. Vielleicht war hier eine Porträtdarstellung Karls des Großen beabsichtigt.

Nach der Aussage seines Biographen Einhard war Karl zeit seines Lebens von ausgezeichneter Gesundheit. Auch im Herbst 813, wenige Monate vor seinem Tod, begab er sich wie gewöhnlich auf die Jagd, nicht weit entfernt von seinem Palast in Aachen. Im Januar 814 wurde er von einem heftigen Fieber befallen, das er mit Fasten behandelte. »Am 28. Januar zwischen acht und neun Uhr früh, sieben Tage nach seiner Erkrankung« sei Karl in seinem 72. Lebensjahr verstorben, schreibt Einhard. Wie schon bemerkt, ist Karl wahrscheinlich am 2. April 748 geboren, d.h. er war bei seinem Tod wohl erst knapp 66 Jahre alt. Er wurde als einziger Karolinger in Aachen bestattet, wahrscheinlich in dem Marmorsarkophag, in dem er bei der Erhebung seiner Gebeine durch Friedrich Barbarossa 1165 gefunden wurde. Seit dem Beginn des 16. Jahrhunderts wird als Sarg Karls des Großen ein antiker Sarkophag mit einer Reliefdarstellung vom Raub der Proserpina angesehen.

☆☆☆

Karls Vater Pippin hatte vor seinem Tod sein Reich unter seine beiden Söhne Karl und Karlmann aufgeteilt, wobei Karl den Norden und den Westen, Karlmann den Süden und den Osten des Reiches erhielt; das frisch eroberte Aquitanien sollte aufgeteilt werden. Am Fest des heiligen Dionysius, am 9. Oktober 768, fand die Königssalbung statt, die für Karl in Noyon, für Karlmann in Soissons vollzogen wurde. Die beiden Könige amtierten ganz selbstständig in ihrem jeweiligen Reich, wie die erhaltenen Urkunden bezeugen. Anscheinend kam es schon bald zu Spannungen, wobei die Königinwitwe Bertrada auszugleichen versuchte.

Karlmann war wohl schon vor 768 verheiratet; er nannte seinen ältesten Sohn Pippin; die Namen weiterer Kinder kennen wir nicht. Als Karlmann am 4. Dezember 771 unerwartet früh verstarb, brachte Karl den Reichsteil seines Bruders rasch in seine Gewalt; die Erbansprüche der unmündigen Kinder Karlmanns wurden übergangen. Seine Witwe floh nach Italien, an den Hof des Königs Desiderius. Karlmann wurde im Kloster St. Remi in Reims bestattet, wie er es gewünscht hatte. Der zweite Sohn von Karls Gemahlin Hildegard erhielt den Namen Karlmann, der damit also auch in der Familie Karls weiter gebraucht werden sollte.

Im Lauf seiner Regierung hat Karl der Große durch zahlreiche erfolgreiche Feldzüge ein großes Reich geschaffen. Er konnte dabei auf den Erfolgen seines Großvaters Karl Martell und seines Vaters Pippin aufbauen, die schon Alemannen und Friesen unterworfen und Aquitanien erobert hatten. Erstaunlich an den Eroberungszügen Karls ist vor allem, dass die durch ihn erreichten Außengrenzen des Frankenreichs seine eigene Lebenszeit bei weitem überdauert haben. Es ist ihm gelungen, die neu eroberten Gebiete in das Reich so gut zu integrieren, dass eine lange nachwirkende Gemeinsamkeit geschaffen wurde.

Schon im ersten Jahr seiner Regierung musste Karl in Aquitanien kämpfen, um die Erfolge seines Vaters zu festigen. Nach dem Tod seines Bruders Karlmann schickte Karl seine langobardische Ehefrau zu ihrem Vater zurück und zog 773 gegen die Langobarden, um dem von diesen bedrängten Papst Hadrian I. (772–795) zu Hilfe zu kommen.

Auch Karls Vater Pippin hatte schon zwei Züge nach Italien unternommen, ohne allerdings dort eine dauernde Herrschaft der Franken zu errichten. Dagegen nannte sich Karl nach seinem Sieg König der Langobarden (774); der abgesetzte König Desiderius wurde ins Kloster gesteckt. 775 und 776 und auch 780 / 81 musste Karl zwar nochmals Feldzüge in den Nordosten Italiens unternehmen, um die dort besonders gut verankerten Langobarden zu bezwingen. Danach setzte Karl im ehemaligen Langobardenreich fränkische Grafen als Verwalter ein und erhob seinen Sohn Karlmann-Pippin zum Unterkönig in Italien (781), wobei Karls Vetter Adalhard während der Minderjährigkeit Pippins die Herrschaft ausübte.

Anlässlich des Rombesuchs im Jahr 787 unternahm Karl einen Feldzug nach Unteritalien, um den langobardischen Fürsten von Benevent zu unterwerfen. Dies gelang aber auf Dauer nicht; nach weiteren Kämpfen wurde erst 812 ein Friede zwischen dem Frankenreich und dem immer noch selbstständigen Fürstentum Benevent geschlossen.

Das Eingreifen Karls im Südwesten des Frankenreichs, in dem an Aquitanien angrenzenden muslimisch beherrschten Spanien, erfolgte aufgrund eines Hilferufs eines muslimischen Machthabers. Karl überschritt im Frühjahr 778 mit einem beachtlichen Heer die Pyrenäen und drang bis ins Ebrotal vor. Da Zaragoza nicht eingenommen werden konnte, zogen sich die Franken wieder zurück. Auf dem Rückmarsch wurden die Franken in einem engen Tal der Pyrenäen von Basken überfallen; dabei wurden zahlreiche Franken niedergemacht. In Einhards Karlsvita taucht unter den Namen der Gefallenen auch der des

Markgrafen Roland auf; das um 1100 entstandene Rolandslied hat dieser Niederlage ein langes Nachleben beschert.

Zu einem erneuten Vorstoß der Franken über die Pyrenäen hinweg kam es erst nach 797; dauernde Eroberungen einiger größerer Städte gelangen dann nach 803 (Barcelona 803, Tortosa 809, Huesca 810 und Pamplona 811). Die »Spanische Mark«, eine Grenzgrafschaft südlich der Pyrenäen gegen das muslimische Spanien, wurde erst nach 821 eingerichtet.

Bereits Karl Martell und seine Söhne hatten mehrfach versucht, Baiern stärker ins Frankenreich einzubeziehen. Der *princeps* (Fürst) Tassilo III. (748–788), ein Neffe Pippins, trieb lange Zeit eine selbstständige Politik und pflegte enge Beziehungen mit den Päpsten und auch mit den Langobarden. Tassilos Gemahlin Liutbirg war eine Tochter des Desiderius (die Heirat fand wahrscheinlich 763 statt). Als Karl 773/774 Krieg gegen die Langobarden führte und ihr Reich zerstörte, griff Tassilo aber nicht zu ihren Gunsten ein. Er versuchte stattdessen, seine Macht durch eine Expansion nach Osten und Südosten auszubauen und die Slawen im Gebiet des heutigen Oberösterreich und Kärnten zu christianisieren. Im Westen von Baiern gab es einen mächtigen Adel, der sich immer mehr den Franken annäherte, mit denen es wohl auch verwandtschaftliche Beziehungen gab.

Nach der zweiten Romreise Karls des Großen stellte sich auch Papst Hadrian I. eindeutig auf die Seite der Franken. Karl forderte dann 787 den bairischen Fürsten Tassilo auf, nach Worms zu kommen und sich ihm zu unterwerfen. Am 3. Oktober 787 erschien Tassilo vor Karl und leistete ihm einen Vasalleneid. Diese Abhängigkeit wollte er aber nicht auf Dauer akzeptieren, er hat sich vielleicht sogar mit den Awaren verbündet. Ein solches hochverräterisches Bündnis wurde ihm im Sommer 788 vorgeworfen, als sich Tassilo vor dem königlichen Gericht verantworten musste. Er wurde wegen Hochverrat und wegen einer Fahnenflucht, die er angeblich im Jahr 763 begangen haben sollte, als Majestätsverbrecher zum Tod verurteilt, von Karl aber zu Klosterhaft begnadigt. Sechs Jahre später, auf dem Konzil von Frankfurt 794, musste der ehemalige Baiernfürst öffentlich für sich und seine Nachkommen auf Baiern verzichten. Das war der Schlussstrich unter die agilolfingische Herrschaft über dieses Land, das zwar ohne Blutvergießen, aber durch einen politischen Prozess ins Frankenreich eingegliedert werden konnte.

Um das neu gewonnene Land zu sichern, nahm Karl vom Sommer 791 bis zum Sommer 793 in der bairischen Hauptstadt Regensburg seinen Aufenthalt. Baiern behielt auch weiterhin eine Sonderstellung: es wurde nicht in einzelne Grafschaften aufgeteilt, sondern Karls Schwager Gerold wurde als Präfekt eingesetzt, 817 wurde es dem jüngsten Sohn Ludwigs des Frommen, Ludwig (dem Deutschen), als Unterkönigreich übertragen. Durch die Erhebung Bischof Arns von Salzburg zum Erzbischof (798), der an die Spitze einer bairischen Kirchenprovinz trat, blieb Baiern auch eine kirchliche Einheit.

Wenn auch nicht gesichert ist, ob Tassilo tatsächlich mit den Awaren paktiert hat, im Jahr 788 fielen sie in Italien und in Baiern ein; vielleicht befürchteten sie, das nächste Opfer der fränkischen Expansion zu werden. Angriffe der Awaren gegen die Franken oder gegen Baiern hatte es im 7. und 8. Jahrhundert nicht gegeben; ihr sagenhafter Reichtum war das Ergebnis ihrer aggressiven Frühzeit (um 600), als sie vor allem das Oströmische Reich immer wieder angegriffen hatten.

790 erschienen awarische Gesandte in Worms, um über eine Grenze zum Frankenreich zu verhandeln. Karl wollte jetzt aber militärisch gegen die Awaren vorgehen. Ein erster Feldzug von 791 stieß weitgehend ins Leere, da sich die Awaren keiner Schlacht stellten und sich weit nach Osten zurückzogen. Um einen neuen Kriegszug vorzubereiten, wurde 793 mit dem Projekt eines Kanalbaus zwischen dem Stromgebiet von Rhein und

Donau begonnen; der sogenannte »Karlsgraben« (bei Weißenburg in Bayern) kann noch heute besichtigt werden. 795 und 796 wurden dann von Markgraf Erich von Friaul und König Pippin von Italien zwei große Feldzüge gegen das Awarenreich unternommen, durch die dieses Reich zerstört wurde. Die gewaltige Beute wurde auf angeblich 15 vierspännigen Ochsenwagen abtransportiert; sie wurde an den Adel verteilt und der Kirche geschenkt. 797, 799 und 802 / 03 kam es noch einmal zu Aufständen der Awaren; danach haben sie sich nicht mehr gegen die fränkische Herrschaft aufgelehnt. Ihre Fürsten wurden getauft und erhielten christliche Namen; es gab aber anscheinend keinen ernsthaften Versuch, das Volk zu missionieren.

Schon bald nach 803 begann eine Einwanderung von Slawen ins ehemalige Awarenreich; 822 erschienen nochmals awarische Große vor Ludwig dem Frommen; danach verschwinden sie aus der Geschichte.

Während die Langobarden und auch die Awaren sehr rasch besiegt werden konnten und Baiern sogar ganz ohne Blutvergießen ins Frankenreich eingegliedert wurde, erforderte es eine jahrzehntelange Anstrengung, das Volk der Sachsen zu unterwerfen, die wie die Awaren noch keine Christen waren. Ihr Siedlungsgebiet erstreckte sich vom Rhein im Westen bis zur Elbe im Osten und von der Eider im Norden bis zu den Mittelgebirgen; ihre Verfassung unterschied sich grundlegend von der der Franken, Alemannen, Baiern oder Langobarden, obwohl sie auch eine germanische Sprache sprachen. Sie kannten keine ständige Herrschaft eines Königs oder Fürsten, ihr Adel war wenig zahlreich und die Masse der Bevölkerung bestand aus Freien.

Grenzkriege gegen die Sachsen hatte es schon unter einigen merowingischen Königen und dann unter Karl Martell und Pippin gegeben. Im Sommer 772 zog Karl mit einem starken Heer gegen die Engern, den östlichen Teilstamm der Sachsen, und zerstörte deren Heiligtum, die Irminsul. Ob das so interpretiert werden darf, dass Karl schon damals plante, ganz Sachsen in sein Reich einzugliedern und das Volk zu christianisieren, ist nicht sicher. Jedenfalls kam es in den folgenden Jahren, als Karl in Italien gegen die Langobarden kämpfte, zu einem großen Aufstand, durch den das 772 eroberte Gebiet wieder verloren ging. 775 unternahm Karl einen neuen Kriegszug, und spätestens jetzt dürfte er den Entschluss gefasst haben, die Sachsen ganz zu unterwerfen. Im Jahr 777 schien die fränkische Herrschaft schon so weit konsolidiert, dass eine Reichsversammlung in Paderborn abgehalten werden konnte. Nach Karls Niederlage beim Rückzug aus Spanien (778) brach ein neuer Aufstand los, als dessen Anführer Widukind erscheint. Aber 780 und 782 konnten in Lippspringe Reichsversammlungen stattfinden, auf denen vielleicht ein Gesetz verkündet wurde, das Übergriffe gegen den christlichen Glauben und seine Repräsentanten mit der Todesstrafe bedrohte. Noch 782 kam es abermals zu einem äußerst heftigen Aufstand, der anfangs recht erfolgreich war; Priester und Grafen wurden erschlagen oder vertrieben, eine fränkische Heeresgruppe wurde in offener Schlacht vernichtet, Karl musste selbst eingreifen. Es gelang ihm, die Sachsen zu besiegen; sie mussten die wichtigsten Empörer ausliefern; angeblich 4500 von ihnen sollen an einem einzigen Tag hingerichtet worden sein. Auch wenn diese Zahl übertrieben sein dürfte, stellt dieses Blutbad einen Exzess von brutaler Gewalt dar, wie es in der an Kriegen reichen Geschichte Karls des Großen keinen zweiten gab. Ende 784 zog Karl nach Sachsen und verbrachte dort den ganzen Winter, um den Sachsen keine Gelegenheit zu geben, ihre Kräfte wieder zu sammeln. An Weihnachten 785 kam ihr Anführer Widukind in die Pfalz Attigny und ließ sich taufen; Karl fungierte als Taufpate. Der Sachsenkrieg schien beendet.

In den folgenden Jahren kam auch die Schaffung einer kirchlichen Organisation in Gang, aber erst seit Beginn des 9. Jahrhunderts kennen wir Bischöfe in den meisten sächsischen Diözesen. Denn 793 bis 797 mussten erneut fränkische Heere nach Sachsen ziehen, um Aufstände zu unterdrücken; die Kämpfe verlagerten sich jetzt an die untere Elbe und die Gebiete an der Nordsee. 802 und 804 wurden abermals Feldzüge unternommen, um das Gebiet nördlich der Elbe zu unterwerfen. Dabei wurden tausende von Bauern aus ihrer Heimat vertrieben und ins Innere des Frankenreichs deportiert, wovon bis heute einige Ortsnamen zeugen (Sachsenhausen bei Frankfurt oder Sachsenheim bei Ludwigsburg). Erst jetzt kamen die Kämpfe zu einem Abschluss, durch die wesentliche Teile des späteren Deutschland ins Frankenreich eingegliedert wurden.

Die zahlreichen Eroberungszüge Karls des Großen bedeuteten, dass er in fast jedem Jahr seiner Regierung in den Krieg ziehen musste. Ein Grund für seine Erfolge war sicher neben der guten Ausbildung der Krieger auch die Bewaffnung: Karl hat es mehrfach verboten, die vorzüglichen und begehrten fränkischen Waffen oder Rüstungen ins Ausland zu verkaufen. Daneben muss beachtet werden, dass die Franken besonders erfolgreich waren, wenn sie Belagerungen durchführten. Außerdem verstanden sie es, ihre Heere in mehreren getrennt voneinander operierenden Gruppen gegen den Feind marschieren zu lassen. Auch wenn wir über Karls Fähigkeiten als Stratege und als Taktiker nichts Näheres wissen, dürfte es sicher sein, dass seine militärische Führung von entscheidender Bedeutung für seine Erfolge war. Das zeigt schon ein Blick auf die militärisch wenig erfolgreiche Regierung seines Sohnes und Nachfolgers Ludwig des Frommen.

☆☆☆

Karl hat aber nicht nur als Kriegsherr bedeutende Eroberungen gemacht, sondern er hat es auch verstanden, sein riesiges Reich gut zu verwalten. Als Zeugnisse für die Verwaltung des Karlsreiches haben sich einige Reste von Inventaren erhalten, die das Königsgut beschreiben. Vor allem aber können wir uns auf zahlreiche Erlasse stützen, die wir als Kapitularien bezeichnen. 14 solcher Dokumente haben sich aus der Zeit von 779 bis 800 und sogar 55 aus den Jahren von 802 bis 813 erhalten. Bereits aus den ersten Jahren von Karls Regierung kennen wir ein solches Gesetz, ein zweites ist auf 779 datiert und wohl das wichtigste, die Admonitio generalis, stammt aus dem Jahr 789. Man könnte diesen Text als eine Art »Grundgesetz« des Frankenreichs bezeichnen; er wurde im ganzen Frankenreich verbreitet.

Karls gesetzgeberische Tätigkeit beschränkte sich aber nicht auf den Erlass von Kapitularien, sondern er kümmerte sich auch um die Vereinheitlichung und Verbesserung der älteren Rechtsbücher. So wurde die Lex Salica, das fränkische Rechtsbuch aus dem beginnenden 6. Jahrhundert, überarbeitet und im ganzen Reich verbreitet. Auch die Leges der Alemannen und der Baiern wurden häufig abgeschrieben. Völlig neu geschaffen wurden schriftliche Ausarbeitungen des Rechts der Sachsen, Friesen und Thüringer.

Was das Kirchenrecht angeht, so bekam auch dieses unter Karl dem Großen einen neuen Schub: 774 erhielt Karl aus der Hand des Papstes eine Sammlung des Kirchenrechts, die sogenannte Collectio Dionysio-Hadriana, von der noch ca. 40 Handschriften erhalten sind, die in der Zeit vom ausgehenden 8. Jahrhundert bis ca. 850 geschrieben wurden.

Für die praktische Durchführung der Regierung und für die Umsetzung der Gesetze und Erlasse in der Fläche bedurfte Karl zahlreicher Helfer. Die wichtigsten Amtsträger des Königs waren die Grafen, die in seinem Namen die zivilen, fiskalischen und militärischen Aufgaben erledigten. Die Grafschaftsverfassung war ein Erbe der Merowingerzeit, das durch die Karolinger weiter ausgedehnt wurde. Neu ist die Einrichtung einer Kontrollinstanz, nämlich der *missi dominici*, der »Königsboten«.

Jeweils zwei Beauftragte des Königs, meist ein Bischof und ein Graf, sollten in ihren Amtsbezirken die Amtsführung der Grafen kontrollieren.

Bedeutend war Karls Regierung auch für die Sicherung der Rechtspflege. Karl selbst amtierte als Richter; Einhard berichtet, dass er in schlaflosen Nachtstunden Gericht gehalten habe. Er sorgte für eine Überwachung der richterlichen Tätigkeit der Grafen und versuchte Missbräuche abzuschaffen, indem er die Zahl der jährlichen Gerichtstage, zu denen alle freien Franken kommen mussten, auf drei pro Jahr beschränkte, damit die armen Freien nicht allzu oft von ihren Bauernstellen fernbleiben und diese vernachlässigen mussten. Außerdem sollten die Bischöfe die gräfliche Gerichtsbarkeit ergänzen und überwachen.

Auf Karl den Großen geht auch das Institut der Schöffen zurück, also von Beisitzern beim Gericht, ihre Zahl betrug unter Karl sieben, unter Ludwig dem Frommen dann zwölf. Sie wurden durch die *missi* ausgewählt und kontrolliert. Die Einführung sogenannter »Rügezeugen«, die alle in ihrem Bezirk bekannt gewordenen Vergehen anzeigen sollten, sollte die Selbsthilfe durch Ausübung von Fehde und Blutrache zurückdrängen.

Auf Karls Bemühungen um das Wirtschaftsleben kann hier nur hingewiesen werden: Er kümmerte sich um das Münzrecht, um den Kampf gegen die Hungersnöte und um die Verbesserung der Verkehrsverhältnisse. Als Beispiel sei der Bau einer hölzernen Rheinbrücke bei Mainz genannt: Zum ersten Mal seit der Römerzeit und zum einzigen Mal bis in die zweite Hälfte des 19. Jahrhunderts wurde eine Brücke errichtet, die allerdings 813 abbrannte; vor ihrer Neuerrichtung, diesmal aus Stein, verstarb der Kaiser.

Wie alle mittelalterlichen Herrscher war Karl viel unterwegs; die Wintermonate verbrachte er an nur wenigen Orten: fünfmal in Herstal, je dreimal in Quierzy und in Worms, je zweimal in

Attigny und in Diedenhofen; 19 Winter verbrachte er in Aachen. Seit 795 blieb Karl nur noch dreimal im Winter von Aachen fern: 797 / 98 war er in Herstelle an der Weser, 800 / 801 war er in Rom und 805 / 06 in Diedenhofen. Für Aachen als dauernde Residenz dürften in den Augen Karls vor allem zwei Gründe gesprochen haben, nämlich die großen Wälder im Westen, in denen er seinem Jagdvergnügen nachgehen konnte, und zum anderen die heißen Quellen, in deren Wasser er schwimmen konnte.

Noch bevor Aachen als dauernder Aufenthaltsort des Königs und seines Hofes feststand, wurde mit der Errichtung von Bauten begonnen, von denen einige bis heute noch stehen. Schon 786/87 hatte Karl Säulen, Kapitelle und andere Bauteile aus dem Theoderich-Palast in Ravenna nach Aachen transportieren lassen; 801 ließ er dann auch die Reiterstatue des Ostgotenkönigs von Ravenna nach Aachen bringen.

Einhard berichtet in seiner Vita auch über die persönliche Frömmigkeit Karls: »Er besuchte die Kirche regelmäßig morgens und abends, nahm an den nächtlichen Horen und an den Messen teil, solange es seine Gesundheit erlaubte«. Er schreibt auch: »Ganz besonders lag Karl die Unterstützung der Armen am Herzen.« Als Stifter von Klöstern und bedeutender Schenkungen ist Karl kaum hervorgetreten. Überhaupt hatte er für das Mönchtum wohl wenig Verständnis; in einem Kapitular kritisiert er den Klostereintritt von freien Franken, die sich auf diese Weise vom Wehrdienst befreien wollten. Dagegen hat er sich sehr um das Seelenheil seiner Untertanen gekümmert. Die allmähliche Verchristlichung der Gesellschaft sollte vor allem durch die Bischöfe vorangetrieben werden, die der Herrscher vielfach selbst ausgewählt hat.

Zu den Päpsten seiner Zeit pflegte Karl eine sehr enge Beziehung. Noch während der Belagerung der langobardischen Hauptstadt Pavia reiste er im Frühjahr 774 nach Rom, um Papst

Hadrian I. persönlich zu treffen. Weitere Rombesuche fanden 781 und 787 statt. Als dieser Papst Ende 795 verstarb, trauerte Karl nach dem Zeugnis Einhards um ihn »wie um einen Bruder oder einen Sohn«. Während Hadrian keine Reise ins Frankenreich unternommen hatte, kam sein Nachfolger Leo III. zweimal in den Norden, einmal 799 nach dem Attentat und noch einmal 804/805, wo ihn der Kaiser in Reims und in Aachen empfing.

Karl hat immer wieder gezeigt, dass er sich als der Herr der lateinischen Kirche fühlte. Er mischte sich sehr nachhaltig in dogmatische Streitigkeiten ein. So äußerte sich das von ihm geleitete Konzil von Frankfurt 794 sehr klar und kritisch über die vom Konzil von Nicaea 787 unter Billigung des Papstes verordnete Bilderverehrung, und er nahm auch Stellung zur adoptianistischen Häresie. Der im Frankenreich von den Westgoten übernommene Zusatz zum Glaubensbekenntnis über den Ausgang des Heiligen Geistes »auch vom Sohn« (*Filioque*) sollte nach dem Willen des Kaisers im ganzen Abendland gebetet werden. 811 veranlasste der Kaiser eine Umfrage über Termin und Liturgie bei der Taufe, um einen einheitlichen Ritus für dieses Ritual im gesamten Reich zu gewährleisten.

☆☆☆

Ein wichtiges Datum in der Geschichte Karls des Großen ist der Weihnachtstag des Jahres 800, an dem der Frankenkönig in der Peterskirche in Rom vom Papst zum Kaiser gekrönt wurde. Seit der Abdankung des Kaisers Romulus Augustulus im Jahr 476 hatte es im Westen des Römischen Reiches keinen Kaiser mehr gegeben. Und der Kaiser im Osten, der in Konstantinopel residierte, wurde nicht durch den Papst oder den östlichen Patriarchen, sondern durch den Senat und das Heer erhoben. Die Päpste hatten bis in die Mitte des 8. Jahrhunderts den Kaiser von Ostrom als ihren Oberherrn angesehen; durch den Bilderstreit war allerdings die Verbindung abgerissen. Papst Hadrian I. (772–795) hatte den Namen des Kaisers aus den päpstlichen Urkunden und von den Münzen entfernen lassen. Seit Weihnachten 795 amtierte in Rom Papst Leo III., gegen den sich eine Verschwörung gebildet hatte, die am 25. April einen Attentatsversuch unternahm. Es gelang Leo III., ins Frankenreich zu reisen, wo er von Karl in Paderborn empfangen wurde. Karl ließ den Papst wieder nach Rom zurückführen und brach selbst im Sommer 800 dorthin auf. Am 1. Dezember rief der König eine Synode zusammen, auf der die Vorwürfe gegen Leo III. verhandelt werden sollten. Ein gerichtliches Verfahren gab es aber nicht, sondern es wurde dem Papst erlaubt, sich durch einen Eid von den Anschuldigungen zu reinigen. Am 25. Dezember 800 setzte Leo dem fränkischen König eine goldene Krone aufs Haupt, wobei die Anwesenden Karl als »Kaiser der Römer« feierten. Die Motive des Papstes für diese Handlung sind unklar; in den zeitgenössischen Quellen wird darauf hingewiesen, dass im Osten eine Frau den Kaiserthron bestiegen hatte und dass daher das griechische Kaisertum nicht mehr bestanden habe. Außerdem beherrschte Karl Rom und auch die übrigen Kaiserstädte des Westens, Arles, Mailand, Trier und Ravenna.

Ob der Frankenkönig davon überrascht wurde, ist nicht klar; aber wahrscheinlich war er an einem römischen Kaisertum nicht sehr interessiert; er hat sich nie als *Imperator Romanorum* bezeichnet, und er hat auch nach seiner Abreise aus Rom (im Mai 801) nie mehr Rom aufgesucht. Bei der Erhebung Ludwigs des Frommen zum Mitkaiser im September 813 nahm Ludwig auf Geheiß des Vaters eigenhändig die Krone und setzte sie sich aufs Haupt. Der Papst war nicht dabei, aber auch kein anderer Bischof fungierte als Koronator. Im Jahr 813 war es endlich auch zu einem Ausgleich mit Byzanz gekommen, und der oströmische Kaiser erkannte das westliche Kaisertum an.

☆☆☆

Zu den bleibenden Leistungen Karls des Großen gehört sein Einsatz für eine Erneuerung des Bildungswesens, die vor allem für eine bessere Ausbildung der Kleriker sorgen sollte. Das Aufblühen der Wissenschaften im Frankenreich beruhte vor allem auf der Wirksamkeit ausländischer Lehrer. Ein wichtiges Datum ist der zweite Italienzug im Jahr 781, als Karl einige bedeutende langobardische Gelehrte gewinnen konnte und wo er auch erstmals dem Angelsachsen Alkuin begegnete, der in der Folgezeit der wichtigste Helfer des Frankenkönigs werden sollte. Alkuin traf spätestens 786 im Frankenreich ein und beriet Karl bis 790 und nochmals 793–796. Dann verließ er Aachen und ging nach Tours, wo er die Leitung der alten Abtei St. Martin übernahm. Alkuin war ein großer Pädagoge, der zahlreiche Schriften verfasste, die zum Teil in Dialogform geschrieben waren.

Zwischen Karl dem Großen und den von ihm ins Frankenreich geholten Gelehrten gab es enge Beziehungen, auch wenn man heute davon abgekommen ist, von einer »Hofakademie« zu sprechen. Zahlreiche Gedichte und Briefe zeigen, dass in diesem Kreis ein lockerer Ton herrschte und dass man sich mit aus der Antike oder aus der Bibel entnommenen Decknamen anredete. Man pries den allgegenwärtigen Karl und machte sich über die Eigenheiten der Freunde lustig. Aber auch ernsthafte Gespräche und Diskussionen haben in diesem Hofkreis stattgefunden, wie etwa die Randbemerkungen zu einer theologischen Streitschrift gegen die Beschlüsse des Konzils von Nicaea (787) zeigen, in denen – vielleicht von Karl selbst – die Ausführungen mit Bemerkungen wie »sehr fein argumentiert«, »sehr gelehrt« oder »richtig« kommentiert werden.

Wie passt es zusammen, dass Karl als großer Bildungspolitiker galt, wo er doch – nach dem Zeugnis seines Biographen Einhard – nicht einmal schreiben konnte? Schreiben galt eher als handwerkliche Fertigkeit und gehörte nicht wie das Lesen oder das Erlernen von Fremdsprachen zu den Kernfächern. Wir wissen, dass Karl Latein verstand und lesen konnte; außerdem interessierte er sich auch für Astronomie und Zeitrechnung. In seiner Regierungszeit traten mehrfach Gelehrte zusammen, um über die richtige Berechnung des Ostertermins zu diskutieren.

Karl beschäftigte sich auch mit der Volkssprache. Auf seine Initiative erhielten die Monate althochdeutsche Namen, und er ließ die volkssprachige Dichtwerke sammeln.

☆☆☆

Die Bildung von Legenden um Karl den Großen begann schon bald nach seinem Tod. Ein schöner Beleg dafür sind die in den 880er Jahren in St. Gallen entstandenen »Gesta Karoli« (»Taten Karls«), die der Mönch Notker verfasst hat. Seit dem 10. Jahrhundert lassen sich dann Sagen über Karl als Kreuzfahrer fassen, der angeblich auch im Heiligen Land gewesen ist und von dort wertvolle Reliquien mitgebracht haben soll. Sein Zug über die Pyrenäen wird seit dem 12. Jahrhundert als Kreuzzug verstanden. Im 12. Jahrhundert wurde Karl der Große dann als Vorfahr der französischen Könige und als Vorbild für ein wahres Herrschertum verehrt. In diesen Zusammenhang gehört auch seine Heiligsprechung, die auf Initiative Kaiser Friedrich Barbarossas im Jahr 1165 durch den Gegenpapst Paschalis III. vorgenommen wurde. Eine Verehrung des heiligen Karl hat sich außer in Aachen nur an wenigen Orten auf Dauer durchgesetzt. Weitere Schwerpunkte der Karlsverehrung waren Ingelheim, aber auch Zürich und Müstair in der Schweiz.

Karl wird schon in einem Epos aus der Zeit um 800 als *pater Europae*, als Vater Europas, und als *pharus Europae*, Leuchtturm Europas, bezeichnet. In den hofnahen Quellen taucht der Begriff Europa allerdings in der Zeit Karls sonst nicht auf. Zweifellos hat aber das Vorbild Karls auch über die Grenzen seines Reiches hinaus eine große Nachwirkung erfahren. So galt er bei den Westslawen als vorbildlicher Herrscher, wie der Königstitel »Kral« zeigt. Und angelsächsische Könige, wie Alfred der Große († 899) ahmten Karls Wissenschaftspflege nach. Kapitularien-ähnliche Verordnungen kennen wir bei den Angelsachsen, und nach der normannischen Eroberung Englands (1066) wurden dort die Schöffen bekannt und die Münzeinteilung Karls mit dem Pfund aus 20 Solidi (Schilling) und 240 Denaren (Pfennig) bestand in Großbritannien bis 1971.

Literatur:

Matthias Becher, *Karl der Große*, München ^{5}2007

Wilfried Hartmann, *Karl der Große*, Stuttgart 2010

Rudolf Schieffer, *Die Karolinger*, Stuttgart ^{4}2006

Von Einhards *Vita Karoli Magni* gibt es bei Reclam eine zweisprachige Ausgabe.

LOTHAR THEODOR LEMPER

Theophanu Kaiserin, Richeza Königin

Zwei große Frauen im Mittelalter

In Köln, der prächtigsten Stadt im Reich nördlich der Alpen, ist die weströmische Kaiserin aus dem oströmischen Reich nun endgültig angekommen. Hier, in dieser von ihr so geliebten Stadt des Rheinlandes, dem kirchlich-weltlichen Machtzentrum Lothringens und des Ostfrankenreiches, sollte Kaiserin Theophanu ihre letzte Ruhestätte finden – im würdigen St. Pantaleon, ganz in der Nähe ihrer wohl liebsten Königspfalz, in die sie als junge Kaiserin vor allem zur Weihnachtszeit so feierlich eingezogen war. In Köln, an der ostwestlichen Hauptachse der sächsischen Herrschaft gelegen, das auch diesen Teil ihrer »Heimat« über den Hellweg mit den wichtigsten Pfalzen Pöhlde, Magdeburg und vor allem Quedlinburg verband – einer der ganz wesentlichen Ausgangs- und Endpunkte königlicher Reisewege.

Als sie das erste Mal mit dem Königszug am rechtsrheinischen Ufer ankam, bot sich ihr von den Zinnen des Deutzer Kastells ein faszinierender Blick auf die schönen Kölner Kirchen. Das Bild der stolzen Gotteshäuser entfaltete sich – davon berichtete sie schwärmerisch immer wieder – wie ein Kreuz zu einer tiefen religiösen Symbolik. Wie üblich im Mittelalter, bewahrte auch das heilige Köln viele, viele kostbare Reliquien, davon eine, die für Theophanu ganz besonders bedeutsam war: die Reliquie des großen Heiligen ihrer griechischen Heimat, einen – wie man in Byzanz sagte – *Megalo-martyr*: Pantaleimon, der Arzt aus Nikomedien, der so viele gute Werke getan hatte. Wann immer sie in Köln war: Ihr erster Weg führte sie direkt nach St. Pantaleon –

einer der ältesten Kirchen Kölns mit wechselvoller Geschichte: als merowingische Grabkirche aus den Ruinen einer stolzen römischen Villa gemeißelt, von Erzbischof Bruno, dem jüngsten Bruder Kaiser Ottos des Großen, als Benediktinerkloster großzügig ausgebaut und durch Kaiserin Theophanu 980 um das monumentale Westwerk erweitert. Eine Kirche mit großartiger Architektur, an deren Peripherie sich auch viel Handwerk und Handel vollzog – ein ganz anderes Verständnis der benediktinischen Verbindung von *ora et labora*. In St. Pantaleon befindet sich heute noch das Grabmal der weitgereisten Europäerin, der bedeutenden Kaiserin des Mittelalters, der mit der politischen Wirklichkeit so eng verbundenen Christin aus Byzanz und zugleich Sinnbild der geglückten Verbindung ungleich entfalteter Kulturen zwischen Ost und West. In lateinischer Sprache auf der Umschrift ihres Sarkophages lesen wir: »Kaiserin Theophanu, Gattin eines Kaisers und Mutter eines Kaisers, die dieser Kirche des heiligen Pantaleon besondere Gunst erwies und sie aus ihrem Besitz großzügig beschenkte, ließ sich an dieser Stelle bestatten.« Es war ihr Wunsch, sich auch auf diese Weise mit Köln und dem Rheinland auf ewig zu verbinden.

☆☆☆

Theophanu (»Theophaneia«) – ihr Name aus dem byzantinischen Griechisch bedeutet »Gotteserscheinung«. Auch wenn man den so anspruchsvollen Vergleich nicht übernimmt: Von einem Geschenk Gottes für eine wichtige Phase des Mittelalters, von einer begnadeten großen Frau des Mittelalters aber dürfen wir berichten: Einer jungen Kaiserin, die zu einer »virtuosen Protagonistin deutscher und europäischer Geschichte wurde« (Helmut Fußbroich), einer faszinierenden Frauengestalt des Mittelalters, Inspiratorin und Gestalterin der noch heute sichtbaren fruchtbaren Begegnung und Verbindung des Westens mit der Kultur des oströmischen Reiches. Eine Regentin, Theophanius Imperator Augustus, die in großen strategischen Entwürfen dachte, vor allem in der Zeit, als sie nach dem früheren Tod Kaisers Otto II. ihrem Sohn Otto III. den Thron und damit das Reich zu sichern wusste und mit fester Hand zusammenhielt – ohne gewaltsame, kriegerische Auseinandersetzungen, dafür aber unter erfolgreichem Einsatz ihrer großartigen Fähigkeiten politischen Denkens. Diese Prinzessin aus Byzanz, die als Kaiserin im weströmischen Reich einmal Geschichte schreiben sollte: Sie liebte die glänzend entfalteten Rituale des byzantinischen Gottesdienstes, deren hohe Kunst, aus dem Osten kommend, sich auch im Westen mit ihrer Hilfe ausbreitete. Sie vermittelt uns auch die Erinnerung an große Persönlichkeiten: etwa an den Bischof Nikolaus von Myra, verehrt zum Beispiel als Patron in der ehemaligen Benediktiner-Abtei Brauweiler, den berühmten Nikolaus, den die Kinder hier in Deutschland an seinem Namenstag so besonders lieben. Oder an den Mönch, den heiligen Alexius, dessen Mönchsgemeinschaft die Regeln des Basilius aus dem Osten mit denen Benedikts aus dem Westen zu einer Synthese des Glaubens und des Lebens verband.

Theophaneia: Gotteserscheinung; in jedem Falle eine Kaiserin, von tiefer Religiosität geprägt, die sich auch als Vertreterin Gottes auf Erden verstand, keine Anmaßung in der damaligen Zeit, sondern ein Anspruch ihrer Legitimation und ihrer letztlich unanfechtbaren Entscheidungen – seit ihrer Salbung durch den Papst eine »sancíre«, eine »unverletzlich« gewordene. Dennoch ging es ihr natürlich in ihrem ganz säkularisierten Regenten-Verständnis um den Machterhalt für ihre Familie, vor allem für ihren Sohn – eine Voraussetzung, um das Reich zusammenzuhalten und als große Europäerin so segensreich zu wirken.

☆☆☆

Mit zwölf oder dreizehn Jahren – wir wissen es nicht so genau – kommt die byzantinistische Prinzessin Theophanu aus ihrer vertrauten oströmischen Umgebung Konstantinopel in eine ganz andere, ihr zunächst fremde, weströmische Welt mit unterschiedlichen Kulturen, unterschiedlichen Verständnissen, unterschiedlichen Lebensweisen und Lebensweisheiten. Aus heutiger Sicht wäre sie in diesem Alter noch ein Kind, aus damaliger Sicht galt sie bereits als erwachsene Frau – lange Zeit vorher schon als Gemahlin des etwa vier bis fünf Jahre älteren Otto II., Sohn und Mitkaiser Ottos des Großen, ausersehen. Aber erst das Verhandlungsgeschick des Kölner Erzbischofs Gero (969–976) ermöglicht es, die zukünftige Braut im Ostreich abzuholen, um sie dem kaiserlichen Bräutigam Otto II. im Westreich zuzuführen.

Am 14. April 972 wurden der junge sächsische Thronfolger und die griechische Prinzessin Theophanu, in Anwesenheit Ottos des Großen, in der Peterskirche zu Rom vermählt und Theophanu durch Papst Johannes XIII. sogleich zur Kaiserin gekrönt. Ihr erster Schritt: die byzantinische Prinzessin neben Otto II. als neue weströmische Herrscherin. Immer hatten Vermählungen vor allem einen wichtigen politischen Hintergrund, so auch hier: Die Hochzeit sollte dem Streit zwischen dem Kaiser von Konstantinopel und dem deutschen Kaiser Otto ein Ende setzen und das geschichtlich gewachsene kulturelle Ost-West-Gefälle überwinden helfen. Schon an der berühmten Heiratsurkunde der Theophanu lassen sich Anzeichen dieser ottonisch-byzantinischen Verbindungslinie ablesen: ottonische Buchmaler und Schreiber byzantinischer Anregungen schufen ein Zeugnis dafür, dass die beachtlich aufblühende Kultur des Abendlandes mit der großartigen Kultur des oströmischen Reiches immer mehr in Beziehung trat. Die Hochzeit war nicht nur eine Verbindung auf der Ebene zweier Herrschaftshäuser. Die Vermählung, auf die Otto lange, lange hingearbeitet hatte und hinarbeiten ließ: Sie bedeutete die Anerkennung des ottonischen Kaisertums durch das oströmische byzantinistische Reich. Und sie war die Voraussetzung dafür, dass eine Verbindung, beinahe ein festes Band, zwischen dem Oströmischen Reich und dem Westreich geknüpft werden konnte. Sie war glanzvoller Höhepunkt der sorgsam vorbereiteten, mit vielen Hindernissen versehenen Byzanzpolitik Ottos des Großen. Sie berührte das Interesse beider römischer Seiten, des Ostens und des Westens.

☆☆☆

Denn das römische Weltreich war als Folge der Krisen und des Untergangs des Römischen Reiches seit dem 3. Jahrhundert in einen östlichen und einen westlichen Teil gespalten. Zwei Welten, zwei politische Grundströmungen. Sie prägten einen wesentlichen Teil der Geschichte des europäischen Mittelalters: Das konstantinopolitanisch-griechische auf der einen Seite und das abendländisch-lateinische Kaisertum auf der anderen Seite – eine Mauer des geistig-religiösen Herrschaftsanspruches mit ihren jeweiligen unterschiedlichen Überlieferungen, dazu geographisch getrennt durch eine Grenze, die durch Europa und das Mittelmeer verläuft. Es scheidet die Slawen und die Völker Südosteuropas voneinander. Im wahrsten Sinne des Wortes: ein geteiltes Europa des 10. Jahrhunderts. Einerseits – im griechischen Osten – die Idee eines sich auf die Antike und seine Tradition berufenden Weltkaisertums, das die Nachfolge des römischen Imperiums und absolute Weltgeltung durch den *Basileus Romaion* beanspruchte. Auf der anderen Seite im lateinischen Westen das Selbstbewusstsein der erstarkten und nach umfassender Selbstständigkeit strebenden germanischen Völker. Europa, die Verkörperung des Weltkaisertums durch den König der Franken, für den Rom die eigentliche Kaiserstadt war.

Nur verständlich, dass Otto I. den Anteil des Papsttums

am westlichen Kaiserreich erheblich zurückdrängte. So erhob er eigenmächtig seinen Sohn Otto II. zum Mitregenten mit Anspruch auf die Kaiserwürde – ausdrücklich ohne Zustimmung des Papstes. Für ihn bedeutete die päpstliche Kaiserkrönung und -salbung nur einen zweitrangigen Akt. Auch hier eine Analogie zum oströmischen Reich: Auch die kirchliche Weihe des oströmischen Kaisers durch den Basileus war von zweitrangiger Bedeutung.

Wenn mit Vermählungen immer auch machtpolitische Absichten verbunden waren, hatten die Vorfahren Ottos II. und die ostfränkischen Könige ihre Gemahlinnen stets aus dem lateinischen Abendland gewonnen. Nach dem Tod seiner Frau, einer angelsächsischen Königstochter, heiratete Otto I. Adelheid (951), die zwanzigjährige Witwe und Tochter des Königs Rudolf II. von Burgund, die er vorher aus dem Kerker in Verona befreit hatte. Durch diese Verbindung wurde das italienische Reich dem östlichen Frankenreich hinzugefügt, ein Ergebnis der italienisch-burgundischen Verbindungen und Besitzungen Adelheids. Ihrem zweiten Gatten Otto eröffnete Adelheid damit den Zugang zu Herrschaftsträgern und sicherte ihm die Kaiserkrone; denn Voraussetzung für diese Krone war die langobardische Königskrone aus der alten Königsstadt Pavia. Ausgestattet mit dieser Königskrone konnte Otto der Große die Ungarn auf dem Lechfeld vernichtend schlagen. Dieser Sieg bedeutete das Ende der verheerenden ungarischen Einfälle nach Zentraleuropa. Zudem war nun der Vorsprung gegenüber den ambitionierten westlichen Königen auf den Kaiserstuhl ausgebaut. Ottos Stellung war gesichert – eine Stellung in seinem Reich, die so stark war wie die des karolingischen Frankenherrschers Karls des Großen. Der ostfränkische Staat blühte – ganz wesentlich geprägt durch Heinrich I. und seinen Sohn Otto I. – zu einem der mächtigsten Königreiche Europas auf. Die abendländische Krone kam wieder zu neuem Glanz. Ottos Imperium war fest mit Rom verbunden und zur Hegemonialmacht in der Mitte Europas geworden – erklärbar vor allem durch die politischen und militärischen Interventionen jenseits der Reichsgrenzen.

Gefestigt wurde die Hegemonie der Ottonen schließlich durch eine kluge Familien- und Heiratspolitik. Sie galt einer strategisch angedachten und vollzogenen Verbindung der englischen, karolingischen und burgundischen Königshäuser: Vermählungspolitik als Instrument des Machtausbaus.

Und dennoch: Ottos Herrschaft, die auch um den Süden Italiens durch Adelheid erweitert wurde, machte Halt vor den Grenzen des römischen Reiches von Konstantinopel. Das oströmische oder byzantinische Reich – ein großer geographischer Raum – erstreckte sich im Orient bis zum Kaukasus und zum Euphrat. Otto, der Westkaiser, dessen Herrschaft von Haithabu bis Salerno, von der Maas bis zur Havel und zur Spree, vom Elsass bis zur Save und zur Mur gesichert war, respektierte Byzanz, er war von Byzanz beeindruckt und weit davon entfernt, sein fränkisches und langobardisches Königreich zu einer Weltherrschaft auszudehnen, also den Anspruch einer universellen Kaiseridee auf das oströmische Reich zu übertragen. Hier folgte er dem Beispiel Karls des Großen: Friedliches Einvernehmen mit der östlichen Macht. Karl hatte als äußeres Zeichen dieser Haltung auf die Bezeichnung »Kaiser der Römer«, verzichtet. Er nannte sich »Imperator«: ein Zeichen, den universellen Anspruch Konstantinopels gelten zu lassen.

Otto der Große ließ seinen fünfjährigen Sohn, Otto II., auf dem Reichstag zu Worms zum Mitkönig wählen und im gleichen Jahr von den drei rheinischen Erzbischöfen aus Köln, Mainz und Trier in der Pfalzkapelle Karls des Großen zum König und später – mit zwölf Jahren – vom Papst zum Mitkaiser krönen. Das Mitkönigtum war eine langfristige Absicherung, eine Stabilisierung des sächsischen Herrschersystems, sozusagen eine intergenerative Maßnahme zum Machterhalt, ein herrschaftsbezogener Generationenvertrag. Dieser Akt war aber auch ein Signal an das oströmische Reich. In Konstantinopel war das Mitkaisertum seit Jahrhunderten selbstverständlich. Mit ihm sollte auch eine Ehe des jungen Otto II. mit einer Kaisertochter aus Konstantinopel ermöglicht werden – ein gewollter Brückenschlag, den das christliche Abendland bis dahin nicht kannte.

Die Entscheidung fiel – nach vielen Umständen – auf Theophanu. Nach allem, was wir wissen, war sie nicht die Tochter von Romanos' II. aus Konstantinopel, sondern nur blutsverwandt. Sie war also keine Purpurgeborene. Aber sie gehörte dennoch der makedonischen Dynastie an. Das reichte für die gewollte Verbindung von Ost und West.

☆☆☆

Theophanu, sie war in den »heiligen Palast« der Stadt Konstantinopel hineingeboren worden. Sie hatte den Glanz dieser Weltmacht aufnehmen können, war darin erzogen, davon geprägt und beeinflusst. Nach allem was wir wissen, besaß sie eine bewundernswerte Intelligenz und genoss eine vorzügliche Bildung – die sie übrigens mit dem gleichen hohen Anspruch später vor allem an ihren Sohn Otto III. weitergab. Ihre Herkunft Konstantinopel: wahrlich eine Weltstadt, prunkvoll, geistig und kulturell durchdrungen – mit vielen Klöstern und mehreren Universitäten – eine Stadt des Geistes, der Rituale, der Pracht, der Feste, der Lebensfreude, der besonderen Lebensstile. Im Palast, eine Welt der Überlagerung, der Überschwänglichkeit – orientiert am Stolz der griechischen Geisteswelt. Und nunmehr, mit der beabsichtigten Vermählung, der Schritt hin nicht nur zu Otto, sondern zum weströmischen Reich, einer fremden lateinischen Welt, die Theophanu nördlich der Alpen erwartete. Nicht nur ungewohnt, vielfach auch das Gegenteil zu Byzanz, ein Widerspruch zu ihrer »alten« Herkunft, ihrer Prägung, ihrer jungen Lebenserfahrung, ihrer byzantinischen Tradition. Hier Byzanz mit seinen wohlhabenden befestigten Städten. Dort das Land ihrer Vermählung: Weite Gebiete mit unbegrenzten Waldungen, einsam gelegenen Dörfern und Burgen, am Rande erbauten Klöstern und Bischofssitzen.

Der Abschied vom Bosporus, den Gero von Köln begleitete, in die neue Heimat im Westen, der neue, durch Otto eröffnete Lebenslauf, wurde versüßt mit Morgengaben: die Grafschaft Istrien, die italienische Adriastadt Pescara, reiche Güter am Niederrhein und in Sachsen: ein Vermögen auf Lebenszeit. Eröffnet durch die Vermählung und die Krönung zur Kaiserin durch Papst Johannes XIII. am 14. April 972 in der Peterskirche zu Rom. Eine prachtvolle fränkisch-römische Zeremonie mit byzantinischem Einfluss – ein für alle Seiten wichtiger erster Brückenschlag.

Konnte sich die Vierzehnjährige hier im Westreich leicht einfinden? Mitnichten. Schon die Sprachprobleme; sie waren die ersten zu überwindenden Hürden: War in Byzanz Griechisch die alleinige Sprache, herrschte im Westen Vielsprachigkeit. Hinzu kam der Wechsel von einem zentralen Herrscherpalast im oströmischen Reich zu einem Frankenreich, das solche zentralen Herrscherpaläste nicht kannte und stattdessen mit seinen ständigen Zügen von Pfalz zu Pfalz, von Königshöfen zu Königshöfen, von Hoftag zu Hoftag, von Bischofssitz zu Bischofssitz, von Heerlagern zu Heerlagern Theophanu ein überaus anstrengendes Leben abverlangte. Das ständige Reisen forderte auch die körperlichen Möglichkeiten dieser zarten ehemaligen Prinzessin heraus. Zahlreiche Herausforderungen, die Theophanu zu bestehen hatte und auch bestand.

Die ersten Reisen mit ihrem Gatten führten sie von Rom nach Ravenna, Pavia und Mailand. Dann über die Alpen nach St. Gallen, über Konstanz nach Reichenau und schließlich in das Rheinland, dem aus der Sicht der Theophanu, Herzland des Reiches, nach Köln – immer wieder und immer wieder, besonders gerne zur Weihnachtszeit. Dass Aachen und Köln als wichtige Städte der alten karolingischen Königslandschaft im Rheinland zu den häufigsten Aufenthaltsorten von Otto und Theophanu zählten, erklärte sich vor allem durch das große politische Gewicht und den hohen Symbolwert, die diese Städte, neben Magdeburg, besaßen.

Der Erfolg ihrer Regierungsgeschäfte war natürlich von kluger Beratung abhängig. Theophanus Leistung bestand darin, kluge Berater heranzuziehen. Große Dienste leistete einer der führenden Männer aus geistlichem Stand: Willigis, Erzbischof von Mainz und später Reichskanzler von Otto II. und Theophanu. Er war mit Sicherheit einer der bedeutendsten Persönlichkeiten der deutschen Reichs- und Kirchengeschichte um die Wende des 10. zum 11. Jahrhundert. Seinem Einfluss ist es auch zu verdanken, dass das sächsische Kaiserhaus im deutschen Norden neue Bistümer gründete und diese mit hervorragenden Männern besetzt wurden: etwa dem heiligen Adalbert von Prag, der noch eine wichtige Rolle spielen wird, dem heiligen Bernward von Hildesheim, dem heiligen Meinwerk von Paderborn. Schüler des Willigis war auch Erzbischof Heribert von Köln – und Otto III. Wie weit der Einfluss dieses Beraters reicht, zeigt auch, dass auf sein Betreiben hin ein Schüler der Mainzer Domschule, Bruno aus dem Wormsgau, als Gregor V. (996–999) der erste deutsche Papst wurde. Willigis, ausgestattet mit hohem politischem Gespür, mit außergewöhnlicher Klugheit – ein Meisterberater und gleichzeitig ein selbstloser Diener seines Reiches und seiner Kirche. Sein Ideal war der Staat Gottes (»Civitas Dei«), in dem die geistliche Herrschaft mit dem Papst an der Spitze und die weltliche Herrschaft mit dem Kaiser als Spitze als *ecclesia*, also als Christengemeinschaft in Harmonie zusammenleben: Der Mainzer Dom, der Willigis-Dom, genannt nach seinem Erbauer Willgis, belegt diese Idee der Christengemeinschaft zwischen Kirche und Reich ausdrücklich in seiner baulichen Ausgestaltung: mit je einem »imperialen« und »sacerdotalem« Chor als Symbol des von Willigis verfolgten Ideals. Auch hier befand er sich auf der gleichen ideenpolitischen Wellenlänge mit Theophanu als Mitkaiserin von Otto II. und späterer Kaiserin und Vormund ihres Sohnes, Otto III.

Ihren hohen Bildungshorizont teilte Theaphanu mit Otto II. Sein Blick reichte weit und tief. Auch er hatte eine vorzügliche Erziehung genossen – nicht zuletzt durch Folkhold, dem späteren Bischof von Meißen, der ihn zusammen mit Willigis und seinem Onkel, dem Kölner Erzbischof Bruno, ausbildete und auf die Regentschaft vorbereitete. Eine Geistesgemeinschaft mit Theophanu: Otto II. entwickelte ebenfalls eine besondere Zuneigung zu Literatur und Wissenschaft. Beeinflusst war er jedoch vor allem von der Theologie: Immer wieder führte er seine politischen Entscheidungen, seine Siege und Erfolge auf die unablässige Erkundung des göttlichen Willens zurück. Gute Voraussetzungen für die gemeinsame Regentschaft mit Theophanu – der *consors regni* bzw. *coimperatrix*.

Otto der Große hatte seinem Sohn zwar ein gefestigtes Reich hinterlassen.

Dennoch musste der achtzehnjährige sächsische Thronfolger aus dem weströmischen Reich zusammen mit Theophanu sich sehr bald gegen innere und äußere Gegner zu Wehr setzen. Es galt, die Herrschaft zu sichern. Kriegszüge zur Sicherung des Reiches im Westen wie im Osten waren nicht unbedingt ihre Sache. Aber in allen entscheidenden Fragen und in Frage stehenden Entscheidungen war sie unerlässlich. Theophanu ging zudem ihren Pflichten nach, die sich vor allem aus ihrem Besitz ergaben, ihrem Besitz zwischen Niederrhein und Elbe. Ganz entscheidend war sie an der Entspannung zwischen dem Kaiserpaar und der Frau Ottos I., ihrer Schwiegermutter Adelheid, beteiligt. Nachdem Adelheid ihren Einfluss auf das Kaiserreich auf Veranlassung von Theophanu einschränken musste und als

Regentin nach Italien ging, kam es später zwischen dem Kaiserpaar und Adelheid zu einer Aussöhnung: ein Beleg für die Klugheit der Theophanu.

Immer sichtbarer allerdings wurde auch dies: die Entfremdung der beiden jungen Regenten, u.a. durch die auf Konfrontation abzielende Politik gegenüber Byzanz, die Otto betrieb und die Theophanu missfiel. Als erster abendländischer Herrscher führte er – wenn auch unregelmäßig – den Titel *Romanorum Imperator Augustus*. Ganz bewusst dabei die Spannung in Kauf nehmend, in der seine Politik stand: die Betonung der römischen Kaiseridee, aber auch die bewusste Auseinandersetzung mit Byzanz.

☆☆☆

Otto II. verstarb im Dezember 983 in Rom – erst 28 Jahre alt. In den Grotten von St. Peter befindet sich sein Sarkophag. Aus Theophanu *Coimperatrix* wurde Theophanu *Imperator*; eine Ernennung, die auch die Schwächen deutlich werden ließ, die Otto II. in den letzten Jahren als Herrscher gezeigt hatte.

Zahlreiche Probleme harrten einer Lösung. Etwa die böhmische Frage. Der böhmische Herzog Bolesaw strebte die Gründung eines großen, selbstständigen Tschechenstaates an der Flanke des deutschen Reiches an. Er hatte seine Schwester mit dem Herzog Miesko von Polen vermählt – wohl in der Absicht, auch Polen in seine national-tschechische Politik hineinzuziehen. So war die Ostpolitik eine große Herausforderung für Theophanu. Auch die Dänen, von denen für das Reich eine Bedrohung ausging, musste man genau im Auge behalten.

Aber zunächst bahnte sich nach dem Tod des Kaisers für Theophanu mit der bayerischen Frage ein großes innerdeutsches Problem an. Gemäß den Beschlüssen des deutsch-italienischen Reichstages von Verona 983 wurde ihr Sohn, Otto III., in Aachen von Willigis von Mainz und Johannes von Ravenna zum König gesalbt und gekrönt. Keinesfalls konnte der Dreijährige, dieser Kind-König, der kaum zu sprechen vermochte, das große Reich beherrschen. Es bedurfte eines Vormundes. Zwar hatte Otto II. vor der Zeugenschaft des Papstes Theophanu die Vormundschaft übertragen. Aber es gab ein entscheidendes Hindernis: Danach war der aus dem Haft-Exil in Utrecht kommende bayerische Herzog Heinrich, genannt Heinrich der Zänker, als der älteste deutsche Agnat des Kaisers nach dem deutschen Sippengebrauch der rechtmäßige Vormund des jungen Königs. Diese Vormundschaft strebte er auch an und damit – auf diesem Weg – die Kaiserkrone.

Da auch Lothar von Frankreich, ebenso Vetter des verstorbenen Kaisers, als Vormund einen Anspruch hatte, wurde die Lage für den Frieden des Reiches und damit auch für Theophanu bedrohlich. Lothar und Heinrich konnten möglicherweise eine Allianz Bayern-Frankreich gegen das westfränkische Reich bilden, wenn der »Zänker« mit der Übernahme der Vormundschaft dem Franzosen als Tauschgeschäft Niederlothringen zusicherte. Im Gegenzug konnte sich Lothar für ein bayerisches Königtum über ganz Deutschland einsetzen. Ein interessantes Geschäft zulasten von Theophanu. Aber die Kaiserin, »Theophanius Imperator«, sie war entschlossen, die Reichspolitik selbst zu bestimmen – gegen die beanspruchte Vormundschaft. Und auch gegen das Interesse ihrer Schwiegermutter Adelheid, der Witwe Ottos des Großen und jetzigen Reichsstatthalterin in Italien, an der Vormundschaft über Otto III. – ein Vormundschafts-Ehrgeiz, der gar eine karolingisch-französische Machterweiterung zulasten der sächsisch-ottonischen Dynastie in Kauf nahm.

Theophanu, nunmehr ganz identifiziert mit ihrem ottonischen Kaiserreich und nur noch entfernt Byzantinerin, war auch bereit, sich gegen Byzanz zu stellen, wenn es dem byzantinischen Basileios II. einfallen sollte, in Rom dem ottonischen Reich Schwierigkeiten zu bereiten. Die Interessen des Reiches zu verfolgen, das verlangte sie auch von Adelheid, ihrer Schwiegermutter.

Die Kaiserin setzte sich durch, beraten von Erzbischof und Erzkanzler Willigis, dem großen Staatsmann mit unerschütterlicher Treue zur Dynastie und zum Reich. Der Zänker, der 976 und 977 das Reich schon in Todesgefahr gebracht hatte, unterwarf sich der Forderung sämtlicher Reichsfürsten auf dem Reichstag zu Rara nach Freigabe des vierjährigen Königs an seine Mutter als Vormund. Als Gegenleistung erhielt er sein erheblich verringertes bayerisches Herzogtum zurück – mit kluger Zustimmung Theophanus. Die Feindseligkeiten Heinrichs gegen das Reich waren endgültig zu Ende. Ein Sieg Theophanus – Frieden ohne kriegerische Auseinandersetzungen. Das Reich war gerettet vor einem Krieg gegen Frankreich und auch vor einem Krieg im Inneren.

☆☆☆

Theophanu hatte ihr Ziel auf geschicktem, strategisch gut durchdachtem Weg erreicht: Sie wurde Vormund ihres Sohnes Otto III., König von Italien und des Ostfränkischen Reiches. Mit fünfundzwanzig Jahren regierte sie unangefochten für ihren Sohn, den Kind-König. Aus der ehemaligen byzantinischen jungen Prinzessin wurde jetzt ganz eine weströmische Kaiserin, entschlossen, die großen Herausforderungen, die vor ihr lagen, anzunehmen.

Denn davon gab es für Theophanu mehr als genug – Herausforderungen, denen sie nur gewachsen sein konnte, weil sie an ihren bisherigen gewachsen war: etwa die Auseinandersetzung zwischen dem von den Ottonen geführten Ostreich und dem von den Karolingern beherrschten Westreich um Niederlothringen, denn Frankreich gab seinen Herrschaftsanspruch über dieses Gebiet nicht auf. Es ging um Krieg oder Frieden. Der Verzicht des französischen Königs Ludwig IV. gegenüber Otto dem Großen hatte keinen Bestand mehr. Für die ottonischen Könige und ihre machtpolitischen Ansprüche im mittleren Kontinent war Lothringen von größter Bedeutung. Denn Lothringen – weit mehr als das heutige Lothringen – stand für dichte Besiedelung, für Reichtum, Ansehen, eine riesige flächenmäßige Ausdehnung von Holland und Friesland bis an den Rand des Jura im Süden, von Schelde, Maas und oberer Aisne im Westen bis an den Rhein: Lothringen mit der großen Pfalz Aachen und den wohlhabenden Erzbistümern Köln und Trier. Nirgendwo gab es mehr Klöster und Kirchen und Bischofsstädte als hier in diesem Mittelraum, der sich bis zur Seine hinzog. Lothringen, ein geistiges Zentrum, ein zentraler kultureller Raum für das christliche Abendland – auch mit einem regen Austausch von »Translationen«, von Reliquien. Als Heilsbringer nahmen sie eine große Bedeutung für die ottonische Missionspolitik im Osten ein, vor allem als Symbole der Nähe Gottes. Lothringen, Ursprungsland und Kernland der Karolinger, in Volkstum und Kultur mit dem Ost- und Westfrankenreich verbunden.

Äußerer Anlass für das Wiederaufleben des Konfliktes um Lothringen war die Unmündigkeit Ottos III. Unvergessen noch der Überfall König Lothars auf Otto II. und Theophanu in der Kaiserpfalz Aachen – mit der Absicht, Lothringen für sein Reich zurückzugewinnen. Am Ende hatten beide Herrscher, die sich in diesem Krieg erheblich geschädigt sahen, unter Mitwirkung von Theophanu 980 bei Ivois gegenseitig ihre Reiche anerkannt; ein Schwur, der nicht von langer Dauer war.

Denn mit dem Tod Lothars in der Königsburg von Laon und dem Thronwechsel auf den neunzehnjährigen Sohn Ludwig V. (966–987) zum König von Frankreich veränderte sich die politische Lage erneut.

Auf einem Treffen in Duisburg sowie auf einem glanzvollen Hoftag in Andernach wurde Kaiserin Theophanu mit Erfolg geradezu bedrängt, zwischen den beiden Reichen als Vermittlerin und Friedensstifterin zu fungieren: Die um Ausgleich bemühten Kräfte gewannen die Oberhand. Mit dem plötzlichen Tod Ludwigs in Senlis waren die Versöhnungsbemühungen zwar jäh unterbrochen, sollten aber ihre Wirkung langfristig nicht verfehlen. Die guten Beziehungen, die Theophanu mit Hugo Capet aufbaute und die unter anderem zur Rückkehr der verstoßenen Königin Emma an den Hof führten, sollten sich auszahlen. Die Franken übergingen den Karolinger. Denn zum König von Frankreich wurde nicht Ludwigs Sohn, Karl von Niederlothringen, der letzte Karolinger und Gegner der kaiserlichen Westpolitik, gewählt, sondern mit subtiler, aber wirksamer Intervention von Theophanu der Herzog von Frantzien, der Robertiner Hugo Capet.

Eine Wahl Karls von Niederlothringen zum König von Frankreich hätte für das Reich bedrohliche Folgen gezeitigt. Denn Karl war entschlossen, als neu gewählter König sein Herzogtum Niederlothringen zu behalten und es um Oberlothringen zu erweitern.

Theophanu hatte die Wahlmänner über Erzbischof Adalbero von Reims, der nach dem Tod Ludwigs V. als Erzkanzler die Geschicke des Westreiches in seiner Hand hatte (und dem 987 in Compiegne wegen seiner kaisertreuen Politik ein Prozess wegen Hochverrates gemacht werden sollte) auf den Grundsatz der »Freiheit der Wahl« eingeschworen und damit gegen ein Erbrecht der Krone.

Hugo Capet, der Herzog von Frantzien, mächtigster Mann westlich der Maas, war ihr Favorit. Denn er hatte keine Ansprüche auf Lothringen stellen können. Jetzt trug die vorausschauende Klugheit der Theophanu Früchte. Am Tag seiner Krönung zum französischen König und Dux Francorum (»Herzog der

Franken«) unterschrieb der neue französische König den Verzicht auf Lothringen. Zudem wurde Verdun zurückgegeben. Ein Akt der Dankbarkeit gegenüber seinen Freunden und Bundesgenossen, die zu seiner Königserhebung beigetragen hatten, besonders für Theophanu. Damit wurde die Zugehörigkeit der Stadt und Lothringens zum Kaiserreich ein zweites Mal anerkannt. Diese Übereinkunft trug bis in die frühe Neuzeit. Theophanu besiegelte damit den Frieden im Reich. Ein Erfolg für die Westpolitik Theophanus. Die Ruhe an der Westgrenze, der von ihr ganz wesentlich betriebene friedliche Ausgleich und das gute Einvernehmen zwischen dem westfränkisch-lotharingischen Raum und dem ottonischen Kaisertum war für Theophanu auch zwingend notwendig. Zu sehr war sie mit der Durchsetzung der Reichsinteressen im Italienkaisertum befasst. Eine Mehrfronten-Auseinandersetzung wäre kaum beherrschbar gewesen.

☆☆☆

Die Klugheit, mit der die Kaiserin aus den Geschlechtern der byzantinischen Fürsten Skleros und Phokas ihre Vormundschaft und ihre Verantwortung als Regentin des römischen Reiches wahrnahm, bestimmte entscheidend nicht nur die Geschicke Westfrankens, sondern auch die Geschicke Polens in den nächsten Jahrzehnten. Am Ostertag 986 versammelten sich auf dem Hoftag in Quedlinburg die weltlichen und kirchlichen Oberhäupter – die vier höchsten Fürsten des Reiches – in großer Harmonie und großer Eintracht beim Krönungsmahl: Heinrich von Bayern als Truchsess, Konrad von Schwaben als Kämmerer, Heinrich von Kärnten als Mundschenk und Bernhard von Sachsen als Marschall. Es war eine große, geradezu außergewöhnliche Symbolhandlung. Noch beeindruckender: Aus den slawischen Ländern waren zudem die bisher widerständigen Fürsten

Boleslaw von Böhmen und Mieszko von Polen gekommen. Ein entscheidender Schritt der Aussöhnung von Böhmen und Polen mit ihrem Reich.

Polen galt als bedeutender östlicher Nachbar, nicht erst seit Theophanu, sondern schon zu Zeiten Ottos des Großen. Er ließ dieses Land nie aus seinem Blickfeld. Mieszko, der polnische König, entschied sich angesichts der Machtverhältnisse für eine Zusammenarbeit mit dem sächsischen Reich. Vor allem ließ er sich taufen, ein wichtiger politischer Vorgang; denn die Taufe des Herrschers war gleichzeitig der Übergang vom Heidentum zum Christentum für alle seine Untertanen.

Durch seine Vermählung mit Oda, der Tochter des Markgrafen Dietrich von Haldersleben, einem der großen Geschlechter in Sachsen, bekräftigte er seine Verbindung nach Sachsen und vor allem die Entscheidung, sein junges polnisches Reich an die abendländische Staatengruppe zu binden. Eine ganz wesentliche Entscheidung, denn sie bedeutete eine Ausrichtung Polens auf Europa. Theophanu unterstützte diese Verbindung, die über tausende Jahre bestehen sollte, mit voller Kraft.

Mit der Christianisierung erlebte Polen, da es außerhalb der Machtkämpfe im europäischen Osten lag, einen großen wirtschaftlichen Aufschwung. Gnesen und Posen wurden zu wichtigen Handelsplätzen. Gnesen, vom Polanenstamm getragen, wurde zudem Hauptstadt des neuen Staates. Theophanu und Otto III. unternahmen eine Pilgerfahrt nach Polen, ein Symbol für eine Friedensverbindung zwischen dem deutschen Reich und Polen. In ihrer Ostpolitik ging sie klug vor, um einerseits Polen langfristig an ihr Reich zu binden, aber Böhmen nicht zu verlieren. Dazu dienten ihr nicht zuletzt die Errichtung des Bistums Prag und die von ihr vorgenommene Entsendung des Abtes Unger zum Bischof von Posen. Mit Polen schmiedete sie ein festes Bündnis zwischen dem deutschen Herrscherhaus und dem Nachfolger von Mieszko, dem polnischen König Boleslaw

Chroby. Beide Regenten verbündeten sich, um die Slawen zu christianisieren.

Das deutsch-polnische Verhältnis unserer Gegenwart fände hier gute Ansatzpunkte, diesen großartigen europäischen Akt, der mit dem Namen Theophanu verbunden ist, zu revitalisieren.

☆☆☆

Theophanu, von Erzkanzler und Bischof Willigis umsichtig beraten, wollte keine Feldzüge, keine Kriege. Vielmehr begründete sie ihr Vorgehen auf Familienbindungen und Diplomatie. Ihre Regierungskunst bestand vor allem in Friedensvermittlungen – vielleicht auch manchmal nur taktisch bedingt. Sie baute den inneren und äußeren Frieden in ihrem Reich aus und erwies sich als Herrscherin der Versöhnung. Die große deutsche Kaiserin des Mittelalters stellte dabei ihre byzantinische Herkunft nie in Frage. Ganz im Gegenteil: Die weiträumig angelegte Politik im Osten, die sich nicht zuletzt auf ihre Missionspolitik und die vielen familiären Bindungen gründete, war ganz nach byzantinischem Vorbild ausgerichtet. Ihre Regierungskunst verleugnete nie ihre byzantinische Tradition, die freilich nie ihr auf Weitsicht ausgerichtetes Regieren beeinträchtigen konnte. Stattdessen knüpfte sie ein enges Band zwischen dem Ostreich und dem Westreich, zwischen Byzanz und dem lateinischen Rom. So konnte sie nach nur sieben Jahren, die ihr in der Vormundschaft Ottos verblieben waren, ihrem Sohn Otto III. nach ihrem Tode ein Kaiserreich hinterlassen, das im Inneren, im Verhältnis zu Rom als auch gegenüber Byzanz als gefestigt galt, das neue Verbindungen, neue Friedensbündnisse schloss – ein Reich mit einem neuen europäischen Gesicht.

☆☆☆

Ohne Zweifel nahm die Politik Theophanus erheblichen Einfluss auf den in der Folge nun beginnenden intensiven Prozess der kulturellen Durchdringung von Ost nach West. Zwischen Ost und West entstand eine rege Reisetätigkeit, ein Dialog von Wissenschaftlern, Geistlichen, aber auch Handwerkern und Geschäftsleuten. Neues Wissen wurde erschlossen, neue interkulturelle Verständnisse vermittelt. Sicher, ein kultureller Austausch bestand schon viele Jahrhunderte zuvor, denn Mönche errichteten Klöster, feierten den orthodoxen Gottesdienst und pflegten die griechische Sprache, Kunst und Tradition im weströmischen Reich. Aber vor allem ist mit dem Namen Theophanu eine auch nachfolgend immer deutlicher werdende große Renaissance der Bildung, der Wissenschaft und der Kunst unter der glanzvollen Dynastie der makedonischen Kaiser verbunden. Die sogenannte »Goldene Periode«, die sich im darauffolgenden Jahrhundert fortsetzte, war eine Periode mit großer geistiger Ausstrahlungskraft in das weströmische Reich und eng mit dem Namen Konstantinopel verbunden. Wir sind heute noch vielfach Zeugen sichtbarer Zeichen der byzantinischen Kunst des 10. und 11. Jahrhunderts und ihres Einflusses auf den Westen.

Erst jüngst – kurz vor der Herausgabe dieses Buches – wurde der deutschlandweit größte Friedhofsbau wiedereröffnet: das »Kolumbarium« auf dem Leipziger Südfriedhof, ein Aufbewahrungsort für Urnen. Dessen Bautyp lässt sich bis in die Antike zurückverfolgen, erinnert aber auch an byzantinische Rituale der Grablegung. Man wird angesichts der Fülle byzantinischer Vorbilder für westliche Nachahmungen feststellen dürfen, dass sie ganz entscheidend den Griechen im Gefolge Theophanus zu verdanken sind.

Theophanu hat keine zwei Jahrzehnte im Westen verbracht. Und dennoch darf sie als eine der großen, faszinierenden Frauenpersönlichkeiten des Mittelalters gelten. Einen Mittelpunkt ihrer Herrschaft gab es nicht. Aber es gibt sie, die Ära »Theophanu«.

Theophanu und Otto II.: Sie ordneten Europa neu. Beide stehen noch heute bei den osteuropäischen Nachbarvölkern in hohem Ansehen. Hoffentlich immer stärker auch im Westen.

Richeza – polnische Königin

Zunächst ganz unübersehbar familäre Parallelen und Beziehungen: Richeza, Tochter des lothringischen Pfalzgrafen Ezzo und seiner Frau Mathilde. Sie stammt aus dem bedeutsamen Adelsgeschlecht der Ezzonen, dem eine mächtige und führende Rolle in der ottonischen und salischen Zeit überantwortet worden war. Mathilde, Mutter der Richeza, war die Tochter des deutschen Kaisers Otto II. und der Theophanu. Das verband die Familie des lothringischen Pfalzgrafen mit dem regierenden Kaisertum.

Das hochadelige Geschlecht der Ezzonen zeichnete sich besonders durch eine beachtliche Bau- und Schenkungstätigkeit aus. Ezzo oder Erenfried war Nachfahre des karolingischen Reichsadels und einer der mächtigsten Territorialfürsten in Lothringen. Er verfügte über beachtliche Grafschaften, vor allem aufgrund seines tapferen Einsatzes in der Schlacht auf dem Lechfeld, eine Schlacht, die Otto 955 gegen die Ungarn zu bestehen hatte. Der große Besitz (etwa Güter aus dem Reichsbesitz Coburg, Gut Salz an der Saale, in Franken oder große Gebiete in Saalfeld) beruhte aber auch auf der Vermählung mit der Kaisertochter Richeza. Der rheinische Familienbesitz lag im Wesentlichen auf der linken Rheinseite. Er erstreckte sich vom Gebiet um Duisburg bis in den rheinpfälzischen Raum südlich von Alzey. Im Südwesten wuchs er über die Saar hinaus. Drei wichtige Zentren im Rheinland sind besonders zu benennen: das Gut Brauweiler westlich von Köln, das Gut Klotten an der Mosel sowie Gebiete um Siegburg, vor allem die Tomburg in der Nähe von Bonn. Ezzo war herzogsgleicher Pfalzgraf in dem vornehmsten der vier weltlichen Kurfürstentümer, und zwar der Pfalzgrafenschaft am Rhein.

Der Pfalzgraf – erstmals bei Gregor von Tours erwähnt – verantwortete die gesamte Verwaltung einer Pfalz, also die burgähnlichen Palastanlagen, die Unterbringung und Verpflegung des Hofes. Der Pfalzgraf übte die Kontrolle über Einnahmen und Ausgaben aus, hatte die Aufsicht über die Reichsgüter (Wälder, Gewässer und Straßen), natürlich auch über die Regalien, die ihm vom König verliehen worden waren. Er war die höchste Instanz am Hofe. Das verlieh der lothringischen Pfalzgrafenschaft mit ihrem Mittelpunkt der Pfalz in Aachen, also Ezzo, eine einflussreiche Machtstellung im Rheinland. Ezzo oder Erenfried, der Vater von Richeza, darf zu den mächtigsten Territorialfürsten Lothringens seiner Zeit gelten.

Ezzo war Vater von zehn Kindern, davon sieben Töchter. Sie brachten es alle sehr weit, vor allem mit seiner Hilfe. Auf eine gute Erziehung legten die Adelshäuser im Mittelalter besonderen Wert, ging es doch darum, die Voraussetzungen für die Übernahme bedeutender Ämter mithilfe ihrer Familien zu schaffen. Mit Ausnahme von Richeza standen alle Töchter als Äbtissinnen hochrangigen geistigen Institutionen vor – z.B. St. Quirin in Neuss, St. Marien in Gandersheim oder, Äbtissin Ida, St. Maria im Kapitol zu Köln – und damit wichtigen Zentren der abendländischen Kultur. Richezas Brüder übernahmen bedeutende geistige und weltliche Ämter: Hermann als Erzbischof von Köln (1036–1056), Mitglied der kaiserlichen Hofkapelle und später Kanzler für Italien (begraben im Kölner Dom) und Otto, Lothringer Pfalzgraf und danach Herzog von Schwaben (begraben in der Abteikirche Brauweiler).

Und Richeza? Ezzo hatte mit ihr, deren Geburtsdatum wir nicht verlässlich kennen, wohl etwas Besonderes vor. Zur Vorbereitung auf ihren von Ezzo geplanten Lebensweg erhielt auch sie eine vorzügliche Erziehung.

Wie alle Frauen aus der sächsischen Königsfamilie wurde Richeza in einem Frauenkloster unterrichtet – dies garantierte eine gute Vermittlung von Erziehung und Bildung, vor allem der Fächer des Triviums (Grammatik, Rhetorik und Dialektik) und damit die Beherrschung der Grundfächer: das rechte Schreiben, das rechte Sprechen und die hohe Kunst der dialektischen Beweiskraft. Zudem wurden die vier Künste des Quadriviums vermittelt: Arithmetik, Geometrie, Astronomie und Musik. Aber vor allem gewann Richeza einen tiefen Einblick in die Ideenwelt christlich-abendländischer Kultur, in westliche Formen des gesellschaftlichen Miteinanders, den Aufbau von Organisationen. Es wird über spezifische Kenntnisse der rheinisch-maasländischen Kunst berichtet.

Richeza war die einzige Tochter von Ezzo und Mathilde, die vermählt wurde – eine Vermählung mit großer historischer Bedeutung. Denn ihr Mann war der polnische König Mieszko II., der zweite König von Polen. So wurde die Rheinländerin Richeza zugleich die erste Königin Polens aus Deutschland. Ein Akt der Völkerverbindung, ein Sinnbild für die Brücke und das Band der tiefen Beziehungen, die das Deutsche Reich vor über 1000 Jahren bereits mit Polen knüpfte. Eine deutsch–polnische Hochzeit mit weitreichenden Folgen – bis in unsere Tage hinein.

Theophanu und ihr Sohn Otto III. hatten zu Beginn des 11. Jahrhunderts den Grundstein für eine freundschaftliche und enge Verbindung zwischen Polen und Deutschland gelegt. Richeza setzte diese Entwicklung fort. »Polonia« war unter der Führung der Polanen und ihres Fürstengeschlechtes, der Piasten, zu einem großen Staatswesen vereint worden. Dafür standen vor allem die Namen Mieszko (960–992) und Boleslaw, Mieszkos Sohn. In der Vorstellung, das Christentum auszubreiten, waren sich die Regenten des Deutschen Reiches und Polens einig. Der Kampf für das Christentum aber bedeutete noch mehr: Er festigte nicht nur die politischen Bündnisse, sondern schuf auch verwandtschaftliche Bindungen zwischen den sächsischen Geschlechtern des deutschen Adels und der Dynastie der Piasten.

Die Entschiedenheit, mit der die Bekehrung vom Heidentum zum Christentum im Osten vorangetrieben wurde, forderte viele Opfer und Märtyrer. Sie führte – mit zunächst unterschätzten Wirkungen – auch zur Ermordung des Bischofs Adalbert von Prag, eines von großer und tiefer religiöser Überzeugung beseelten Geistlichen, der Sippe der Slavnikide angehörend. Ihn hatte Kanzler Willigis, Adalberts Metropolit, in Verona zum Bischof von Prag geweiht – in Anwesenheit der Kaiserin Theophanu. Adalbert war auf dem Weg zur – erfolglosen – Missionierung der heidnischen Pruzzen getötet worden. Er starb am 23. April 997 den Märtyrertod. Auf Betreiben Kaiser Ottos III. wurde Adalbert wenige Zeit später in Rom heiliggesprochen.

Der polnische Piastenfürst Boleslaw I. erwarb die Gebeine des Adalbert von Prag. Er ließ den Märtyrer in Gnesen beisetzen. Ein eigens erbauter Dom überragte die Todesstätte dieses Heiligen. Sofort wurden der Dom in Gnesen und die dort eingebrachte Grabstätte Adalberts zu einem Anziehungspunkt für seine Verehrung. Der Dom mit Adalberts Grab, ein neues sakrales und geistiges Zentrum. Nicht nur das: der Dom auch mit einer faszinierenden politischen Ausstrahlung in dem ohnehin wirtschaftlich interessanten Gnesen.

Otto III., der deutsche Kaiser, der mächtigste Herrscher des christlichen Abendlandes, Herr über die vier Provinzen des Reiches: Roma, Gallia, Germania und Sclavinia, dieser Otto III., der das römische Kaiserreich erneuern möchte (»Renovatio imperii Romanorum«), – er sucht das Grab Adalberts, seines zum Freund gewordenen großen Vorbildes in Gnesen auf, mit einem großen Gefolge. Aber was bedeutete diese Pilgerreise darüber hinaus? Es war der römische Kaiser, fast Gott gleich, der sich auf dem Weg zu einem polnischen, tributpflichtigen

Piastenfürsten machte, eine zur damaligen Zeit ungeheuerliche Geste der Demut gegenüber einem ziemlich unbekannten Herzog von Polanien. Eine Pilgerreise des Kaisers, der in Gnesen den Demutstitel »Servus Jesu Christi« annahm. Konnte diese Symbolik zu Beginn eines neuen Kapitels deutsch-polnischer Beziehungen noch überboten werden?

Otto gründete ein von der deutschen Kirche selbstständiges polnisches Erzbistum Gnesen und erhob die Gnesener Kirche zur selbstständigen polnischen Nationalkirche. Er ernannte den bereits in Rom geweihten Bischof Gaudentius, Bruder des heiligen Adalbert von Prag, mit päpstlicher Zustimmung zum Erzbischof von Gnesen und unterstellte ihm die Bistümer Breslau, Kolberg und Krakau. Man muss wissen: Für das noch junge Polen hatte die Errichtung eines selbstständigen Erzbistums eine ganz wichtige Folge: Es verfügte über die kirchliche Autonomie. Diese trug zu einer enormen Stärkung des polnischen Christentums bei. Und in diesem historischen Gnesen-Akt wog noch etwas anderes: Der piastische Herrschaftsbereich »Sclavinia«, der zur »Polonia« und damit zu einem dem deutschen Kaiserreich nebengeordneten – also nicht untergeordneten – eigenen Herrschaftsgebiet erhoben wurde, entwickelte daraus ein eigenes Staatsverständnis, eine »Polonia«-Identität. Den Piastenfürsten nannte Otto III. »Bruder am Reich«. Das war nicht nur eine demütig ausgesprochene ehrenhafte Bezeichnung. Sie hatte eine wesentlich weiter gehende Bedeutung: die Anerkennung und Verabredung einer leiblichen Verwandtschaftslinie. Denn man vereinbarte die spätere Eheschließung der Nichte Ottos, Richeza, Tochter des Pfalzgrafen Ezzo, mit dem Sohn des Polenkönigs, also dem Sohn des »kaiserlichen Bruders« Boleslaus Mieszko.

Die Gnesener Vereinbarungen waren von großer Bedeutung für den jungen Staat Polen. Sie wurde als eine erhebliche Aufwertung von Kirche und Staat in Polen empfunden. Gnesen als

Teil jenes historischen Schrittes lebendiger deutsch-polnischer Freundschaft. Gnesen war für den damals zwanzigjährigen Kaiser ein weiterer Schritt auf dem Weg zu einem universalen Imperium, das die abendländische Christenheit umfassen sollte.

Der Pilgerfahrt des Kaisers zu Adelbert von Prag nach Polen folgte die Rückkehr nach Aachen, jetzt begleitet vom polnischen Herzog – eine Demonstration der Verbindung von Polen mit Deutschland und der Verbindung der selbstständigen Kirchenprovinz von Gnesen mit der Grabstätte Karls der Großen in Aachen. Eine gute Möglichkeit, die verabredete Vermählung zwischen Mieszko und Richeza im Rheinland vorzubereiten.

☆☆☆

Nach dem plötzlichen Tod Ottos III. leitete sein Nachfolger, Kaiser Heinrich II., einen radikalen Kurswechsel in der ottonischen Ostpolitik mit Polen ein. Es folgten langjährige kriegerische Auseinandersetzungen.

Was waren die Motive für diese Kehrtwende, für diese, über viele Jahre hin ausgetragene Auseinandersetzung? Großmachtssucht? Abkehr von der als überzogen empfundenen Gnesener Linie? Ist die mangelhafte Unterstützung des deutschen Adels der anti-ottonischen Ostpolitik Heinrichs eine Erklärung für die beachtlichen Eroberungen etwa von Böhmen und Mähren und das Vordringen bis zur Elbe durch den polnischen Fürsten? Die Geschichtsschreibung macht sich in unterschiedlicher Gewichtung jede dieser Vermutungen zu eigen.

Dem Pfalzgrafen Ezzo, Schwager Ottos III., kam eine bedeutende Rolle als Anführer der deutschen Fürstenopposition gegen Heinrichs Politik zu. Im Vordergrund stand der Wille, die gewonnene Versöhnung zwischen dem deutschen Kaiserreich und Polen weiterzuführen, auszubauen, zu vollenden. Ziel war, die mögliche Gefährdung der Christianisierung der Piasten abzuwenden. Aber dahinter verbarg sich noch ein weiteres Motiv: Das Interesse, einen seiner Söhne als Nachfolger auf den Königsthron zu heben, den jetzt Heinrich II. innehatte. Und es galt die eheliche Verbindung zwischen Mieszko und Richeza zu befördern – Ezzo zählte bekanntlich zum Gegenspieler von König Heinrich.

Der Krieg hinterließ Spuren, ganz gewaltige sogar: Die Christianisierung des Piastenstaates erlitt erhebliche Rückschläge; der Konflikt zwischen den heidnischen Elbeslawen und gegen die christlichen Piasten war neu entbrannt. Voraussetzung für eine Friedensvereinbarung mit dem polnischen Herzog war die Versöhnung zwischen Ezzo, dem Fürsten mit hohem Ansehen und Heinrich II. Ezzo hatte sich als Friedensschlichter im deutsch-römischen Reich mehrmals bewährt.

Der endgültige Friedensschluss von Merseburg zwischen Heinrich II. und Herzog Boleslaw folgte der Einsicht, nunmehr wieder die ottonische Ostpolitik aufzunehmen. Entscheidend aber für den Friedensbund und den erneuerten Treueschwur des polnischen Fürsten und des deutschen Kaisers war noch etwas anderes: Er machte den Weg frei für das vereinbarte Ehebündnis zwischen Richeza und Mieszko, zwischen dem Piasten und der Ezzo-Tochter. Das Ehebündnis als politischer Akt europäischer Friedenssicherung zwischen Ost und West, zwischen dem Reich der Slawen und dem Regnum Teutonicorum.

Die Vermählung verband sich mit einer großen Last, die auf den Schultern von Richeza und Mieszko lag. Der Piastenstaat in Europa musste sich als Stütze, als Bollwerk des christlich-römischen Imperiums im Osten, als Stütze des »Imperium Romanum Christianum« bewähren. Richeza und Mieszko stellten sich dieser wichtigen Aufgabe, denn sie standen in der Gnesener Tradition und Verpflichtung. So konnten sie die Scherben, die Heinrich nach dem Tode Ottos III. zerschlagen hatte, wieder kitten. Das geschah mit großer Verantwortung. Polonia als

Ausdruck einer gefestigten piastischen Staatsidee: Daran hatte die Rheinländerin Richeza und ihr polnischer Gatte entscheidenden Anteil.

Im Todesjahr seines Vaters nahm Mieszko, wegen des neuen familiären Verhältnisses zum ottonischen Kaisertum nunmehr zum König von Polen gekrönt, die Deutsche Richeza zur ersten polnischen Königin. Wiederum eine Brücke der Piastenfamilie zu dem aussterbenden Geschlecht der Ottonen.

Die junge polnisch-deutsche Königsfamilie fand ihre neue Heimat in der fremden Heimat. Man wird unausweichlich erinnert an die neue, fremde Heimat ihrer Großmutter, der byzantinischen Prinzessin Theophanu.

Richeza und Mieszko errichteten ihren Palast auf einer Insel im Lednicka-See zwischen Posen und Gnesen (heute gehören die baulichen Reste dieses Palastes zum UNESCO-Welterbe). Auch dies wieder ein symbolhaftes Signal der engen Verbindungslinie zwischen Ost und West: Denn der Palast war die architektonische Widerspiegelung der Aachener Kaiserpfalz mit ihren karolingisch-ottonischen Baumustern.

Ohnehin wurde Polen jetzt mit Burgen »überzogen«, veranlasst ganz besonders von Richeza. Um die Burgen herum entwickelten sich viele urbane Siedlungen und damit immer mehr beachtliche Kulturstätten. Das galt insbesondere für die Umgebung von Breslau und Gnesen. Eine Parallelität kulturgeschichtlicher Ereignisse: Die vielschichtige byzantinische Einflussnahme auf das deutsche Kulturgut als indirekte Folge der Vermählung der oströmischen Prinzessin Theophanu mit Otto II. – und jetzt die architektonische Spannung, die von Rhein und Maas, von der Hand Richezas geführt und den Benediktinern besonders unterstützt, nach Polen hineinragt: Architektur als Symbol der weltlichen und geistlichen Macht – am polnischen Inselpalast von Richeza und ihrem polnischen Königsgemahl kann das gut nachvollzogen werden.

Dieser Einfluss diente nicht nur der erneuerten politischen, gesellschaftlichen und kirchlichen Stabilität Polens. Auch die Kirchenbauten in Polen belegen die architektonische Vorbildfunktion der rheinländischen, aber auch maasländischen Romanik für die Gestaltung vieler polnischer Klöster. Ein Beispiel etwa ist die Abtei Mogilno in der Nähe von Gnesen: eine dreischiffige romanische Basilika. Oder die alte Residenzstadt der Herzöge von Masovien in Plock mit der romanischen Basilika, deren Grundriss deutliche Bezüge zur Kölner Kirche St. Maria im Kapitol, in der Richezas Schwester Ida das Amt der Äbtissin innehatte, aufweist. Wie bei Theophanu – zahlreiche Belege für die kulturellen Bande zwischen Polen und Deutschland. Der Monumentalbau aus Stein, der auch dazugehört, war bis dahin den Piasten unbekannt. Jetzt entstand er zunehmend auch in Polen. Weitere kulturelle Akzente konnte Richeza allerdings nicht in Polen setzen, etwa die höfischen Sitten und vom Adel entwickelten Umgangsformen. Mieszko II. galt nicht gerade als ein glühender Anhänger des deutschen Reiches. Dennoch profitierte er als ernannter König von den vielfältigen Beziehungen zum deutschen Reich und zu bedeutenden Herrschenden.

Mieszko: ein Staatsmann mit besonders ausgeprägtem machtpolitischem Willen, jedoch in seinem innenpolitischen und außenpolitischen Vorgehen nicht immer erfolgreich. Seine Auseinandersetzungen mit Konrad II., die zum Ziel hatten, seinen Bruder Bezprim als möglichen Thronfolger zu verhindern, scheiterten. Bezprim konnte die Sache für sich entscheiden: Mieszko und Richeza verloren ihre Königswürde. Sie flohen nach Ungarn.

Der Polenbruder wurde wenig später ermordet. Damit war der Weg wieder frei für die Rückkehr von Richeza und Mieszko nach Polen. Aber gleichzeitig wurde mit der erzwungenen Unterschrift des deutschen Kaisers Konrad II. unter die Friedensvereinbarungen (1033) der Verzicht der Königswürde Mieszkos besiegelt. Aus der ehemaligen polnischen Königin Richeza wurde die »Regina Richeza« – eine Bindung des Königstitels an die Person Richeza, nicht mehr.

☆☆☆

Das Wirken Richezas und Mieszkos gründete nicht zuletzt auf ihrem hohen Bildungsstand. Die Bildung Mieszkos stand der seiner Gemahlin Richeza in nichts nach. Denn sein Vater hatte ursprünglich geplant, Mieszko zum Geistlichen zu bestimmen. Deshalb verbrachte Mieszko eine Zeitlang in einem Kloster. Dort konnte er umfassende Studien betreiben, dort erlangte er vielseitige Sprachkenntnisse. Denn Mieszko galt als Sprachgenie: Er beherrschte seine eigene Sprache, die der Piasten, in Wort und – damals nicht selbstverständlich – in Schrift, außerdem das Lateinische, schließlich das Griechische, verbunden mit der Kenntnis der Philosophie und Theologie. Er galt zudem als visionärer Baumeister und ließ – zusammen mit Richeza – eine Vielzahl von Kirchen errichten – unter ihnen auch die Abtei Brauweiler.

1034 starb Mieszko II. Das war die ganz besondere Stunde Richezas. Jetzt regierte sie mit ihrem achtzehnjährigen Sohn Kasimir das Land, wie vormals ihre Großmutter Theophanu mit ihrem Sohn Otto III. Kaum bestand diese ganz wichtige Mitregenten-Funktion, kam es wieder zu heidnischen Aufständen gegen die piastische Ordnung und das Christentum. Ging es bei dem Aufstand letztlich gegen die Verbindungen mit dem deutschen Reich? Auch hier sind sich die Historiker nicht einig. Der Widerstand gegen das System aufgebauter innerer Stabilität wurde zunehmend bedrohlicher – vor allem für »Regina Richeza«. Sie musste Polen, zum zweiten Mal, drei Jahre nach dem Tod ihres Mannes, verlassen. Jetzt endgültig. Die polnische Königin fand Zuflucht in ihrem heimatlichen Exil, dem Rheinland, später ging sie nach Saalfeld. Kasimir, ihr Sohn, verließ ebenfalls das Land, zuerst Richtung Ungarn und folgte ihr dann wenig später nach. Das so entstandene Vakuum nutzten die Nachbarvölker, vor allem die Böhmen, dazu, die großen wirtschaftlichen und geistigen Zentren – Posen und Gnesen – zu zerstören. Sie raubten den Leichnam Adalberts aus dem Dom zu Gnesen, um ihn nach Prag zu bringen. Ein Chaos nach dem Weggang der Königin, eine »Destructio Poloniae«. Mithilfe Kaiser Heinrichs III. und des Kölner Erzbischofs Hermann II., seines Onkels, aber auch des Großfürsten Jaroslaw des Weisen aus Kiew konnte Kasimir das Land wieder erobern. Er stellte das piastische Patrimonium wieder her, auch die zerstörte Kirchenorganisation in Polen – mithilfe seines Sohnes und Nachfolgers Boleslaus des Kühnen. Ohne diese Kirchenorganisation in Polen wäre ein wichtiges Fundament der neuen Ordnung der Piasten undenkbar gewesen.

Die Erneuerung Polens ist eng mit dem Namen Richeza und mit dem Namen Kasimir verbunden. Aber undenkbar, hätte es nicht eine besondere Unterstützung Kasimirs beim politischen und geistigen Wiederaufbau Polens durch die Benediktiner gegeben: Ihre Selbstlosigkeit, ihre Opferbereitschaft, ihre Klugheit, aber auch ihre Erfahrung im Aufbau gut funktionierender, hierarchisch aufgebauter Organisationen boten umfassende Orientierung für Polens kirchliche Renaissance. Die Vielzahl von Benediktinerklöstern in Polen gibt ein Zeugnis für diesen Einfluss ab.

Die Benediktiner meisterten ihre Teilhabe an der »renovatio Poloniae« auch durch den ständigen Austausch mit ihren Bruderklöstern im Rheinland: vom Rheinland nach Polen, von Polen in das Rheinland. Ganz wesentlich für die Tragfähigkeit der polnischen Reformbewegung waren dabei die Mönche aus Brauweiler, Siegburg, Köln (St. Pantaleon), vom Niederrhein, aber auch aus dem bayerischen Raum: etwa Niederalteich oder die

Abtei Münsterschwarzach. Ein meisterhaftes, sozusagen benediktinisches deutsch-polnisches Wiederaufbauprogramm von historischer Bedeutung.

☆☆☆

Richeza kam nicht mehr nach Polen zurück. Aber sie übte ihren Einfluss auf Polen von ihrer Heimat aus. Nach dem Tode ihres Bruders, Herzog Otto von Schwaben (1047), und den feierlichen Beisetzungsfeiern in Brauweiler gelobte sie ein eheloses und frommes Leben, ohne in das Kloster einzutreten. Sie erweiterte das Familienkloster in Brauweiler um eine neue, größere Abteikirche. Dafür stiftete sie viele ihrer umfangreichen Besitzungen, insbesondere in Klotten an der Mosel. 1063 starb sie in Saalfeld. Ihr Wunsch, in der Krypta der von ihr gestifteten Abtei Brauweiler neben ihrer Mutter begraben zu werden, ging nicht in Erfüllung. Der Kölner Erzbischof Anno durchkreuzte diese Sehnsucht. Richeza wurde beigesetzt in der von Anno gestifteten Kölner Kirche St. Maria ad Gradus. Diese Kirche, unmittelbar am Dom gelegen, wurde Anfang des 19. Jahrhunderts abgebrochen.

Jetzt erhielt Richeza ihre endgültige Ruhestätte, schön, beinahe unauffällig und dennoch so würdig im Hohen Dom zu Köln in der Johanneskapelle hinter dem Hochaltar – ganz in der Nähe des Schreins der Heiligen Drei Könige. Die deutsche Übersetzung der lateinischen Grabinschrift lautet: »Hier ruhen die Gebeine Richezas, der Königin von Polen, Gemahlin Mieszkos II., Mutter Kasimirs, des Erneuerers des polnischen Staates.«

☆☆☆

Zwei deutsche Herrscherinnen, die erste polnische Königin aus dem Rheinland und die ottonische deutsche Kaiserin aus

Byzanz: Beide haben zu ihrer Zeit in größeren Bezügen gedacht, östliche und westliche Kultur zusammengeführt, beide haben in Köln, dem Zentrum des Rheinlandes, der europäischsten Stadt im Mittelalter, ihre endgültige Heimat gefunden.

Literatur:

Theophanu:

G. Althoff, *Otto III.*, Darmstadt 1996

W. Bader, *Die ehemalige Benediktinerabtei Brauweiler in Pulheim bei Köln*, Köln ^{2}1976

G. Binding, *Städtebau und Heilsordnung; Künstlerische Gestaltung der Stadt Köln in der ottonischen Zeit*, Düsseldorf 1986

G. Binding, *Die Kirche St. Pantaleon und neue Erkenntnisse der zeitlichen Einordnung, Vortrag Domforum 6. Juni 2011 – anlässlich des 1020. Todestages der Kaiserin Theophanu*

J. Dhondt, *Weltbild Weltgeschichte Band 19, Das frühe Mittelalter*, Augsburg 1998

A.v. Euw/P. Schreiner, *Kaiserin Theophanu – Begegnungen des Ostens und Westens um die Wende des ersten Jahrtausends*, Band I u. II, Köln 1991

E. Eickhoff, *Kaiser Otto III. – die erste Jahrtausendwende und die Entfaltung Europas*, Stuttgart 1999

E. Eickhoff, *Theophanu und der König – Otto III. und seine Welt*, Stuttgart 1996

H. Fußbroich, *Theophanu*, Köln 1991

E. Horst, *Geliebte Theophanu*, München 1995

M. Omilanowska (Hrsg.) et al, *Tür an Tür, Polen – Deutschland, 1000 Jahre Kunst und Geschichte*, Köln 2011

P.v. Steinitz (Hrsg.), *Theophanu*, Köln 1991

Schnütgen-Museum (Hrsg.), *Vor dem Jahr 1000*, Köln 1991

P.E. Schramm, *Die Deutschen Kaiser und Könige in Bildern ihrer Zeit*, München 1983

P. Schreiner, *Byzanz*, München 1986

Stadt Mainz (Hrsg.): *Zwei Tausend Jahre Mainz*, 1962

U.S. Soénius/J. Wilhelm (Hrsg.), *Personen-Lexikon*, Köln 2008

Richeza:

Peter Schreiner, *Königin Richeza, Polen und das Rheinland – Historische Beziehungen zwischen Deutschen und Polen im 11. Jahrhundert,* Posen und Pulheim, 1996

Geschichtsverein Unkel e.V./Siegfried Jagau und Werner Mayer, 2008

T. v. Merseburg, *Chronocon,* IV

P. Schreiner/M. Tontsch, *Die Abteikirche St. Nikolaus und St. Medardus in Brauweiler,* Pulheim 1994

HELMUTH KLUGER

Rainald von Dassel (1120–1167)

Reichskanzler – Erzbischof von Köln – Erzkanzler für Italien

Der junge Mann fiel auf, sehr sogar, er fiel aus dem Rahmen. Auf einer von Papst Eugen III. 1148 zu Reims einberufenen Synode, die 18 Kanones (kirchliche Rechtsvorschriften) beschloss, stand u.a. auch auf der Tagesordnung ein allgemeines Verbot für den Klerikerstand, die Mode der Zeit mitzumachen und buntes Pelzwerk sowie hochgeschlitzte Kleidungsstücke zu tragen. Bei der Beschlussfassung dieser Vorschrift stimmten fast alle Synodenteilnehmer zu, allein *Raginaldus de Hildenesham et alii Teutones* (Rainald von Hildesheim und andere Deutsche) widersprachen auf das Heftigste.

Dieser Protest erlaubt einen unmittelbaren Einblick in die Kleiderordnung der Zeit, in der Kleidung ganz allgemein herrschaftlich geprägt erscheint. Der Standesunterschied zwischen Bauern, Bürgern und Adligen dokumentierte sich bereits äußerlich durch klare Abstufungen in der Qualität der Stoffe und ihrer Farbigkeit. So durfte die ländliche Bevölkerung durchweg nur billige, graue Tuche zur Kleiderherstellung verwenden.

Wir dürfen uns also nicht vorstellen, dass Angehörige des geistlichen Standes – Rainald war damals Domherr, vielleicht auch bereits Dompropst von Hildesheim – demutsvoll in geringer Kleidung gingen. Selbstbewusste Adelssöhne ließen nicht von eingefleischten Gewohnheiten.

Die von dem Zisterzienserpapst Eugen III. und seinem Mentor Bernhard von Clairvaux rigoros verlangte Schlichtheit im Äußeren stellte demzufolge für den Hildesheimer Rainald eine glatte gesellschaftliche Degradierung dar. Noch vier Jahre später beklagte sich Bernhard beim Papst: »Doch nun blicke auf und sieh, ob nicht farbige Pelzverzierungen ebenso wie früher den heiligen Stand verunzieren, ob der riesige Kleiderschlitz nicht ebenso wie früher beinahe die Genitalien entblößt«.

☆☆☆

Niemand außer Lokalhistorikern würde das Grafenhaus der von Dassel in der Diözese Hildesheim kennen, wenn es nicht diesen einen nachgeborenen Sohn Rainald hervorgebracht hätte. Der Vater, Reinold, ist erstmals 1126 als »von Dassel« bezeugt und hatte drei namentlich bekannte Kinder: Ludolf, Rainald und Gepa. Ludolf erbte als Ältester den Stammsitz in Dassel (gelegen am östl. Rand des Solling, nördl. von Göttingen), Rainald wurde als zweitgeborener Adelssohn, wie damals üblich, für eine kirchliche Karriere bestimmt, und die Tochter Gepa ist wahrscheinlich Äbtissin des Ursulinenstifts in Köln geworden. Um 1120 geboren, gehörte Rainald der Generation seines späteren Königs und Kaisers Friedrich Barbarossa (1152–1190) an, mit dessen Herrschaftsantritt 1152 eine neue, dynamische Politik Einzug hielt. Seine Ausbildung, Grundlage seines später viele Zeitgenossen erstaunenden Scharfsinns und Kenntnisreichtums, erhielt er in der Hildesheimer Domschule zu Zeiten des hochgebildeten Bischofs Bernhard etwa ab 1130. Domschule und Bibliothek galten zur damaligen Zeit als herausragend. Man erkannte offensichtlich sein Talent. Enge Kontakte zur Schule von Paris ebneten dem Grafensohn wohl – genau weiß man es nicht – den Weg zu einem »Auslandsstudium« daselbst.

Nach Hildesheim zu seiner Mutterkirche zurückgekehrt, lässt sich ein rascher Aufstieg und eine zunehmende personelle Vernetzung Rainalds beobachten. 1146 erscheint er im Amt eines Cellerars – zuständig für die wirtschaftlichen Belange des Domkapitels. Noch im gleichen Jahr reiste er wahrscheinlich an die Kurie nach Viterbo, wo er mit dem einflussreichen Ratgeber König Konrads III., Abt Wibald von Stablo, und dem Hildesheimer Dompropst Konrad von Babenberg, dem Bruder des bedeutenden Chronisten der frühen Stauferzeit, Otto von Freising, zusammentraf. Konrad von Babenberg war aber auch der Halbbruder des ersten staufischen Königs Konrad III. (1138–1152); über ihn könnte Rainald erste Kontakte zu den maßgeblichen Persönlichkeiten der politischen Elite geknüpft haben.

So muss man das Jahr 1146 in Rainalds Biographie als einen ersten Markstein hin zu einem weiter gespannten Bogen im Netzwerk des Reiches bewerten. Dem entspricht eine geradezu ausufernde Ausübung der Würde eines Stiftpropstes ab dem Jahre 1148 bis etwa 1160: Dompropst in Hildesheim, ebendort Propst des St.-Moritz-Stifts – für die Stadt Hildesheim machte er Schenkungen, stiftete das Johanneshospital und errichtete eine steinerne Brücke über die Innerste –, Propst von St. Peter in Goslar, Dompropst in Münster, Propst von St. Servatius in Maastricht und Propst von St. Victor in Xanten. Damit verbunden war ein entsprechendes kumuliertes Einkommen. Schon hier ist ein säkularer Zug in der Amtsführung Rainalds zu beobachten, der ins Auge sticht. Dem Propst nämlich oblag die Verwaltung der Güter, ein eher ökonomisches, weniger ein spirituelles Amt. Er sollte eigentlich die höheren Weihen haben, die Rainald aber auffälligerweise noch viele Jahre hinauszögerte. Diese Einstellung entspringt einem Umbruch hin zu einer adlig-höfisch geprägten Geistlichkeit.

Auf seinem traditionellen Königsumritt stellte der neue König Friedrich Barbarossa in Goslar im Mai 1152 eine Urkunde aus, in der als Zeugen die Männer auftauchen, die in den nächsten Jahren die Politik des Staufers maßgeblich mitbestimmen sollten. Darunter befand sich auch Rainald, der offenkundig bereits zu einer Art Kernmannschaft, einer Aktionsgemeinschaft gehörte, die von Anfang an gemeinsame Ziele verfolgte. Sein Ehrgeiz lag nun in der großen Politik im Dunstkreis des königlichen Hofes. Unter diesem Blickwinkel muss man wohl seinen Verzicht auf das Amt des Bischofs bei der Neubesetzung des Hildesheimer Stuhles im Jahre 1153 sehen. Welch ambitioniertes Streben tut sich hier auf, das Heimatbistum, das ihn genährt und gelehrt hatte, auszuschlagen!

☆☆☆

Die frühen Herrscherjahre Friedrich Barbarossas waren geprägt durch das rastlose Bemühen, dem Reich nach innen und außen Frieden, Stabilität und Größe zu verschaffen. In großer Eile bemühte sich der Staufer, in Rom vom englischen Papst Hadrian IV. die Kaiserkrönung und ein Einvernehmen mit seinen politischen Zielsetzungen zu erlangen. Nach dem 1153 in Konstanz geschlossenen Vertrag mit dem Papsttum schien dies die logische Konsequenz zu sein, aber nach der im Juni 1155 erlangten Kaiserkrone trübten sich die Beziehungen der beiden Universalgewalten immer mehr ein. Mit der päpstlichen Anerkennung der normannischen Herrschaft 1156 in Süditalien war der Konstanzer Vertrag gebrochen. In diesem Krisenjahr 1156 holte der Herrscher Rainald von Dassel an den Kaiserhof – entscheidend war wohl der Aufenthalt Barbarossas am Osterfest 1156 in Münster, wo Rainald Dompropst war – und machte ihn zum *cancellarius*, zum Kanzler des Reiches, ein Amt, das einen politisch erfahrenen, hochgebildeten Berater des Monarchen erforderte. Auch die Interpretation und Bearbeitung der politischen Korrespondenz ging durch des Kanzlers Hände, verbunden mit der Oberaufsicht über die Ausfertigung der Urkunden. Mit der Verleihung dieses Amtes, so muss man konstatieren, war Rainald der Eintritt in die hohe Politik gelungen. Gleichzeitig band er ab sofort all sein Sinnen und Trachten an das Handeln seines kaiserlichen Herrn.

Rainalds Handschrift im Amt des Kanzlers, so hat die Forschung ermitteln können, ist schon bald erkennbar. Nach der »Umkehr der Allianzen« in der auswärtigen Politik des Reiches – der Staufer ging nach seiner Kaiserkrönung auf Distanz zum byzantinischen Kaiser Manuel und betonte seine Gleichrangigkeit sowie gegenüber dem Papsttum die Unabhängigkeit des kaiserlichen Amtes – wurde in die Urkundenausfertigung eine hochbedeutsame Formel eingeführt, die eine abstrakte, eigene Wertigkeit des Kaiserreichs ausdrücken sollte. Das Reich wurde »heilig«, es wurde zum *sacrum imperium*. Motor dieser Entwicklung, die man sich natürlich in enger Abstimmung mit Barbarossa vorstellen muss, war zuvorderst Rainald von Dassel. Im Wettlauf mit der Papstkirche um die Führungsrolle in der Christenheit wurde der *sancta ecclesia* mit Sitz in Rom das *sacrum imperium* gleichgewichtig zur Seite gesetzt. Dessen Inhaber konnte ebenfalls Rom als zentralen Ort seiner Kaiserherrschaft in Anspruch nehmen. Damit wurde unmissverständlich der vielzitierte *honor* des Kaisers eingefordert, die unantastbare »Ehre« der kaiserlichen Majestät, deren größter und eifrigster Propagator nun der Kanzler Rainald wurde.

Seine in raschem Zugriff erlangte Spitzenstellung im Umkreis des Kaisers erhellt insbesondere der dramatische Vorfall auf dem Hoftag im burgundischen Besançon im Oktober 1157. Dort erschienen als Abgesandte des Papstes zwei Kardinallegaten, die Barbarossa die Gefangennahme des dänischen Erzbischofs Eskil von Lund vorwarfen und eine umfassende Visitation im Reich durchführen wollten. Sie führten ein päpstliches Schreiben mit sich, in dem das Wahrzeichen der Kaiserherrschaft, die Kaiserkrone, als ein vom Papst vergebenes *beneficium* bezeichnet wurde. Sofort trat Rainald auf den Plan und übersetzte diesen schillernden Begriff mit »Lehen« (*feudum*). Das löste einen gefährlichen Tumult aus. Einer der Legaten soll sogar ausgerufen haben: »Von wem hat er denn das Kaisertum, wenn nicht vom

Herrn Papst?« Die intuitive Übersetzung Rainalds trifft wahrscheinlich den Kern, obwohl andere ihn hier auch als bewussten Scharfmacher einschätzen. »Lehen« aber hieße, der Papst hätte den Kaiser durch den Akt der Krönung zu seinem Lehnsmann gemacht. Wahrscheinlich ist die fragliche Stelle bewusst doppeldeutig – gewissermaßen als Versuchsballon – formuliert worden. Die päpstliche Seite signalisierte im Jahr darauf einlenkend, mit *beneficium* sei »Wohltat« gemeint gewesen, was die Angelegenheit vorerst einigermaßen entspannte. Gleichwohl sehen wir hier Rainald in vorderster Front, die Unabhängigkeit und Eigenständigkeit des kaiserlichen Amtes mit äußerster Empfindlichkeit gegenüber römischen Ansprüchen auf Superiorität zu betonen!

☆☆☆

Das Jahr 1158 brachte eine deutliche Schwerpunktverlagerung von Rainalds Tätigkeit Richtung Oberitalien mit sich. Der Kaiser bereitete einen Feldzug gegen die Lombardenmetropole Mailand vor, die in seinen Augen die Reichsrechte nicht genügend achtete und seine »Ehre« schmälerte. Er schickte daher seinen Kanzler zusammen mit dem bayerischen Pfalzgrafen Otto von Wittelsbach als seine Reichslegaten voraus. Ihr energisches Auftreten in einem Gebiet, das als Reichsitalien nominell der deutschen Krone seit Otto dem Großen zugeordnet war, veranlasste die Städte Verona, Mantua, Cremona, Reggio, Bologna, Ravenna, Rimini, Ancona und Modena auf die Seite Barbarossas zu treten. Bei der großen Heerschau in Roncaglia im November, aus deren Anlass wichtige Gesetze zur Wiederherstellung und Durchsetzung des kaiserlichen Herrschaftsanspruchs über Italien beschlossen wurden, war Rainald anwesend. Anschließend bereiste er mit Otto von Wittelsbach erneut die oberitalienische Städtelandschaft, um die Ronkalischen Gesetze zu verkünden und ihre sofortige Beachtung anzumahnen. Dabei stieß er im selbstbewussten und stolzen Mailand, das die Einsetzung eines kaiserlichen Podestà als unzumutbar empfand, auf solch heftige Ablehnung, dass er sich nur mit Mühe vor der dortigen Volkswut retten konnte. Ein namentlich unbekannter Mailänder Bürger berichtet uns, wie die aufgebrachten Einheimischen Barbarossas Kanzler im Garten von Sant'Ambrogio bedrängten: *Er gab ihnen gute Worte, sprach aber lügnerisch.* Und weiter: *Von diesem Tag an bemühte der genannte Kanzler sich leidenschaftlicher und mit größter Anstrengung, Mailand zu zerstören.* Es war ein erstes Signal einer dauerhaften gegenseitigen Abneigung!

Auf jeden Fall fiel Rainald in den zahlreich besuchten Städten auf, und so sind eine Reihe gleichzeitiger, positiver Zeugnisse über sein Äußeres, seinen Charakter, seine Bildung, seine geistigen Fähigkeiten und seine hohe Bedeutung für die kaiserliche Politik überliefert. Der Chronist Acerbus Morena aus Lodi hat uns aus eigener Anschauung eine Beschreibung der äußeren und inneren Vorzüge Rainalds überliefert: »... (er) war von mittlerer Größe und kräftig; er hatte ein schönes Angesicht von (frischer) Farbe; seine Glieder waren wohlgestaltet und von angemessener Länge, sein Haar war dicht und fast blond; er war beredt und bestens gebildet, wortgewandt, vorsichtig und sehr scharfsinnig, äußerst begierig, die Ehre des Kaisers zu erhöhen (*ad sublimandum imperatoris honorem cupidissimus*) und zwar so sehr, dass der Kaiser auf niemandes Rat mehr gab als auf seinen; ebenso war er freigebig, heiter, leutselig, hochherzig, ertrug sehr geduldig Strapazen, und durch seinen Scharfsinn und sein Werk ist die Herrlichkeit des Kaisertums außerordentlich erhöht worden«. Solche Schilderungen finden sich im Mittelalter höchst selten und es ist charakteristisch, dass sie in diesem Fall in der Nachfolge altrömischer Tradition auf italienischem Boden formuliert worden sind.

Gegen Ende des Jahres 1158 war der aus dem bergischen Grafenhaus stammende Kölner Erzbischof Friedrich II. auf italienischem Boden bei Pavia gestorben. Die Neubesetzung erforderte die besondere Aufmerksamkeit des Kaisers, war doch mit dem Kölner Erzstuhl eine Herzogsherrschaft sowie die Erzkanzlerwürde für Italien verbunden. Diese geistlich-weltliche Doppelgewalt der Kölner Erzbischöfe verlängerte die Lehnsbindung des rheinischen Adels über den Metropoliten hin zum König. Die zunehmende Bedeutung des italienischen Politikfeldes im Spektrum staufischer Unternehmungen ließ wohl bei Friedrich Barbarossa den Entschluss reifen, dieses Amt könne allein sein Kanzler Rainald übernehmen. Er forderte daher das Kölner Domkapitel, dem die Wahl eines neuen Bischofs zukam, auf, Rainald zum Metropoliten zu wählen. Die Wahl geschah in Abwesenheit des Kandidaten im Mai/Juni 1159. Bereits im Juli investierte der Kaiser bei Mailand Rainald mit den Regalien, d.h. er verlieh ihm die weltlichen (säkularen) Rechte über das Erzbistum Köln. Hinfort führte Rainald den Titel eines Elekten von Köln, eines Gewählten, der aber noch keine Priesterweihe, geschweige denn eine Bischofsweihe vorweisen konnte. Dieser bemerkenswerte Zustand sollte sechs Jahre andauern.

Wie eine Duplizität der Ereignisse erscheint es, dass kurz darauf in Rom ebenfalls eine Wahl anstand, die jahrelange, erhebliche Konsequenzen für das Verhältnis von Kaisertum und Papsttum haben sollte. Der Tod des bis heute einzigen Papstes englischer Herkunft, Hadrians IV., spaltete das Kardinalskollegium in eine stauferfreundliche und eine normannenfreundliche Partei. Eine zweifache Wahl brachte der Kirche ein Schisma, eine Spaltung, die 18 Jahre währen sollte. Mit der Entscheidung der Reichsspitze, Oktavian von Monticelli als allein rechtmäßigen Papst anzuerkennen (er nannte sich Victor IV.), das Haupt der sizilischen Partei aber, Roland Bandinelli, der sich den Namen Alexander III. zulegte, als Usurpator zu verwerfen, wurde ein folgenschwerer Weg beschritten. Rainald ist diesen Weg bis zu seinem Lebensende mitgegangen, hat ihn propagiert und kompromisslos vertreten. Für Friedrich Barbarossa und Rainald bedeutete der unbeugsame Anspruch Alexanders, der sich von niemandem in der Welt richten lassen wollte, dieses *Rolandus scismaticus* (Roland der Abtrünnige, d.h. er wurde verächtlich mit seinem alten Namen, nicht seinem Papstnamen tituliert), der, wie es in einer Barbarossa-Urkunde heißt »durch eine Verschwörung die Einheit von Kaisertum und Papsttum zum Schaden unserer Krone aufzuspalten sucht«, zugleich einen unerhörten Angriff auf die Grundlagen kaiserlicher Herrschaft. »Wer auch immer unserem Vater, dem Papst Victor, widerspricht«, so schrieb der Kaiser im Frühjahr 1160 nach Halberstadt, »der stört die Geborgenheit des kirchlichen Friedens und kann in keiner Weise ein Freund des Kaisers sein«.

Noch vor dem Ausbruch des Schismas hatte sich Rainald nach Köln aufgemacht, um sein Erzbistum in Besitz zu nehmen und mit seinem nunmehrigen Domkapitel, den Prioren, den Vasallen des Erzstifts, den Adligen der Kölner Diözese und den erzbischöflichen Beamten Kontakt aufzunehmen. Auch versuchte er sofort, die wirtschaftliche Lage der erzbischöflichen Höfe durch die Berufung von Laienbrüdern der Zisterzienserabteien Camp und Altenberg zu verbessern. Er war nun Metropolit über fünf Suffraganbistümer (Lüttich, Minden, Münster, Osnabrück und Utrecht) und liturgisches Haupt einer Bischofskirche, die das Patronat des heiligen Petrus zierte. Nur kurze Zeit konnte er bleiben – von seinen acht Amtsjahren hat er sich nur ein gutes Jahr in seinem Erzstift aufgehalten! –, dann führte er dem Kaiser 300 Ritter zu und ist im Oktober bei der Belagerung Cremas in einem Diplom Barbarossas bereits wieder in der Lombardei bezeugt. Sodann sollte auf einer vom Kaiser einberufenen Synode zu Pavia im Februar 1160 die Frage des rechtmäßigen Papstes geklärt werden. Auch Rainald nahm teil und drängte auf die Anerkennung Victors IV. Da Alexander sich dem Urteil einer solchen Versammlung konsequenterweise nicht unterwerfen wollte, bestätigte man schließlich den Papst von Barbarossas Gnaden, während über Alexander als Reichsfeind und Schismatiker der Kirchenbann ausgesprochen wurde. Im Gegenzug wurden der Kaiser und Victor IV. von Alexander exkommuniziert. Wie sehr Rainald in die Rolle des »Chefdiplomaten« hineingewachsen war, zeigte sich an seiner Reisetätigkeit nach der Synode: Er machte sich zum französischen König Ludwig VII. auf, um ihm die Beschlüsse von Pavia zu überbringen, konnte ihn aber nicht zu einem Anschluss an Victor bewegen. Danach reiste er weiter zu König Heinrich II. von England in die Normandie, dem er immerhin einen Aufschub in der Anerkennungsfrage abzuhandeln vermochte.

Der rastlose Kaiserbote begab sich anschließend nach Deutschland, wo er als kaiserlicher Legat – Vorbild war das päpstliche Legatenwesen – auftrat, d.h. anstelle des Kaisers und mit seiner vollen Amtsautorität handelte, Streitfragen entschied und auf einem Tag zu Erfurt von den Fürsten verlangte, Barbarossa weitere Kämpfer für den italienischen Kriegsschauplatz zuzuführen. Auch über Köln führte ihn sein Weg, von dort brach er mit mehr als 500 Rittern nach Mailand auf. Was wir bei all diesen hochpolitischen Aktivitäten feststellen können, ist die fast vollständige Absenz religiös-kirchlicher Akte, die man von einem Erzbischof erwarten würde.

☆☆☆

Friedrich Barbarossa und seine engste Entourage auf italienischem Boden, allen voran Rainald von Dassel und Otto von Wittelsbach, haben die Grundlagen und inneren Verhältnisse der oberitalienischen Städtewelt zeitlebens nicht verstehen können. Das Denken Friedrichs und seiner Umgebung war auf Herrschaft ausgerichtet, nicht auf Duldung eines freien Wettbewerbs unabhängiger Kommunen und Handelsgesellschaften. Jederzeit und ohne Rücksicht auf gewachsene Strukturen behielt man sich vor, allein zum eigenen Nutzen und zur Befriedigung der Geldbedürfnisse des Kaiserhofs dirigistisch in Geschäftsleben und Selbstverwaltung der Kommunen einzugreifen. Die Umwelt des Staufers war maßgeblich vom Rittertum und vom hohen Klerus bestimmt. Sie beruhte auf einer agrarischen Lebensordnung, die von den Höfen der Fürsten und nicht von den Städten gesteuert wurde.

Das Ziel aller militärischen Anstrengungen sollte die Installierung eines Regierungssystems sein, das auf dem Gedanken der Fremdherrschaft in einem eroberten Land basierte. Im Zentrum allen Widerstandes sehen wir das reiche und mächtige Mailand, das in die Knie gezwungen werden sollte. Im Frühjahr 1162 boten nach langer Belagerung die Mailänder unter gewissen Zusagen ihre Unterwerfung an, aber Rainald riet dem Kaiser, auf bedingungsloser Kapitulation zu bestehen. Am 6. März zu Lodi diktierte Rainald die Bedingungen der Unterwerfung; um Gnade flehend und sich demütigend zogen die besiegten Städter vor den Kaiser. Der kaiserliche Notar Burchard, unser wichtigster Gewährsmann für diese Ereignisse, schrieb in einem Brief an den Abt Nikolaus von Siegburg über Rainald: »Und wisset, dass er Anfang, Mitte und Ende der Ehre des Kaisers ist. Deshalb muss dafür gebetet werden, dass der Herr ihn bewahrt und belebt und glücklich macht auf Erden und ihn nicht in die Hand seiner Feinde fallen lässt«.

Nach dem Triumph über Mailand schien der Staufer alle politischen Trümpfe in seiner Hand zu halten. Am Osterfest feierte er in vollem Glanze den Sieg über die mächtige Lombardenmetropole, deren Schicksal viele Städte bewegte, Verträge mit dem Kaiser zu schließen. Voller Tatendrang beeilte sich Rainald, der Erzkanzler für Italien, Kommunen wie Ravenna, Cremona, Genua, Pisa und Lucca durch Abkommen an die staufische Sache zu binden. In Lucca beispielsweise nahm er den Konsuln persönlich den Eid auf den Herrscher ab, ein Vorgang, den Barbarossa nachträglich in einem Diplom bestätigte. Achtmal wird hierin der Tätigkeit Rainalds gedacht, zweimal die auffällige Formulierung gebraucht, der Eidnehmer verpflichte sich, alle Abmachungen zu erfüllen, es sei denn, es werde etwas »auf Geheiß des Herrn Kaisers oder des Herrn Erzkanzlers« erlassen.

☆☆☆

Oberstes Ziel für die auswärtige Politik des staufischen Hofes aber war und blieb die Einbeziehung Frankreichs und Englands in die Obödienz des Barbarossapapstes Victor IV. Zu diesem Zweck wurde eine große Synode an der burgundischen Reichsgrenze bei St-Jean-de-Losne festgesetzt. Das Treffen aber scheiterte und hatte eine separate Veranstaltung auf deutscher Seite zur Folge, eine Mischung aus Hoftag und Synode, die Victor IV. feierlich und endgültig zum rechtmäßigen Papst erklärte. Hier ergriff Rainald das Wort und betonte, fast kaiserlicher als der Kaiser selbst, dass es allein in die Kompetenz des Kaisers falle, über die Besetzung des Papstamtes zu entscheiden, da der Papst Bischof von Rom und Rom eine Stadt des Imperiums sei. Die auswärtigen Könige – die *reges provinciarum* (»Provinzkönige«!) – hätten nur das Recht, beratend an einem solchen Kolloquium teilzunehmen. Mit einer solchen Ansicht wäre mit einem Federstrich der Kern der Kirchenreform der letzten 100 Jahre liquidiert worden! Ausgang und Ergebnis der Ereignisse von St-Jean-de-Losne wurden als diplomatische Niederlage Friedrichs und Rainalds interpretiert, denn es misslang gründlich, die Einheit der Kirche wiederherzustellen.

In eine neue Phase trat die Kirchenspaltung mit dem Tod Victors IV. im April 1164 in Lucca ein. Rainald war im vergangenen Jahr damit beschäftigt gewesen, in Ober- und Mittelitalien eine systematische staufische Reichsverwaltung zu organisieren, er hatte alexandrinische Bischöfe in einigen Städten abgesetzt und sie durch victorinisch gesinnte ersetzt und war überall *auctoritate Dei et nostri* (mit der Autorität Gottes und der Unsrigen) aufgetreten. So stellte er am 5. April 1164 als »Elekt der Kölner Kirche, Erzkanzler Italiens und Legat der kaiserlichen Majestät« in Sarzana (Ligurien) eine Urkunde aus, die sechs Bischöfe und weitere geistliche und weltliche Würdenträger aus Deutschland und Italien als Zeugen nennt. Besiegelt wurde die Urkunde mit einem singulären Siegeltyp. Unter Verwendung einer antiken Gemme, die einen vierflügeligen Greifen zeigt, liest man die Umschrift »Reinald, des Kaisers der Römer Kanzler«. Ähnliche Kanzlersiegel sind sonst erst aus dem 13. Jahrhundert bekannt, vielleicht aber ist das Löwensiegel Herzog Heinrichs des Löwen ein vergleichbares Stück. Fünfzehn Tage nach Ausstellung dieses Diploms starb der erste Barbarossapapst Victor IV. im nahen Lucca. Rainald eilte auf die Todesnachricht dorthin und veranlasste die Wahl des Kardinalpriesters Guido von Crema zum neuen Papst, der den Namen Paschalis III. annahm. Bezeichnend für die entstandene kirchenrechtliche Situation ist der Vollzug der für das Papstamt unerlässlichen Bischofsweihe durch Bischof Heinrich von Lüttich, einen zum Erzbistum Köln gehörenden Diözesanbischof. Rainald selbst konnte die Konsekration mangels eigener Bischofsweihe nicht vornehmen! Das rasche und energische Eingreifen des Erzkanzlers in Lucca aber lag in seiner absoluten Amtsautorität begründet, mit der er überall auf seinen Legationsreisen auftrat. Der Kaiser kämpfte um diese Zeit in Pavia mit Malariaschüben und war handlungsunfähig. In dieser Situation hat Rainald es als unbedingt notwendig erachtet, das victorinische Papsttum fortzusetzen. Anderslautende Nachrichten von alexandrinischer Seite, Barbarossa habe in diesen Tagen ernsthaft an die Anerkennung Alexanders gedacht und Rainald ob seiner Handlungsweise heftige Vorwürfe gemacht, sind wenig glaubwürdig. Im Verständnis des für Italien zuständigen Erzkanzlers handelte in solchen Situationen der abwesende Kaiser gleichsam durch ihn selbst, und dieser hat im Nachhinein sein Vorgehen auch gutgeheißen.

☆☆☆

Auf immer aber wird der Name des gebürtigen Sachsen Rainald von Dassel mit der Überführung der Gebeine der Heiligen Drei Könige in die rheinische Metropole Köln verbunden bleiben. Seine denkwürdigste Tat hat er zum Ruhme und ewigen Gedenken für die Stadt seines erzbischöflichen Sitzes, für seine Kathedrale, vollbracht. Nur sechs Wochen nach den Geschehnissen in Lucca nämlich, und dies belegt die nahtlose Übereinstimmung mit dem Stauferherrscher, gewährte der Kaiser Rainald in Anbetracht seiner herausragenden Verdienste eine große Landschenkung beiderseits des Ticino nordwestlich von Mailand (die Originalausfertigung im Historischen Archiv der Stadt Köln hat hoffentlich den Einsturz überlebt!). Zwei Tage später, am 11. Juni 1164, »nahm Rainald ... die Körper der heiligen Märtyrer Nabor und Felix und des heiligen Bekenners [Martinus?] weg, wie gesagt wurde, sowie drei andere Körper, die in einem Sarkophag in der Kirche des heiligen Eustorgius beigesetzt waren und von denen man behauptete, es seien die der drei Magier, und schaffte sie nach Köln fort«. Die Nachricht stammt von einem unbekannten Mailänder Bürger. Am nächsten Tag, dem 12. Juni, war Rainald mit seiner kostbaren Fracht bereits in Vercelli und sandte den Kölnern einen jubelnden Brief, in dem die Reihenfolge der mitgeführten Reliquien vertauscht erscheint: zunächst erwähnt er die Körper der »drei heiligen Magier und Könige«, dann die der »allerheiligsten Märtyrer Nabor und Felix«. Dies sind die authentischsten und glaubwürdigsten Informationen über den Vorgang. Alle Nachrichten über den wohl um die Mitte des 4. Jahrhunderts in Mailand amtierenden Bischof Eustorgius, der angeblich die Magierreliquien von Konstantinopel nach Mailand gebracht haben soll, sind nachweislich erst nach der Überführung nach Köln entstanden, ja geradezu durch diese wohl initiiert worden.

Der Reiseweg der kostbaren Fracht nach Köln ist uns nur undeutlich überliefert, was auch mit der Gefahr zu tun haben mag, der sich Rainald im Grenzgebiet zwischen Burgund und Frankreich ausgesetzt sah. Über Turin und den Mont Cenis zog er zunächst bis nach Vienne an die Rhone, wo er eine Versammlung der burgundischen Erzbischöfe leitete, die er mit wenig Erfolg auf den neuen Barbarossa-Papst Paschalis III. zu verpflichten suchte. Die angespannte, ja gefährliche Reisesituation erhellt ein Brief Papst Alexanders III. an Erzbischof Heinrich von Reims vom 6. Juli 1164. Dieser sollte unbedingt Rainald den Weg versperren und gefangen nehmen, »jenen Urheber und das Haupt der Verwirrung der Kirche«. Diese Bemerkung zielte auf die Rolle des Kölners im Papstschisma seit 1159 ab, nicht aber auf den Raub der Magierreliquien. Vermutet wird allgemein, dass Rainald den Weg über Hochburgund und die burgundische Pforte an den Rhein genommen hat. Erstaunlich schnell, nur sechs Wochen nach dem Abtransport, traf Rainald mit seiner Reliquienfracht am 23. Juli vor seiner Bischofsstadt ein. Als sich der Zug der Stadt näherte, kamen ihm Klerus und Volk voller Freude entgegen. In einer großen Prozession zogen sie unter Hymnen und Gesängen zur Kirche des heiligen Petrus (d.h. zum Dom), wo die Reliquien fortan ihren Platz erhielten. Der Eindruck von diesen Geschehnissen auf die Zeitgenossen war ungeheuer groß. Kaum eine Chronik der Zeit, die uns die Meldung von der wundersamen Übertragung vorenthalten hätte. Köln wurde nun endgültig zum »heiligen Köln« und der bedeutendste Wallfahrtsort Mitteleuropas. Im Mittelpunkt des Ganzen stand dabei eindeutig die exzeptionelle Persönlichkeit

Rainalds von Dassel. Als Kanzler hatte er das Reich geheiligt, nunmehr verliehen die zu Königen beförderten Magier der Kölner Kirche und ihrem Metropoliten einen maßgeblichen Schub, das Kölner Recht auf die Krönung des Königs in Aachen noch einmal erheblich zu festigen. Und schließlich stellte die Erhebung der Gebeine Karls des Großen gegen Ende des folgenden Jahres und seine Kanonisierung durch Papst Paschalis III. im Metropolitansprengel Rainalds eine spektakuläre religiös-politische Demonstration dar, die ausdrücklich die Position von Kaiser und Reich stärken sollte: Heiliges Reich – Heilige Drei Könige – heiliger Kaiser Karl, ein Dreiklang, dessen Tongeber Rainald von Dassel war.

Eine andere Frage, die die Glaubensebene und fromme Verehrungsbereitschaft der im wenig später angefertigten goldenen Schrein des Nikolaus von Verdun gehüteten Gebeine der Magier-Könige verlässt, ist die nach ihrer Authentizität. Hierzu gab ein stadtbekannter Domführer einer Besucherin einmal die prägnante Auskunft: »En Kölle weed jejläuv, nit jefroch«!

Gleichwohl dürften folgende Beobachtungen von Interesse sein: Die beste Quelle, der anonyme Mailänder Zeitgenosse, der sogar das genaue Datum des Reliquienraubs festgehalten hat, führt zunächst den Abtransport der heiligen Märtyrer Nabor und Felix und eines heiligen Bekenners [Martinus?] an. Felix und Nabor erlitten unter Diokletian um 304 den Märtyrertod. Der damalige Mailänder Bischof Maternus soll für ihre Bestattung in Mailand und ihren Reliquienkult sich große Verdienste erworben haben. Dieser Zusammenhang ist uns klar erkennbar in einer Seitenkapelle von Sant'Ambrogio in Mailand, dem Sacello di San Vittore in Ciel d'Oro, überliefert. Die dortigen spätantiken Mosaiken, um 470 entstanden, zeigen u.a. Felix, Maternus und Nabor in einer Reihe neben bzw. zwischen zwei Fenstern. Es könnte mithin Rainald als dritten authentischen Körper den Mailänder *confessor* (Bekenner) Maternus (der unsinnige »Martinus« der handschriftlichen Überlieferung) mitzunehmen geplant haben. Der Name Maternus hätte dabei leicht die Erinnerung an den Kölner Maternus, den ersten in der hiesigen Bischofsreihe, hervorrufen können. Dazu ist es wohl nicht gekommen, aber um die wichtige Dreizahl aufrechtzuerhalten, wurden zu einem unbekannten Zeitpunkt die sterblichen Überreste des ebenfalls diokletianischen Märtyrers Gregor von Spoleto, die seit dem 10. Jahrhundert im Besitz der Kölner Kirche waren, in den Schrein des Nikolaus von Verdun gelegt. Auffällig ist, wie kritisch das Mailänder Zeugnis die Echtheit der Königsreliquien bewertet, von denen man »behauptete, es seien die der drei Magier«. Die Kirche des heiligen Eustorgius und den Sarkophag als Aufbewahrungsort nennt er allerdings ebenso präzise. Eine irgendwie geartete Verehrung der Magier-Könige vor ihrem Abtransport ist in Mailand jedoch nicht nachweisbar. Bei den mehrfachen Umbettungen durch die Zeitläufte ist eine strenge Sonderung der Königs- von den Märtyrerreliquien im Inneren des Schreins in Köln zudem heute nicht mehr gegeben, doch werden die Häupter der Magier hinter dem gitterförmigen Trapez an der Stirnseite weiterhin gesondert auf dem »Häupterbrett« aufbewahrt. Bei dem aufgezeigten Sachbefund muss man wohl zu dem Schluss kommen, dass die antiken Reliquien von Felix, Nabor und Gregor von Spoleto, die in ihrer auffälligen Dreizahl, ihrer Verehrung und im Wissen um ihre Niederlegung im Goldschrein im Laufe der Jahrhunderte fast völlig hinter den blühenden Kult der Heiligen Drei Könige zurückzutreten hatten, von Anfang an die Legitimität und Authentizität der Magiergebeine stützen und schützen sollten. So gesehen muss Rainald, und um die Rekonstruktion seines Handlungshorizontes geht es hier, als Kultstifter und, in des Wortsinns schillernder Bedeutung, als »Königsmacher« angesehen werden. Dabei leitete ihn wohl weniger ein neuzeitlich anmutender Pragmatismus als eine untrennbare Mixtur aus freudiger Verehrungsbereitschaft und politischem Kalkül. Den genialen Blick für diesen rundum gelungenen Coup aber wird ihm niemand absprechen können. Er zeugt, wie so viele Initiativen, von dem ungemein beweglichen und schöpferischen Geist Rainalds.

☆☆☆

Man mag kaum glauben, dass dieser Mann neben den großräumigen, europäischen Unternehmungen noch Zeit fand, beinahe mit leichter Hand und nebenher auch in seinem Kölner Umfeld wegweisende Akzente zu setzen. So ließ Rainald an der Südseite des romanischen Kölner Doms einen großen Bischofspalast mit mehreren Kapellen errichten, etwa 80 m lang und 18 m breit, der zu den großartigsten Profanbauten des 12. Jahrhunderts zählte. Der kolossale Bau muss in wenigen Jahren vorangetrieben worden sein. Sein Aussehen ist uns, kurz vor seinem Abriss wegen Baufälligkeit, aus dem Skizzenbuch des J. Vinckenboom um das Jahr 1660 bekannt. Außerdem ließ er am Dom zwei neue Türme bauen und zehn Turmknäufe vergolden. Der Plan einer steinernen Brücke über den Rhein auf die Deutzer Seite scheiterte wegen seines baldigen Todes.

Der Kölner Hof war Kristallisationspunkt der Erzdiözese und des Herzogtums zugleich. Verfassungsgeschichtlich lässt sich gerade um die Zeit Rainalds und Heinrichs des Löwen beobachten, wie die hohe Auffassung vom Fürstenamt des Kaisers auf ihr eigenes Fürstenverständnis, sei es geistlicher oder weltlicher Natur, abfärbte. Die Entwicklung strebte unterhalb der Ebene der Königsherrschaft hin zum Ausbau einer von festen Grenzen umschlossenen Landesherrschaft und schuf einen Fürstentyp, der selbstbewusst als Herrscher seinem Lehnshof und seinen Ministerialen gegenübertrat. Bezeichnend für diese Entwicklung ist das um 1165 aufgeschriebene längere Kölner Dienstrecht. Es sollte das Verhältnis der erzbischöflichen Dienstleute

(Ministerialen) zu ihrem Dienstherrn regeln. Betont werden bestimmte Dienstverpflichtungen innerhalb der Grenzen der Bischofsherrschaft. In Abschnitt 11 wurde dem Dienstherrn aufgegeben, zu Weihnachten, Ostern und an Petri Kettenfeier (= 1. August) 30 Ritter aus seiner Hausgenossenschaft mit unterschiedlichen Pelzmänteln auszustatten, deren Machart und farbiger Besatz genau beschrieben werden. Auch hier erhält die Kleiderordnung einen hohen gesellschaftlichen Stellenwert, wenn selbst die Ministerialenknechte auf der Heerfahrt ihres Herrn über die Alpen als in Scharlachtuch eingekleidet erscheinen (Abschnitt 4). Die solcherart errungene Stellung des Kölner Erzbischofs in der 2. Hälfte des 12. Jahrhunderts belegte der Zisterziensermönch Cäsarius von Heisterbach mit dem prägnanten Begriff *archidux*, einer sprachlichen Zusammenziehung aus den Ämtern eines *archiepiscopus* (Erzbischof) und *dux* (Herzog).

Was die kulturellen und repräsentativen Aspekte des Kölner Großhofs angeht, so ist an erster Stelle sicherlich der uns namentlich nicht bekannte *Archipoeta* zu nennen, zu dessen Identifizierung mit einem jüngeren oder älteren Domscholaster Rudolf zwei Vorschläge der neueren Forschung vorgelegt wurden. Er war ein genialer Dichter der staufischen Zeit des 12. Jahrhunderts, von hoher lyrischer Qualität, und berichtet uns in seinen Vagantenversen von unstetem Leben, vom Buhlen um die Gunst vermögender Gönner, von Wein, Weib und Würfelspiel. Der *Archipoeta* (Erzpoet) hat nachweislich im engen Umkreis Rainalds, des *Archicancellarius* und *Archidux*, gelebt und gedichtet, in Italien und auch in Köln. Seine weltzugewandte, hohe Dichtkunst traf in Köln offensichtlich auf ein Umfeld und Aufnahmeklima, dessen Folie ein ritterlich-fürstlicher Lebensstil bildete. Er tritt uns im Preislied auf Rainald »Presul urbis Agripine« und im Hymnus auf den Kaiser »Salve mundi domine, Cesar noster ave« als politischer Dichter und führender, authentischer Interpret der maßgeblich von Rainald geprägten Auffassungen des staufischen Kaiserhofes entgegen. In seinem berühmtesten Stück, der »Vagantenbeichte«, einer Parodie auf die kirchliche Beichte, finden sich – in deutscher Nachdichtung – u.a. folgende Passagen:

Es ist äußerst mühevoll, die Natur zu zwingen,
Wenn ein Mädel man erblickt, rein sich durchzuringen;
Ach, wir Jungen können nicht hart Gebot beachten,
Müssen ihren holden Leib voller Lust betrachten.

Und etwas weiter, nach dem Bekenntnis des leidenschaftlichen Spielers, der sein letztes Hemd beim Würfelspiel verloren hat, reimte er:

An der dritten Stelle muß ich die Schenke nennen,
Stets verehrt ich sie, werd stets mich zu ihr bekennen,
Bis dass meine Augen sehn heilige Engel kommen
Und mein Ohr ihr Totenlied »Ewige Ruh« vernommen.

Ja, mein Wille ist, den Tod dort am Tisch erleben,
Daß am Mund des Sterbenden ist der Saft der Reben.
Engelchöre werden dann umso froher singen:
»Diesem Zecher möge Gott seine Gnade bringen!«

Solche Töne, sollten sie denn von einem Schulmeister der Kölner Kirche komponiert worden sein, waren sicherlich keine reine Konvention. Sie brauchten ein entsprechendes Lebensgefühl bei der Hörerschaft. Im Umfeld Rainalds und Barbarossas scheinen sie bereitwillig Resonanz gefunden zu haben.

☆☆☆

Gegen Ende 1164/Anfang 1165 sind Aufenthalte Rainalds in Bamberg und Goslar bezeugt, denen eine weitere spektakuläre Gesandtschaftsreise folgte, die offensichtlich allein Rainald durchzuführen vermochte. Der Kölner traf im April als kaiserlicher Gesandter und in hochoffizieller Mission mit großem Gefolge bei König Heinrich II. von England in Rouen in der Normandie ein. Dort wurde ein Doppelverlöbnis vereinbart: Heinrich der Löwe sollte Mathilde, die ältere Tochter des Königs, heiraten, die jüngere – Eleonore – wurde Friedrich, dem nicht einmal einjährigen Sohn Barbarossas und mutmaßlichen Thronfolger versprochen. Dies war auch ein Bekenntnis des englischen Königs, auf die Seite der kaiserlichen Politik einzuschwenken und die Obödienz Papst Alexanders III. zu verlassen. Zur Bekräftigung dieser Abmachungen, die wohl nur durch die erheblichen Spannungen zwischen Erzbischof Thomas Becket von Canterbury und seinem König Heinrich II. und die Flucht Beckets nach Frankreich ermöglicht wurden, überquerte Rainald zusammen mit dem König den Ärmelkanal und versuchte wohl in Westminster erfolgreich, die englischen Fürsten für eine Unterstützung dieser Politik zu gewinnen. Dann reiste er in größter Eile zum Hoftag nach Würzburg, wo er mit englischen Gesandten triumphierend auftrat und Barbarossa den Anschluss des englischen Episkopats an Paschalis III. vermeldete sowie die Einigung mit dem König von England. Nur durch die Hochstimmung, die diese Nachricht auslöste, und das Drängen Rainalds ist die folgenschwere Reaktion des Kaisers zu erklären, eigenhändig einen Eid zu schwören, niemals den Schismatiker Roland (d.i. Alexander III.) oder seinen Nachfolger anzuerkennen. Auch die übrigen Teilnehmer des Hoftages wurden zu einem solchen Eid verpflichtet. Es zeigten sich aber Risse in der Gefolgschaft, und der Erzbischof von Magdeburg, Wichmann, forderte, Rainald solle zuerst endlich die fehlenden Weihen empfangen, sonst werde er nicht schwören. Vor dieser

Forderung ist der Kölner schließlich zurückgewichen, schwor als Erster und ließ sich noch in Würzburg am 29. März zum Priester weihen. Die Bischofsweihe folgte dann in Köln am 2. Oktober in Gegenwart des Kaisers und der Kaiserin. Wie einige andere Elekten auch hat Rainald offenbar lange gezögert, neben der weltlichen Stellung eines Reichsfürsten auch die geistlichen Aufgaben eines Bischofs voll zu übernehmen. Man kommt nicht daran vorbei, diese Situation mit den Zuständen in der Reichskirche vor dem Hintergrund der Kirchenspaltung zu erklären!

Nunmehr vollgültiger Erzbischof, hielt sich Rainald etwa ein Jahr in Köln und seiner Diözese auf, bevor er Ende Oktober 1166 nach einem Ritt über den Großen St. Bernhard mit 100 gepanzerten Reitern im Turiner Raum auftauchte. Die Verhältnisse in Rom hatten sich vollkommen verändert, Alexander III. war aus Frankreich in die Stadt zurückgekehrt, es gab päpstlich-byzantinische Bündnisverhandlungen. Der staufische Kaiser und sein Erzkanzler sahen dringenden Handlungsbedarf, mit Heeresmacht die Ewige Stadt ihrer Herrschaft zu unterwerfen. Nur wer Rom besaß, konnte universale Herrschaft in der Christenheit beanspruchen; hier konkurrierten in dieser Zeit erbittert Kaiser und Papst. Am 29. Mai 1167 gelang den Kontingenten der Erzbischöfe Christian von Mainz und Rainald von Köln ein vollständiger Sieg über die römischen Heeresabteilungen bei Tusculum. Entscheidend soll die Kampfkraft Rainalds und seiner kölnischen Reiter gewesen sein. Zwei Monate später, Barbarossa war mittlerweile vor Ort anwesend, unterstützte Rainald ihn bei der Einnahme des Areals der Peterskirche. Zum Dank und Lohn für seine und des kölnischen Heeres Sieg über die Römer erhielt er vom Kaiser den Reichshof Andernach mit allen Rechten sowie den Reichshof Eckenhagen mit den Silbergruben. Noch am 6. August tauchte er als Zeuge in einer Urkunde auf, dann muss auch ihn die schlimmste Epidemie, die einen deutschen Herrscher und sein Heer im Mittelalter getroffen hat, infiziert haben. Ausgelöst durch ein schweres Unwetter, verschlechterten sich in kurzer Zeit die hygienischen Zustände derart, dass eine Ruhr um sich griff, die tausende vor und in der Stadt dahinstreckte. Rainald starb am 14. August 1167 und wurde in seiner Kathedrale in Köln beigesetzt.

☆☆☆

Schon zu Lebzeiten stand der rastlose Tatmensch Rainald von Dassel in der Parteien Gunst und Hass. Insbesondere für den Engländer Johannes von Salisbury, den Ratgeber Thomas Beckets, war er »der Werkmeister, Anstifter und Bannerträger des Schismas«. In einem Brief gegen Ende des Jahres 1166 malte er die Gestalt des Kölners gar in apokalyptischen Farben: »... beinahe die ganze Welt weiß nun, in welchem Maße jener Usurpator der Kölner Kirche, wo immer er konnte, als Verächter der Kirche, als Anstifter und Urheber des Schismas aufgetreten ist, das größte unter den Bestien der Heuschrecken, deren Stärke in ihren Zungen und in ihren Schwänzen liegt.« Friedrich Barbarossa hingegen, der sich mit knapper Not und den Resten seiner Streitmacht nach Oberitalien flüchten konnte, schrieb an drei Amtsträger der Stadt Köln, welche »Trauer«, welche »schmerzhafte Wunde« seinem »Herzen« versetzt worden sei. Und er fuhr fort: »Sein höchstes Verlangen und das Ziel seines beharrlichen Geistes war es immer, die Ehre des Reiches und die Mehrung des Gemeinwesens seinen persönlichen Vorteilen voranzustellen und, was immer zu Unserem Ruhm beizutragen schien, mit Leidenschaft zu fördern.«

Literatur:

R.M. Herkenrath, *Reinald von Dassel, Reichskanzler und Erzbischof von Köln*, Phil. Diss. Graz 1962

Ders., *Reinald von Dassel (um 1120–1167)*, in: *Rheinische Lebensbilder* 4, 1970, S. 7–21

H. Hofmann, *Die Heiligen Drei Könige* (*Rheinisches Archiv* 94), Bonn 1975

H. Kluger, *Friedrich Barbarossa und sein Ratgeber Rainald von Dassel*, in: *Stauferreich im Wandel. Ordnungsvorstellungen und Ordnungspolitik in der Zeit Friedrich Barbarossas*, hg. v. Stefan Weinfurter (Mittelalter-Forschungen 9), Stuttgart 2002, S. 26–40

J. Laudage, *Friedrich Barbarossa* (1152–1190). *Eine Biographie*, Regensburg 2009.

S. Weinfurter, »Wie das Reich heilig wurde«, in: ders., *Gelebte Ordnung – Gedachte Ordnung. Ausgewählte Beiträge zu König, Kirche und Reich*, hg. v. Helmuth Kluger, Hubertus Seibert, Werner Bomm, Ostfildern 2005, S. 301–383.

KLAUS MÜLLER

Johann Wilhelm (1658–1716)

Kurfürst von der Pfalz – Herzog von Jülich und Berg

Als Johann Wilhelm – heute besser bekannt unter dem Namen Jan Wellem – am 17. April 1658 im Düsseldorfer Schloss das Licht der Welt erblickte, standen die europäischen Staatenkonflikte der ersten Hälfte des 17. Jahrhunderts, in die auch seine Dynastie verwickelt gewesen war, kurz vor dem Abschluss. Der Frieden, den Frankreich und Spanien 1659 schlossen, gilt als der symbolische Wendepunkt, der die Epoche der spanischen Vorherrschaft in Europa beendete und die Zeit des Übergewichts des Bourbonenreichs einleitete. Johann Wilhelms Großvater, Wolfgang Wilhelm, war es 1609, wenige Jahre vor dem Ausbruch des Dreißigjährigen Krieges, gelungen, sich als Erbe der klevischen Herzöge in Jülich und Berg festzusetzen und sich dort gegen seinen brandenburgischen Rivalen, der sich Kleve, Mark und Ravensberg gesichert hatte, zu behaupten. Sein Vater, Philipp Wilhelm, gab die in dem großen Krieg verfolgte Neutralitätspolitik, die die Herzogtümer auf die Dauer nicht hatte schützen können, auf und vollzog den Anschluss an das aufstrebende Frankreich. Der ebenso kluge wie ehrgeizige Pfalzgraf wurde einer der Urheber des 1658 begründeten Rheinbundes mit Ludwig XIV. an der Spitze, dem bald alle wichtigen rheinischen Fürsten beitraten.

Von diesem Schritt erhoffte sich Philipp Wilhelm mancherlei Vorteile. Zwar brachte er ihm die 1667 erstrebte polnische Königskrone nicht ein, wohl aber kam unter französischer Vermittlung im »Erbvergleich« von 1666 der Ausgleich mit Brandenburg über die endgültige Teilung des klevischen Erbes zustande. Dies trug ebenso zur Stabilisierung der Verhältnisse am Niederrhein bei wie das 1672 abgeschlossene Religionsabkommen mit dem Großen Kurfürsten, dessen Vorfahren sich 1613 dem reformierten Bekenntnis angeschlossen hatten, während Wolfgang Wilhelm im gleichen Jahr zum Katholizismus konvertiert war. Der Vertrag schrieb den Besitzstand der Konfessionen in den Herzogtümern fest und ermöglichte so ihr friedliches Zusammenleben.

Definierte dies den künftigen religiösen Handlungsspielraum Johann Wilhelms, so hatte sich seine Innenpolitik an dem 1672/75 mit den jülich-bergischen Ständen ausgehandelten Haupt- und Deklarationsrezess zu orientieren, der fortan als eine Art Staatsgrundgesetz galt. Philipp Wilhelm war es hier nach langen, heftigen Auseinandersetzungen gelungen, die Macht der Stände zwar nicht zu beseitigen, aber doch erheblich einzuschränken. Die politischen Erfahrungen, die Johann Wilhelm in Jugendjahren sammeln konnte, vermittelten ihm die Überzeugung, dass die Herrschaft seiner Dynastie am Niederrhein anders als noch im Dreißigjährigen Krieg nunmehr gesichert war und die Grundlage für eine aktive Politik in Europa bilden konnte.

Als ältester Sohn des in zweiter Ehe mit der hessen-darmstädtischen Prinzessin Elisabeth Amalie verheirateten Philipp Wilhelm nach drei Töchtern geboren, wuchs der Erbprinz in einer sich rasch um weitere zwölf Kinder vergrößernden Familie auf. Seine Erziehung vertraute der streng katholische Vater dem Malteserritter Hermann von Wachtendonk an, während Jesuitenpatres als seine Beichtväter und Lehrer fungierten. Zu den von ihnen vermittelten Fähigkeiten gehörte u.a. auch die Kenntnis des Lateinischen, Französischen, Italienischen und Spanischen. In Begleitung eines Ordensangehörigen trat Johann Wilhelm 1674 mit großem Gefolge eine ausgedehnte Auslandsreise an. Sie führte ihn nach Frankreich, England, Italien und Österreich sowie in die Fürsten- und Bischofssitze in Franken und am Rhein. In St. Germain bei Paris empfing ihn Ludwig XIV.

Das glänzende Pariser Hofleben, Theater- und Opernaufführungen dürften einen nachhaltigen Eindruck auf den jungen Prinzen gemacht haben. Die weitgespannte Reise, von der er erst im März 1677 nach Düsseldorf zurückkehrte, hatte ihn mit den – nach den Maßstäben der Zeit – politisch, wirtschaftlich und kulturell fortschrittlichsten Ländern Europas bekannt gemacht. Überall bezeugte er lebhaftes Interesse für die bildende Kunst, in England auch für technische Errungenschaften.

Allerorten wurde er als Spross einer bedeutenden europäischen Dynastie geehrt. Nicht nur in Frankreich begegnete der junge Mann einer streng hierarchisch gegliederten Gesellschaft, an deren Spitze in der Regel scheinbar unumschränkt herrschende Fürsten standen. Obwohl er selbst diesem exklusiven Kreis noch nicht angehörte, feierte man ihn im Jesuitenkolleg in Neapel als einen Prinzen, der alle Tugenden der großen Heroen der Antike in sich vereinigte; er besitze, so versicherte man ihm, den Geist Caesars, das Glück Alexanders sowie Achilles' gutes Aussehen und Jugendlichkeit. So wuchs Johann Wilhelm in eine Welt hinein, in der der Fürst als das lebendige Ebenbild Gottes auf Erden galt. Zu den Tugenden, die ein Herrscher nach der Überzeugung des Barockzeitalters zu pflegen hatte, gehörte neben der aktiven Sorge für das Wohl seines Staates auch die Liebe zum Ruhm, dem man sowohl im Frieden als auch im Krieg nachjagen konnte. Zunächst bemühten sich die Pfalz-Neuburger mit friedlichen Mitteln um seine Vermehrung. Als hervorragendes Mittel boten sich dem kinderreichen Philipp Wilhelm seine Töchter an, die er nach Wien, Lissabon, Madrid und Parma verheiratete. Er wurde damit gleichsam zum »Schwiegervater Europas«. Die Verbindung mit der vornehmsten Dynastie, den Habsburgern, brachte die pfalz-neuburgische Diplomatie 1676 zustande. Am 14. Dezember wohnte Johann Wilhelm auf der Rückkehr von seiner Kavalierstour in Passau der Vermählung seiner Schwester Eleonore mit Kaiser Leopold I. bei.

Die Bedeutung dieser Verbindung für die Politik des Düsseldorfer Hofes ist nicht leicht zu überschätzen. Fortan fühlten sich die Pfalz-Neuburger auf Gedeih und Verderb an den Wiener Hof gebunden und wurden so eine der wichtigsten Stützen des Kaisers im Reich. Johann Wilhelm sollte bald auch persönlich zur Festigung dieser Allianz beitragen. Am 25. Oktober 1678 heiratete er Maria Anna Josepha, die Stiefschwester Leopolds I. Natürlich war das eine politische Verbindung, aber allem Anschein nach beruhte sie auch auf der persönlichen Zuneigung der Partner, die sich schon seit dem Wiener Aufenthalt des Erbprinzen während seiner Kavalierstour kannten. Es war wohl auf das Prestigebedürfnis des kaiserlichen Hofes, der eine Erzherzogin nur mit einem regierenden Fürsten verheiratet sehen wollte, zurückzuführen, dass Philipp Wilhelm seinem Sohn am 1. August 1679 die Regentschaft der Herzogtümer Jülich und Berg übertrug. Er selbst zog sich nach Neuburg zurück, behielt aber die Fäden der Politik in der Hand. Das junge Paar zog am 30. August in Düsseldorf ein. Die Bürger bereiteten ihm einen aufwändigen Empfang. Die ebenfalls erschienenen Landstände zeigten sich freilich verstimmt, weil sie nur eine Deputation auf das in Volmerswerth angelandete Schiff entsenden durften, »obgleich man«, wie das Landtagsprotokoll vermerkte, »vermeint, Ihro Hochfürstl. Durchl. in corpore beneventiren zu dürfen«.

Johann Wilhelms Verhältnis zu den Ständen der Herzogtümer blieb zeit seines Lebens nie frei von Spannungen. Erzogen in den autoritären Staatsvorstellungen seiner Zeit, war er entschlossen, »nit einen Daumen breith« vom Haupt- und Deklarationsrezess abzuweichen und sich von den Ständen »einige leges im geringsten nicht proscribiren [zu] lassen«. Gegen ihren Widerstand baute er ein stehendes Heer auf, von ihnen erwartete er auch Unterstützung für die politischen Ambitionen seiner Dynastie, so etwa einen Beitrag zur Ausstattung der dem portugiesischen König bestimmten Prinzessin Maria Sophia. Ausgaben für die Wahl seines Bruders Ludwig Anton zum Bischof von Lüttich hatten seine Finanzen 1694 so erschöpft, »dass Ich«, so seine Mitteilung an Kaiserin Eleonore, »kaum wegen meiner notigen täglichen subsistenz außkommen kann«. Die ihn fast ständig begleitenden Geldsorgen teilte Johann Wilhelm mit den meisten Fürsten seiner Zeit, aber bei ihm scheint das Missverhältnis zwischen finanziellen Mitteln und Ausgaben besonders krass gewesen zu sein. Anders als dem brandenburgischen Kurfürsten gelang es ihm nie, sich ganz vom Steuerbewilligungsrecht seiner Stände, die immer wieder auf die begrenzte Leistungsfähigkeit seiner Länder hinwiesen, zu emanzipieren. Es erscheint darum kaum gerechtfertigt, ihn als »absolutistischen«, d.h. unumschränkten Herrscher zu bezeichnen. Der im 19. Jahrhundert geprägte Pauschalbegriff Absolutismus hat sich nach fast einhelliger Meinung der modernen Geschichtswissenschaft als ungeeignet zur Beschreibung der komplizierten Verhältnisse in den meisten deutschen Territorialstaaten erwiesen. Dort blieben die Stände Machtfaktoren, ohne deren Kooperation die Finanzierung der Staaten nicht möglich gewesen wäre.

Die enge verwandtschaftliche und politische Bindung an die deutschen Habsburger erhöhte nicht nur das Prestige der Pfalz-Neuburger; auch die politische Dividende, die sie abwarf, war nicht unbeträchtlich. Die Brüder Johann Wilhelms erlangten mit Rückendeckung aus Wien kirchliche Ämter oder machten in kaiserlichen Diensten Karriere. Die Heiraten seiner Schwestern in europäische Fürstenhäuser versprachen, Ansehen und Einfluss der Dynastie zu verstärken. Besondere Hoffnungen setzte man auf die 1689 zustande gebrachte Verbindung der Prinzessin Maria Anna mit dem Habsburger Karl II. Von ihr erwartete man in Wien und in Düsseldorf eine für die beteiligten Familien günstige Regelung der spanischen Erbfolgefrage, die angesichts der kränklichen Verfassung des erbenlosen Madrider Herrschers bald akut werden musste. Den bedeutendsten Zuwachs an Macht und Prestige aber brachte den Pfalz-Neuburgern 1685 nach dem Aussterben des Hauses Pfalz-Simmern das Erbe der Kurpfalz ein. Es verwickelte sie freilich auch rasch in einen langwierigen Krieg mit Frankreich.

☆☆☆

Die aggressive Politik Ludwigs XIV. gegenüber dem Reich und insbesondere gegenüber der Kurpfalz führte im Reich allmählich zu einem allgemeinen Stimmungsumschwung, der sich gerade auch und relativ früh bei den Pfalz-Neuburgern belegen lässt. Hatte Philipp Wilhelm Ludwig XIV. 1674 noch versichert, sein Sohn betrachte ihn als das »vollendete Vorbild für alle Fürsten«, so äußerte dieser nunmehr desillusioniert, dass »auff des Königs Versprechen, Eidt und Schwuhr nicht vihl, weihlen derselbe biß dato keines gehalten«, zu geben sei. Auch andere Fürsten traten unter dem Eindruck der französischen Gewaltpolitik ins habsburgische Lager über. Den Anlass zu neuer kriegerischer Auseinandersetzung mit Frankreich gaben schließlich der Streit um das Erbe der mit dem Bruder des Sonnenkönigs verheirateten Liselotte von der Pfalz sowie der Kampf um die Besetzung des Kölner Erzstuhls. Der von Wien favorisierte und dann vom Papst bestätigte Kandidat war der Wittelsbacher Joseph Clemens, dessen Lande im September 1688 französische Truppen besetzt hatten. Der neue Kurfürst schloss gemeinsam mit dem Düsseldorfer Kurprinzen Johann Wilhelm am 6. April 1689 mit der Generalität der gegen Frankreich verbündeten Truppen einen Vertrag zum Schutz der kölnischen Lande sowie der Herzogtümer Jülich und Berg. Noch im Oktober des gleichen Jahres gelang die Eroberung von Bonn. Joseph Clemens hatte sich damit als Kurfürst endgültig durchgesetzt.

Als Johann Wilhelm ein Jahr später die Regierung übernahm, war die Pfalz ein Opfer der französischen Politik der verbrannten Erde geworden. 1689 war Mannheim dem Erdboden gleichgemacht worden, Stadt und Schloss Heidelberg erlitten schwere Schäden; 1692 wurde die Stadt völlig zerstört. Die Verbindung mit dem Kaiserhof schien sich jedoch im Kampf um das pfälzische Erbe auszuzahlen. Im Mai 1689 hatten der Kaiser und die Generalstaaten eine Allianz verabredet, der sich dann das England Wilhelms von Oranien sowie Spanien und Savoyen anschlossen; Kaiser und Reich erklärten Frankreich nun förmlich den Krieg. Damit war eine Abwehrfront gegen den französischen Hegemonialanspruch entstanden, in der den Pfalz-Neuburgern eine wichtige Rolle zufiel. Die reibungslose Wahl Josephs I. zum römischen König im Januar 1690, die noch Johann Wilhelms bald darauf verstorbener Vater unterstützt hatte, war ein deutliches Indiz für die Tatsache, dass der Einfluss des Kaisers im Reich, wo nun die drei geistlichen Kurfürsten und der Pfälzer auf der Seite des Reichsoberhaupts standen, beträchtlich zugenommen hatte.

So mochte man in Düsseldorf hoffen, dass der Krieg auch zur Verwirklichung eigener politischer Ziele führen werde. Diese richteten sich wie schon einmal um 1680 auf den Erwerb der Statthalterschaft in den Spanischen Niederlanden, wo Johann Wilhelms Vater einst im Bunde mit Frankreich Eroberungspläne verfolgt hatte. Seine Hoffnungen schienen nicht unrealistisch, hatte seine Schwester Maria Anna doch den spanischen König geehelicht. Aber deren Bemühungen blieben erfolglos. Allzu sehr hatte sie sich mit Personen am Madrider Hof eingelassen, die den Spaniern verhasst waren. Auch in Wien gab man einem anderen Kandidaten den Vorzug, dem mit einer Tochter Kaiser Leopolds verheirateten Kurfürsten Max Emanuel von Bayern. Ihn hatte man für den Krieg gegen Frankreich mit der freilich widerwillig gegebenen Zusage gewonnen, in Madrid für ihn arbeiten zu lassen. Als dann auch Wilhelm von Oranien für Max Emmanuel eintrat, war das Rennen für Johann Wilhelm verloren. Im Gesamtzusammenhang seiner Politik blieben die niederländischen Aspirationen jedoch eine bis zu seinem Tode wirksame Konstante. Für Missstimmung zwischen Wien und Düsseldorf sorgte auch die Belehnung des ehrgeizigen Welfenherzogs Ernst August von Hannover, der Geld und Truppen für den Kampf gegen Frankreich zur Verfügung stellte, mit einer neu geschaffenen Kurwürde.

Trotz dieser Enttäuschungen hielt Johann Wilhelm jedoch zeitlebens an dem vom Vater übernommenen Bündnissystem fest. Daran konnte auch der Tod seiner habsburgischen Gemahlin 1689 nichts ändern. Zwei Jahre später ehelichte er die Tochter des Großherzogs Cosimo III. von Florenz, Anna Maria Luisa von Medici, mit der er bis zum Ende seines Lebens in kinderloser Ehe verheiratet blieb. Wenngleich der politische Ertrag der Heirat hinter den Erwartungen Johann Wilhelms zurückblieb, war seine Ehe nach allem, was wir wissen, glücklich. Zwar wusste ein kaiserlicher Beamter 1710 von einer »gewissen Freundschaft« des Kurfürsten mit der Tochter eines seiner Kammerdiener zu erzählen, aber das beruhte wohl ebenso auf Hofklatsch wie die immer wieder kolportierte Legende, die Kurfürstin sei nachts vermummt ihrem Gatten nachgeschlichen, um ihn bei Liebesabenteuern aufzuspüren. Die für das Barockfürstentum ja nicht untypische Mätressenwirtschaft hat es am Düsseldorfer Hof jedenfalls nicht gegeben.

Das Bündnis mit dem Kaiser erweiterte Johann Wilhelm im Pfälzischen Krieg um die Zusammenarbeit mit den Seemächten, von deren Subsidien er gegen den Widerstand seiner Landstände ein stehendes Heer aufbauen konnte, das für ihn nicht nur ein Requisit fürstlicher Selbstdarstellung war, sondern auch eine Waffe, die zum Schutz der eigenen, im Falle eines Krieges mit Frankreich ja sehr exponiert liegenden Territorien Verwendung finden konnte, die sich aber auch als Druckmittel einsetzen ließ, wenn er ihren Einsatz an die Erfüllung finanzieller oder politischer Forderungen band. Der Streit um die hannoversche

Kurwürde und die Bevorzugung Max Emanuels in den Niederlanden hinderten den Kurfürsten freilich nicht an der Fortsetzung seiner intensiven Zusammenarbeit mit dem Wiener Hof. Dagegen stand er den verbündeten Seemächten mit Misstrauen, um nicht zu sagen mit Hass, gegenüber. Seine Überzeugung von der Unzuverlässigkeit des englischen Königs trug dazu bei, dass er sich aktiv an den Bemühungen des Kaiserhofs um eine Verständigung mit Frankreich hinter dem Rücken der Alliierten beteiligte. Für ihn spielten dabei auch konfessionelle Überlegungen eine wichtige Rolle. In den von einem pfälzischen Diplomaten geführten Geheimverhandlungen malte der französische Unterhändler bewusst übertreibend das Gespenst eines drohenden Religionskriegs der Seemächte gegen die Katholiken an die Wand. Johann Wilhelm glaubte aus den ihm übermittelten Nachrichten sogar den Schluss ziehen zu können, die Protestanten planten, König Wilhelm »zu ihrem Kayser« zu erheben. Doch der Friede von Rijswijk, der nicht zur erhofften Wiedergewinnung des Elsass geführt hatte, ging Ende September 1697 nicht aus den diplomatischen Umtrieben Johann Wilhelms, sondern aus einer Verständigung der Seemächte mit Frankreich hervor. Johann Wilhelm hatte zuvor angesichts dieses drohenden Sonderfriedens in Wien beredt für eine Fortsetzung des Krieges plädiert. Er sei bereit, so hatte er in barocker Übertreibung erklärt, »pro defensione patriae ... das Äußerste aufzusetzen und lieber mit dem Degen in der Faust unter des lieben Vaterlands Ruin mich vergraben zu lassen als den Kopf williglich dem französischen Joch zu untergeben«.

Seine Enttäuschung über den Rijswijker Frieden mag dazu beigetragen haben, dass der Kurfürst nun nicht davor zurückschreckte, seinen unruhigen politischen Ehrgeiz außerhalb Europas zu befriedigen. 1698 führte er in Düsseldorf Gespräche, die ihm Aussichten auf eine Königskrone zu eröffnen schienen. Es handelt sich um jene merkwürdigen Kontakte, die er mit dem in seiner Residenzstadt ansässigen Wein- und Getreidekaufmann Israel Ory pflegte. Dieser bot ihm nichts Geringeres an als die Krone Armeniens und dessen Rückkehr in den Schoß der katholischen Kirche. Dafür sollte Johann Wilhelm, den man in Armenien – Ory zufolge – für »einen der größten und mächtigsten« Fürsten in Europa hielt, sich bereit erklären, das Land – im Interesse des Glaubens und zum Ruhm des pfälzischen Hauses – vom Joch der mohammedanischen Perser zu befreien.

Doch nach dem im November 1700 erfolgten Tod Karls II. von Spanien schienen sich ihm in Europa an der Seite des Kaisers neue Aussichten auf Steigerung von Macht und Ansehen zu bieten. Am Vorabend des 1701 ausbrechenden Spanischen Erbfolgekrieges, als viele Reichsstände noch zögerten, Partei für den Kaiser zu ergreifen, schrieb der Pfälzer unter dem Eindruck der Neutralitätspolitik Joseph Clemens' von Köln nach Wien, es sei »höchst zu bedauern«, dass so viele Kurfürsten nicht bereit seien, den Kaiser zu unterstützen, sondern »gefährlichste und gottloseste consilia« mit einer auswärtigen Macht schmiedeten, »so jederzeit ein abgesagter Feind des Erzhauses« gewesen sei. Hier klingt die uns auch in der Publizistik begegnende Brandmarkung Frankreichs als Erbfeind des Reiches an, eine Bezeichnung, die traditionell den Türken vorbehalten gewesen war. Johann Wilhelm war sich bewusst, dass er sich mit dieser emotionsgeladenen Sprache »so übernommen [hatte], dass ich schier nicht weiß, was ich schreibe«.

Doch auch hierin steckte natürlich eine Übertreibung, denn der Kurfürst verstand es durchaus, seine Vaterlandsrhetorik mit der Verfolgung eigener Interessen zu verbinden. In der 1701 gegebenen politischen »Conjunctur« sah er nämlich die Chance, »soviele dem Reich gewaltthätig abgerissene Kreise, Fürstentümer, Provinzen und Lande zu recuperieren«. Konkret hieß das, dass vor allem die Stadt Straßburg und die nach dem Westfälischen Frieden von Frankreich im Elsass annektierten Gebiete, auf die das Reich im Frieden von Rijswijk hatte verzichten müssen, nunmehr gerade auch zum Schutz seiner pfälzischen Lande zurückgewonnen werden konnten.

Die Welle des Patriotismus, die das Reich im späten 17. Jahrhundert erfasste, schien auch die religiösen Gegensätze in den Hintergrund treten zu lassen. Dass das Reich dann doch neue konfessionelle Auseinandersetzungen erlebte, war vor allem auf das Wirken der pfälzischen Diplomatie zurückzuführen. Durch ein verdecktes Zusammenspiel zwischen dem Düsseldorfer Hof, der Kurie, Frankreich und dem kaiserlichen Kongressvertreter, dem Pfälzer Johann Friedrich von Seilern, gelangte eine Bestimmung in den Friedensvertrag von Rijswijk, nach der in den von Ludwig XIV. zurückzugebenden pfälzischen Gebieten die von den Franzosen zugunsten der Katholiken vorgenommenen Veränderungen erhalten bleiben sollten (»religione tamen catholica in locis sic restitutis in statu quo nunc est remanente«). Dieser Artikel IV, der die Wünsche des frommen Kurfürsten befriedigte, stellte eine Verletzung der die konfessionellen Verhältnisse im Reich festschreibenden Normaljahrsbestimmung des Westfälischen Friedens dar und wurde seitdem von den protestantischen Reichsständen angefochten. An ihrem Widerstand scheiterten zunächst die Bemühungen auf dem Regensburger Reichstag, die Reichsverteidigung zu organisieren. Der Streit um die Rijswijker Klausel erhielt weitere Nahrung, als Johann Wilhelm seine konfessionspolitischen Maßnahmen in der Pfalz, die u.a. die Eigentumsrechte der reformierten Gemeinden beschnitten, in den nächsten Jahren verschärfte. Da der Wiener Hof seinem Treiben nicht Einhalt gebot, trug es dazu bei, das zurückgewonnene kaiserliche Übergewicht im Reich zu beeinträchtigen. Es verengte aber auch den eigenen reichspolitischen Spielraum des Kurfürsten, der nun nicht damit rechnen konnte, die Unterstützung des Reichstags in seinen noch andauernden Auseinandersetzungen mit Frankreich um das pfälzische Erbe zu erhalten. Im Ergebnis band ihn der Streit um die Rijswijker Klausel noch stärker an die Politik der Hofburg.

So verwundert es nicht, dass Johann Wilhelm im Dezember 1701 als erster Reichsfürst der Großen Allianz des Kaisers mit den Seemächten beitrat, die ihren Kampf mit der sicher auch dem Pfälzer geläufigen Idee des zu wahrenden europäischen Gleichgewichts begründeten. Dabei schienen sich auch seine Interessen verwirklichen zu lassen. Denn der Kaiser gab seinem Schwager Vollmacht, alle Eroberungen in den Spanischen Niederlanden, dem alten Interessengebiet der Pfalz-Neuburger, unter kaiserlichen Schutz zu stellen, ja, nachdem Erzherzog Karl 1703 zum spanischen König proklamiert worden war, versprach dieser ihm die so lange ersehnte Statthalterschaft. Doch als die Allianz die Niederlande 1706 endgültig in ihre Hand gebracht hatte, kam ihm der englische Feldherr Marlborough zuvor. Die Seemächte waren nicht bereit, den Posten einem der Mitverantwortlichen für die Rijswijker Klausel zu überlassen.

Nicht zuletzt Johann Wilhelms Drängen auf energische Kriegführung war es jedoch zu verdanken, dass Prinz Eugen und der Herzog von Marlborough 1704 bei Höchstätt einen bedeutenden Sieg erringen konnten. Dem Hause Neuburg bot sich nunmehr die Chance, die den Pfälzern im Dreißigjährigen Krieg zugunsten Bayerns genommene Oberpfalz zurückzugewinnen. Denn 1706 ließ Kaiser Josef I. die Reichsacht über den auf die Seite Ludwigs XIV. getretenen Kurfürsten Max Emanuel verhängen. Erreichen konnte Johann Wilhelm sein Ziel erst 1708 nach langwierigen Verhandlungen mit dem zögernden Kaiser Joseph und mit Kurbrandenburg, das sich seine Zustimmung zur Ächtung des Kurfürsten mit der die Rijswijker Klausel und die nachfolgenden prokatholischen Maßnahmen entschärfenden Religionsdeklaration von 1705 bezahlen ließ. In ihr versprach Johann Wilhelm seinen Untertanen Gewissens- und Kultfreiheit und nahm eine Teilung des Kirchenvermögens zwischen Katholiken und Reformierten im Verhältnis 2:5 vor. 1708 stand er, dessen Wort in den Konferenzsälen und an den Höfen damals viel galt, auf dem Höhepunkt seiner Macht.

Doch das vorzeitige Ableben Kaiser Josefs I. 1711 und die sich schon vorher abzeichnende Kriegsmüdigkeit Englands verschlechterten dann die Position der antifranzösischen Koalition. An einer Unterstützung des Nachfolgers, Karls VI., der nun alle habsburgischen Lande in seiner Hand zu vereinigen schien, waren die Seemächte, denen es um die Wahrung des europäischen Gleichgewichts ging, nicht interessiert. Johann Wilhelm unternahm darum 1711 noch einmal den Versuch, eine geheime Verständigung zwischen Wien und Versailles herbeizuführen, von der auch er zu profitieren hoffte. So tauchte in den Friedenssondierungen, die er seinem Minister Schaesberg anvertraute, neben dem alten pfalz-neuburgischen Wunsch nach den Spanischen Niederlanden auch die Idee auf, aus den ehemals spanischen Inseln Sizilien, Sardinien und den Balearen ein Mittelmeerkönigreich zu zimmern, um so Jan Wellems Traum vom Königtum, den sich August der Starke von Sachsen und Friedrich I. von Preußen schon hatten erfüllen können, doch noch zu verwirklichen.

Ludwig XIV. zog es indessen vor, sich 1713 in Utrecht mit den Seemächten zu verständigen. Dabei war für den Pfälzer immerhin die Oberpfalz vorgesehen. Doch dieser lehnte es ab, dem für das Reich und das Haus Habsburg ungünstigen Frieden beizutreten. Zu seiner grenzenlosen Enttäuschung wurde er für seine Treue zu Kaiser und Reich allerdings übel belohnt. Was man ihm in Utrecht noch zugestanden hatte, wurde ihm 1714 im Frieden von Rastatt zugunsten Bayerns wieder genommen. Über eine anderweitige Entschädigung verhandelten seine Diplomaten noch, als Johann Wilhelm am 8. Juni 1716 starb.

☆☆☆

Das Streben deutscher Kurfürsten nach der Königskrone lässt sich nicht allein auf persönlichen Ehrgeiz zurückführen. Es war nicht zuletzt durch ihren unsicheren Status in der europäischen Fürstengesellschaft bedingt. Sie, die im Reichsverband als die unmittelbar nach dem Kaiser rangierenden »Säulen des Reichs« galten, mussten erleben, dass die europäischen Monarchen in der zweiten Hälfte des 17. Jahrhunderts weniger denn je bereit waren, ihren Diplomaten die gleichen zeremoniellen Rechte einzuräumen wie den Vertretern der souveränen Staaten. So ließ sich ihr Anspruch auf Gleichbehandlung offenbar nur realisieren, wenn man sich, wie Kurfürst Friedrich III. von Brandenburg zur »Annehmung der Königlichen Würde« entschloss. Es verwundert darum kaum, dass Johann Wilhelm gegen Ende seines Lebens nach dem Scheitern aller seiner Königsträume und dem Verlust der Oberpfalz im Frieden von Rastatt von 1714 eine Erklärung des Kaisers verlangte, die ihn wenigstens zum »Beinahe-König« gemacht hätte. Der ihn so sehr enttäuschende Karl VI. sollte feierlich versichern, er habe dem Kurfürsten von der Pfalz eine Königskrone angeboten, was dieser aber »aus bewegenden Ursachen geziemend depreciert« habe.

Das Streben nach einer glanzvollen, königsgleichen Stellung in der europäischen Fürstengesellschaft drückte auch der inneren Politik Johann Wilhelms seinen Stempel auf. Sein Bemühen, Düsseldorf zu einer repräsentativen Residenzstadt auszubauen, nachdem die Zerstörung Heidelbergs im Pfälzischen Krieg seinen dauernden Aufenthalt am Neckar unmöglich gemacht hatte, kam vor allem seinen niederrheinischen Ländern zugute, wenngleich er den Wiederaufbau der Pfalz keineswegs vernachlässigte. Heidelberg verdankte ihm den Neubau der Universität und der Jesuitenkirche, während für Mannheim ein völlig neues Stadtbild geplant wurde. Wie andere Barockfürsten suchte auch er, den von ihm beanspruchten Rang durch aufwändige Bauten zu unterstreichen. Das alte Düsseldorfer Stadtschloss ließ er so weit modernisieren, dass wenigstens das Innere repräsentativ ausgestaltet werden konnte. Dies kam nicht zuletzt dem Audienzsaal zugute, von dem ein französischer Besucher 1705 schrieb, er sei »mit den allerschönsten Tapeten und den herrlichsten Malereyen reichlich ausgezieret. ... Die Tische, die Spiegelrahmen, Wand-, Arm- und Kronleuchter, und das Camin und alles andere Geräthe von dieser Art sind von purem Silber. In einer Ecke dieses Saales hänget ein großes Gemälde, welches den Churfürsten in Lebensgröße zu Pferde vorstellet, von einem deutschen Maler, namens Duben [Douven stammte aus Roermond], und in den Fensterfüllungen sind die vier Theile der Welt mit ihren vornehmsten Städten statt der Einfassung, von dem berühmten [Jan] van Kessel aus Antwerpen gemalet.«

Einen Prachtbau nach Johann Wilhelms Geschmack stellte das Schloss damit natürlich nicht dar. Andere Pläne scheiterten jedoch zunächst. Eine von seinem Oberbaudirektor Matteo Alberti um 1700 für Heidelberg geplante, am Versailler Vorbild orientierte komplexe Schlossanlage kam ebenso wenig zustande wie ein neuer Bau in dem großzügig erweiterten Düsseldorf. Stattdessen errichtete sein Architekt dann jedoch im nahen Bensberg ein monumentales Jagdschloss. Zwischen 1705 und 1716 entstand dort eine streng symmetrische Anlage um einen zweiteiligen, zum Rhein hin geöffneten Innenhof. Bei der Gestaltung des Grundrisses und der Anordnung der Appartements schloss sich Alberti wiederum dem Versailler Vorbild an. Der Aufriss war durch englische Schlösser des 17. Jahrhunderts, insbesondere durch das von Karl II. erbaute Winchester Castle, beeinflusst. Mit Schloss Bensberg erreichten die architektonischen Leistungen der Johann-Wilhelm-Zeit ihren Höhepunkt. Der Verfasser einer Beschreibung des Herzogtums Berg äußerte 1715, das Schloss sei so groß, »dass es einem König nicht zu klein würde fallen darin zu wohnen«. Ein Freund Goethes urteilte 1778, er »kenne nicht leicht ein ernsthafteres und mehr gedachtes Gebäude als dieses

Schloß in ganz Teutschland. … Man weiß nicht, wen man mehr bewundern soll, den Geist des Künstlers oder des Fürsten, der seine Entwürfe billigte und ausführen ließ«.

In und um das Düsseldorfer und das Bensberger Schloss entfaltete sich ein prachtvolles Hofleben. »Der Hof ist zahlreich und glänzend, und man thut nichts ohne Pracht und Herrlichkeit«, notierte ein französischer Reisender 1705. Für Festlichkeiten wurde ein beträchtlicher Aufwand betrieben, der zwar im Rahmen der barocken Festkultur nicht außergewöhnlich war, der aber die begrenzten Geldmittel des Kurfürsten oft überstieg. Was lag da näher, als dass der ebenso gutmütige wie leichtgläubige Fürst der Versuchung nicht widerstehen konnte, Leuten zu vertrauen, die behaupteten, Gold herstellen zu können, und denen er erhebliche Summen zukommen ließ.

☆☆☆

Die Johann Wilhelm nachgesagte Leutseligkeit und Freigebigkeit vermochten die gesellschaftliche Kluft zwischen dem Barockfürsten und den Bürgern freilich nicht zu überbrücken. Zwar tat er manches zur Förderung von Wirtschaft und Verkehr. Die Residenzstadt erhielt durch eine Reihe von Neubauten, die Fürst, Adel und Bürger errichten ließen, ein deutlich verbessertes Aussehen. Im Dienste der katholischen Frömmigkeit stand die Förderung der Orden und der Volksmissionen. Hinter all dem durfte jedoch Johann Wilhelms Anspruch auf Beherrschung von Stadt und Land nicht zurückstehen. Er kam in aller Deutlichkeit in dem Reiterstandbild zum Ausdruck, das vermutlich 1714 auf dem Düsseldorfer Marktplatz aufgestellt wurde. Wie es scheint, hatte Johann Wilhelm seinem Hofbildhauer Gabriel Grupello zunächst den Auftrag erteilt, ihn und seinen Vater darstellende Reiterdenkmäler für den Hof von Schloss Bensberg zu entwerfen. Vermutlich aus finanziellen Gründen ist dieses Vorhaben gescheitert. So konzentrierten sich Grupellos Entwürfe seit 1706 auf ein Denkmal allein für Johann Wilhelm mit schreitendem Pferd. Der Kurfürst stellt sich hier dem Betrachter dar als der tugendhafte wohlwollende Landesvater, dessen wohl erst 1711 hinzugefügter Kurhut zugleich seine Stellung als loyaler Fürst des Heiligen Römischen Reichs unterstreichen soll. Der Sockel war unbeschriftet. Die Stadt hatte an dem Werk, anders als die im 19. Jahrhundert angebrachte Inschrift behauptet, keinen Anteil. Es war ein Monument fürstlicher Selbstdarstellung, das den Bürgern Verehrung und Bewunderung abnötigen sollte.

Im Dienste fürstlicher Selbstdarstellung stand auch seine Kunstpolitik. Theater und Oper, für deren Pflege in Düsseldorf eine neue Spielstätte entstand, wo vor allem Werke in italienischer Sprache aufgeführt wurden, standen auf so hohem Niveau, dass Georg Friedrich Händel sich zweimal in die Residenzstadt bemühte. Von langfristig größerer Bedeutung war Johann Wilhelms Wirken für die bildende Kunst. Unter ihm wurde der Düsseldorfer Hof für einige Jahrzehnte zu einem Anziehungspunkt für Künstler aus ganz Europa. Unter den Hofmalern ist zunächst der 1682 nach Düsseldorf berufene Jan Frans Douven zu nennen. Ihm verdanken wir zahlreiche Porträts des Kurfürstenpaares. Mit Jan Weenix aus Amsterdam holte Johann Wilhelm einen Vertreter der von ihm geschätzten niederländischen Feinmalerei, mit Andriaen van der Werff einen Repräsentanten des barocken Klassizismus an seinen Hof. Neben den Niederländern beschäftigte er eine Reihe italienischer Maler. Es genügt hier, auf die Venezianer Antonio Bellucci und Giovanni Antonio Pellegrini hinzuweisen. Sie waren vor allem für die künstlerische Gestaltung der Räume von Schloss Bensberg verantwortlich. Der von ihnen geschaffene Gemäldezyklus verfolgte die hehre Absicht, den barocken Herrscher und seine Familie zu verherrlichen, sie gleichsam über das normale menschliche Maß emporzuheben.

Zu dem Bestand von etwa 1000 Bildern, die der Kurfürst

am Ende seines Lebens besaß, haben die von ihm beschäftigten Künstler allerdings nur den kleineren Teil beigetragen. Das meiste verdankte sich seiner mit Kunstkennerschaft gepaarten Sammelleidenschaft, in deren Dienst er ein ganzes Netzwerk von Kunstagenten und Diplomaten stellte. Eine wichtige Rolle fiel dabei Jan Frans Douven zu. Unter den mit Kunstkäufen beauftragten Diplomaten ist vor allem Abbate Antonio Maria Fede zu nennen. Fede war Geschäftsträger Cosimos III., des Schwiegervaters des Kurfürsten, am päpstlichen Hof. Johann Wilhelm ernannte ihn 1697 auch zu seinem Agenten. Der Abbate wurde unermüdlich in der Ewigen Stadt für ihn tätig, in der er über glänzende Beziehungen verfügte. So setzte er mit Erfolg sein diplomatisches Geschick ein, um die Zustimmung Roms zur Überführung des Rubens'schen »Großen Jüngsten Gerichts« aus der Neuburger Jesuitenkirche nach Düsseldorf zu erreichen. 1710 gelang es Johann Wilhelms Brüsseler Agentem ein weiteres Meisterwerk von Rubens zu erwerben. Es handelt sich um das Bild »Mariä Himmelfahrt«, das sich in der Kirche Notre Dame de la Chapelle befand. Nach der Zahlung von bescheidenen 4000 Brabanter Talern gelangte es 1712 nach Düsseldorf, wo es heute noch im Museum Kunst Palast zu bewundern ist. Fede war des Weiteren dabei behilflich, Johann Wilhelms Wunsch zu erfüllen, die, wie dieser sich ausdrückte, »schönsten und berühmtesten antiken Statuen in Abgüssen von Gips oder Stuck ... in der Größe des Originals« zu beschaffen. Der Erfolg des kostspieligen Unternehmens ließ Johann Wilhelm schließlich sogar den Plan verfolgen, Abgüsse des Reiterdenkmals Mark Aurels auf dem Kapitol und der Trajanssäule anfertigen zu lassen. Ihre Aufstellung in Düsseldorf hätte den ehrgeizigen Mann gleichsam als fernen Nachfahren der antiken Kaiser erscheinen lassen.

Seine Schätze hat er zunächst im Düsseldorfer Residenzschloss untergebracht, dem traditionellen Aufbewahrungsort für die Objekte fürstlicher Kunst- und Wunderkammern. Doch im Laufe der Jahre reichte der Raum nicht mehr aus. So ließ er in den Jahren 1710 bis 1714 nach einem Entwurf Albertis ein dreiflügeliges, mit dem Schloss durch ein Treppenhaus verbundenes Gebäude im Stil der klassizierenden Richtung des europäischen Barock errichten. Das Düsseldorfer Galeriegebäude gilt als einer der frühesten Museumsbauten in Europa, der interessierten Besuchern der Residenzstadt zugänglich war. Im Erdgeschoss brachte man die auf 161 Stücke angewachsene Sammlung von Abgüssen antiker Skulpturen unter. In den fünf Räumen des Obergeschosses fanden 343 Gemälde Platz. Ein bereits 1719 erschienener Katalog lässt erkennen, welche Künstler und welche Themen im Vordergrund des kurfürstlichen Kunstinteresses standen. Den Hauptschwerpunkt bildeten die Werke aus dem niederländischen und hier wiederum aus dem flämischen Raum mit dem Kunstzentrum Antwerpen. Rubens war mit 46 Gemälden vertreten, darunter dem »Großen Jüngsten Gericht«, für das die hohen Räume der Galerie genügend Raum boten; es folgten der Landschaftsmaler Jan Brueghel d.Ä. sowie Anthonis van Dyck, um nur die wichtigeren zu nennen. Die nördlichen Niederlande waren mit zehn Gemälden von Rembrandt sowie mit Produkten der Leidener Fein- und Kleinmalerei präsent. Die intensiven Bemühungen Johann Wilhelms um Kunstwerke aus Italien brachten eine große Vielfalt qualitätsvoller Arbeiten nach Düsseldorf, nicht zuletzt von Michelangelo, Andrea del Sarto, Raffael und Caravaggio. Zahlreich waren auch die Werke deutscher Künstler, namentlich Dürers sowie einiger österreichischer Hofmaler. Die französische und die spanische Malerei waren dagegen nur schwach vertreten. Insgesamt erkennt man jedoch das Bestreben Johann Wilhelms, die Galerie zu einem Spiegel europäischer Kunst seit der Renaissance zu machen.

Thematisch dominierte die mythologisch oder – weitaus häufiger – die christlich inspirierte Historienmalerei, damals die angesehenste Bildgattung. Es folgten Porträts, Allegorien, Landschaften, Genreszenen und Stillleben. Die Bildinhalte spiegeln die von Gegenreformation und katholischer Reform beeinflusste Religiosität des Kurfürsten wider. Gemälde, die Maria und die Heilige Familie thematisieren, bilden deshalb einen auffälligen Schwerpunkt. Die Präsentation der Objekte entsprach wohl dem den niederländischen und italienischen Meistern besonders zugetanen Kunstgeschmack Johann Wilhelms. Daher wurden Rubens und van der Werff sowie der italienischen Malerei drei Räume zugewiesen, während in den beiden übrigen Sälen keine klare Systematik zu erkennen ist.

Ohne Zweifel hat Johann Wilhelm mit seiner Galerie ein Werk hinterlassen, das ihm einen hervorragenden Platz unter den Fürsten seiner Zeit sichert. Mochte er politisch keine großen Erfolge aufzuweisen haben, seine Kunstbegeisterung und Kunstkennerschaft haben Düsseldorf im 18. Jahrhundert zu einem Hauptanziehungspunkt für Kunstliebhaber aus ganz Europa werden lassen. Als eines für viele sei nur das Zeugnis Goethes zitiert, der die Galerie 1792 besuchte und bekannte, er habe beim Studium der Niederländer und Italiener »Gewinn fürs ganze Leben« gefunden. Johann Wilhelms Kunstförderung lässt sich nicht auf seinen sicher unbestreitbaren Drang nach Ruhm und Geltung in der europäischen Fürstengesellschaft reduzieren. Sein mit Leidenschaft betriebener Sammeleifer paarte sich bei ihm mit einer Kennerschaft, die der bildenden Kunst, aber auch der Musik den hohen Rang verschaffte, den sie am Düsseldorfer Hof einnahmen. Seiner Kunstbegeisterung hat er gelegentlich drastischen Ausdruck verliehen. So machte er 1704 in einem Brief aus Wien an den Hofkanzler seinem Ärger über seine Düsseldorfer Geheimräte Luft, die seine Großzügigkeit gegenüber Grupello kritisiert hatten. Die Ursache vermochte er nur darin zu sehen, dass »sie solche schöne Sachen nicht verstehen und ein Hauffen Esell und Idioten seindt, welche lieber den gantzen Tag sauffen, spiehlen und tabaccieren, alss sich auff sölche tugendliche undt schöne Wissenschaften zu begeben, Ihr aber, mein liebster Hoff Cantzler, wohl wisset, dass [ich] solche große Künstler, wie der Chevalier Grupello undt andere seindt, weith mehrers estimire undt vorziehe alss alle dergleichen Plackscheisser«.

☆☆☆

Johann Wilhelm war gewiss kein großer Staatsmann; weder in der inneren noch in der äußeren Politik hatte er bedeutende Erfolge aufzuweisen. Was ihn jedoch über seine fürstlichen Zeitgenossen erhebt, ist seine mit profunder Kennerschaft gepaarte Leidenschaft für die Kunst. Ihm verdankt Düsseldorf seinen Rang als Kunststadt, auch wenn die Stadt die Galerie durch widrige politische Umstände zu Beginn des 19. Jahrhunderts an München verlor, wo sie heute einen wichtigen Bestandteil der Alten Pinakothek bildet.

Literatur:

Klaus Müller, *Jan Wellem – ein Barockfürst in Düsseldorf*, Düsseldorf 2008

Benedikt Mauer (Hrsg.), *Barocke Herrschaft am Rhein um 1700. Kurfürst Johann Wilhelm und seine Zeit*, Düsseldorf 2009

MICHAEL KAISER

Jan von Werth (1591–1652)

Ein Rheinländer im Dreißigjährigen Krieg

Im Dreißigjährigen Krieg zieht der berühmte General Jan von Werth in die Reichsstadt Köln ein. Durch das Severinstor reitend, sieht er dort eine Magd sitzen, die Äpfel feilbietet. In ihr erkennt er seine Jugendliebe Griet, die ihn einst abgewiesen hat, weil er nur ein armer Knecht war: »Jriet, wer et hätt jedonn!« Eine Fehlentscheidung, wie Griet nun erkennen muss, doch antwortet sie mit einiger Berechtigung: »Jan, wer et hätt gewoß!«, denn den phänomenalen Aufstieg des Bauernsohnes konnte damals niemand erahnen.

Allein durch diese Episode ist Jan von Werth auch heute noch eine bekannte Figur, vor allem im historischen Gedächtnis der Rheinländer ist er nach wie vor sehr präsent. Hier, aber auch an anderen Orten, an denen Werth im Verlauf des Dreißigjährigen Kriegs Spuren hinterlassen hat, erinnern zahlreiche Straßennamen an ihn. Besonders lebendig wird sein Andenken in seinem Heimatort Büttgen gepflegt, wo sich die St.-Sebastianus-Schützenbruderschaft der Jan von Werth-Tradition annimmt. Ebenso stark wird die Erinnerung an ihn in Köln wachgehalten; dabei steht das Reitercorps Jan-von-Werth e.V. an erster Stelle. Im Stadtbild erinnert ein Denkmal auf dem Altermarkt an den General, und am alten Rathaus, an dessen Turm viele für Köln bedeutsame Persönlichkeiten abgebildet sind, findet sich auch eine Skulptur Werths.

☆☆☆

Diese starke Erinnerung an Werth ist erstaunlich. Denn unter die wirklich bedeutsamen Feldherren des Dreißigjährigen Kriegs ist er nicht einzureihen. Er hat zwar an vielen Kämpfen teilgenommen, doch eine große Schlacht hat er selbst nie geschlagen. Das lag schon daran, dass er nie das Kommando über eine ganze Armee innehatte. Wenn Werth aber schon kein Schlachtenlenker war, was macht ihn dann so interessant? Gerade von den hohen Militärs im Dreißigjährigen Krieg zeichnet das historische Gedächtnis oftmals ein düsteres Bild wie etwa bei Wallenstein, dem Dramenheld Schillers. Gustav Adolf und Tilly gelten zwar als aufrechte Fechter für ihre jeweilige Konfession, doch haftet ihnen etwas Unerbittliches an. Andere Militärs wie Mansfeld, Christian von Braunschweig, Pappenheim, Banér, Bernhard von Weimar, Torstenson, Königsmarck, Gallas oder Piccolomini stehen ohnehin für die harte Kriegsrealität mit grenzenlosem Blutvergießen, der blinden Zerstörungswut und dem unermesslichen Leiden der Bevölkerung. Auch Jan von Werth hat in diesem blutigen Geschäft nach Kräften mitgewirkt, und doch ist die Erinnerung an ihn eine andere: Er ist als General des Dreißigjährigen Kriegs eine populäre Figur geworden, ja ein volkstümlicher Held wie kaum ein anderer.

Dieser Umstand ist nicht die einzige Merkwürdigkeit im Falle Jan von Werths. Genauso auffällig ist, wie wenig eigentlich über seinen Lebensweg bekannt ist. Besonders über seine frühen Jahre sind wir schlecht unterrichtet. Lange Zeit war man sich über seinen Geburtsort Büttgen bei Neuss unsicher, auch über das Geburtsdatum, das vielleicht auf den 6. April 1591 fällt, herrscht Unsicherheit. Ebenso sind die ersten Schritte seiner Karriere im Militär nur schemenhaft erkennbar. Ja, gerade die eingangs erwähnte Geschichte von Jan und Griet ist historisch praktisch kaum zu belegen. Vielleicht ereignete sie sich Ende 1636, als Werth nach dem erfolgreichen Feldzug in der Picardie in Köln weilte und dort auch Grundbesitz erwarb; vielleicht auch erst ein Jahr später, als er die französisch besetzte Feste Ehrenbreitstein nach langer Belagerung zurückgewinnen konnte. Passen würde auch das Jahr 1642, als die Kölner ihn wiederum begeistert empfingen, voller Hoffnung, er würde dem Krieg nun erneut eine positive Wende geben.

Diese problematische Faktenlage hat das Interesse an Jan von Werth nie bremsen können. Möglicherweise haben gerade diese Lücken in der Überlieferung Raum für die Phantasie gewährt, die die Begeisterung für ihn erst hat entfachen können. Schon früh haben Geschichtsschreiber in ihm ein interessantes Objekt ihrer Studien entdeckt, sein Schicksal hat aber auch die Imagination von Romanciers und Heimatdichtern beflügelt. Letztere haben sicher keine gesicherten Kenntnisse zu Werth gesammelt – aber ganz entscheidend zur Popularisierung seiner Figur beigetragen, wie es vor allem durch das Gedicht Carl Cramers zur Legende von Jan und Griet aus dem Jahr 1837 gelungen ist.

Es bleibt aber die Frage, auf welchen historischen Kern die Kenntnisse über Jan von Werth zurückgeführt werden können. Die Quellenlage ist außerordentlich schwierig. Über manche Episoden seines Lebens sind wir ausgesprochen schlecht informiert, über einige fast gar nicht. Dazu trägt entscheidend bei, dass Werth erst im Alter von rund 40 Jahren eine solch herausragende Position erreichte, die sein Handeln dokumentationswürdig erscheinen ließ. Doch auch beim höheren Offizier bleibt vieles vage. Denn Werth konnte zeit seines Lebens weder lesen noch schreiben. Selbst als er schließlich den Generalsrang innehatte, malte er unter die Briefe lediglich seine Unterschrift; eigenhändige Schriftstücke von ihm gibt es nicht. Daher sind von ihm auch keine Selbstzeugnisse bekannt, die uns möglicherweise einen anderen, näheren Blick auf seine Persönlichkeit geboten hätten. Die erhaltenen Korrespondenzen mit dem Kriegsherrn und anderen Kommandeuren spiegeln nur seine Tätigkeit als Soldat wider. Was er darüber hinaus dachte und fühlte, ist für uns nicht fassbar – und was wir haben, sind nicht einmal seine eigenen Worte. Denn die übrigen Zeugnisse stammen von anderen Zeitgenossen oder gar aus späteren Zeiten. Dies alles erschwert die Beantwortung der Frage, was die historische Figur Jan von Werth ausmacht.

☆☆☆

Im Mai 1632 schlug ein Obristwachtmeister der Armee der Katholischen Liga mit einer Truppe von rund 120 Reitern elf Kompanien der schwedischen Armee in der Nähe von Landshut in die Flucht. Ein tollkühner Sieg, bemerkenswert vor allem deswegen, weil er in einer Phase gelang, in der die kaiserlich-katholischen Truppen gegen die Soldaten des schwedischen Königs Gustav Adolf macht-, ja hilflos wirkten. Deswegen horchte Maximilian, der Kurfürst von Bayern, auf.

Dieser war seit Anfang des Kriegs auf der Seite des Kaisers gewesen und hatte als Oberbefehlshaber der Katholischen Liga deren Armee auch dem Kaiser zur Verfügung gestellt. Schon bei der Schlacht am Weißen Berg 1620 hatten ligistische Truppen großen Anteil am Sieg, und Maximilian hatte sich auch in den folgenden Jahren durchgängig auf die Feldherrnkunst seines Generalleutnants Tilly verlassen können. Dieser hatte die ganzen 1620er Jahre hindurch einen Feldzug nach dem anderen siegreich durchgeführt und die militärische Stärke der kaiserlich-katholischen Partei im Reich gesichert. Erst als 1630 mit der Landung Gustav Adolfs an der pommerschen Küste der sogenannte Schwedische Krieg begann, wendete sich das Blatt. Tilly fand im schwedischen König seinen Meister und unterlag 1631 in der Schlacht bei Breitenfeld. Der Weg in den Süden des Reichs stand offen, im folgenden Jahr erreichte der Krieg Bayern; auch München, die Residenz Maximilians, wurde von Gustav Adolf eingenommen.

Vor dem Hintergrund dieser Ereignisse muss man den Erfolg bei Landshut einordnen: Hier operierte ein Offizier mit großer Unerschrockenheit gegen einen Feind, der mit Tilly den Garanten des militärischen Erfolgs früherer Jahre aus dem Feld geschlagen und sich seinerseits den Nimbus der Unbesiegbarkeit erworben hatte. In dieser beinahe ausweglosen Lage kam ein Offizier, der zu solchen Operationen fähig war, gerade recht. Kurfürst Maximilian beschenkte den Obristwachtmeister in Anerkennung seines Siegs mit einer goldenen Kette und machte ihn zum Oberst. Der Name des Offiziers lautete Johann Werth.

Diese Episode im Frühjahr 1632 markiert den eigentlichen Beginn von Werths Karriere. Auch wenn er schon an die 20 Jahre Kriegsdienste geleistet hatte, so wurden doch erst von diesem Zeitpunkt an seine Waffentaten wahrgenommen. Sein Engagement in den Feldzügen war nun Thema der Kriegskorrespondenzen der Fürsten und Feldherren, seine Operationen wurden auch von der Publizistik der Zeit verfolgt und der Öffentlichkeit präsentiert – kein Wunder, denn mit dem Rang eines Obersten und Regimentskommandeurs gehörte er zur Schicht der Befehlshaber, in deren Händen die Kriegführung eigentlich lag.

Gleich dieser erste prominente Auftritt Werths zeigte zudem, wofür er als Militär berühmt wurde: Es waren Operationen mit Kavallerieverbänden, rasch und verwegen ausgeführt, oftmals unter hohem Risiko, die ihm früh Bewunderung und Ruhm brachten. Die Gegner fürchteten Werths Attacken, und die militärischen Erfolge, die er damit errang, beförderten sein weiteres Fortkommen. Allerdings waren mit dieser Art der Kriegführung auch besondere Gefahren verbunden: Im April 1633 misslingt eine solche Attacke, als er sich bei Herrieden und Ornbau in Franken einer Übermacht von schwedischen Truppen unter dem Kommando Bernhards von Weimar zum Kampf stellt. Werth unterliegt und wird in die Flucht geschlagen. Kurze Zeit später wird er selbst bei einem Gefecht verwundet.

Ein halbes Jahr muss er die Verwundung auskurieren; erst im Herbst kann er wieder auf den Kriegsschauplatz zurückkehren. Der Erfolg kehrt mit ihm zurück; mehrfach gelingt es Werth im Oktober 1633, schwedische Einheiten zu überfallen und zu zerstreuen. Ebenfalls in dieser Phase kann er Eichstätt von den Schweden befreien: Dies war ein wichtiges Signal in Zeiten der Krise, weil hier mit dem Fürstbischof von Eichstätt ein Verbündeter des Kurfürsten von Bayern vor feindlicher Besatzung bewahrt werden konnte. Schon die ersten bekannten Operationen der Jahre 1632 und 1633 ließen all das erkennen, was Werths Kriegskunst ausmachte: spektakuläre Erfolge, aber auch empfindliche Rückschläge, und immer wieder die Gefahr, die eingesetzten Truppen zu verlieren und auch selbst im Kampf verwundet zu werden.

Mit dieser Art der Kriegführung konnte sich Werth der Bewunderung der einfachen Soldaten sicher sein. Dabei ging es gar nicht so sehr darum, dass diese blitzartigen Reiteraktionen die Abenteuerlust und das Draufgängertum befriedigten. Vor allem waren dies Gefechte, bei denen die Soldaten auf eines hoffen konnten: Beute. Bei Überfällen auf feindliche Truppen in ihren Quartieren wurde die Bagage geplündert, und es wurden Gefangene gemacht, für deren Freilassung (besonders im Falle von Offizieren) Lösegeldzahlungen erzielt werden konnten. Streiftrupps, die ungebunden durch die Gegend zogen, hatten hinreichend Gelegenheiten, Dörfer und kleinere Städte zu überfallen und dort zu requirieren. Das unkontrollierte Eintreiben von Versorgungsgütern und Kriegssteuern widersprach zwar auch damaligen rechtlichen Standards, doch konnte kein Offizier seine Söldner davon abhalten, wenn Soldzahlungen schon seit Monaten ausstanden – abgesehen davon, dass hier sogar die Offiziere selbst die Chance sahen, im Krieg Profit zu machen. Jedenfalls hatten sie durchaus Verständnis für das Gebaren ihrer Truppen.

Derartige Reiterunternehmungen hat Werth nicht um seiner Soldaten willen unternommen. Ihm ging es vor allem darum, die feindlichen Positionen und Truppenbewegungen auszukundschaften sowie über Gefangene an weitere Informationen zu gelangen. Und bei diesen überraschend ausgeführten Angriffen ergaben sich auch immer wieder gute Gelegenheiten, den Feind empfindlich zu treffen. Wie sehr diese Kriegführung dem Gegner schadete, bezeugt der Respekt der Gegenseite. Schwedische und französische Generäle fühlten sich mitunter sehr siegessicher, wenn sie nur erfuhren, dass ein Feldherr wie Matthias Gallas das Kommando über kaiserliche Truppen hatte. Wenn sie aber Werth gegenüberstanden, wurden sie vorsichtig: Aus Furcht vor seinen blitzschnellen Angriffen ließ man oft sogar die Pferde des Nachts gesattelt.

☆☆☆

Sosehr Werth bei den Soldaten beliebt war und von den Feinden mit Respekt bedacht wurde, so stieß seine Form der Kriegführung beim eigenen Kriegsherrn durchaus auf Vorbehalte. Der Kurfürst von Bayern als der Oberkommandierende Werths war kein Kriegsfürst, der selbst im Feldlager weilte; er zog es vor, aus seiner Kanzlei heraus den Krieg zu organisieren und zu leiten. Dabei hatte er durchaus militärischen Sachverstand. Er wusste, wie riskant eine allzu offensiv ausgerichtete Kriegführung sein konnte. Auch in den erfolgreichen 1620er Jahren hatte er mehrfach seinen Generalleutnant Tilly zu größerer Vorsicht mahnen müssen. Denn auch Tilly neigte dazu, überstürzt den Kampf zu suchen, und die Niederlage bei Wiesloch (1622) gegen Mansfeld resultierte genau aus einer solchen überhasteten Entscheidung zur Schlacht. Der Kurfürst von Bayern stand mit der Überzeugung, dass eine behutsamere Anlage des Feldzugs erfolgversprechender war, nicht allein. Vielmehr entsprach es einer zeitgenössischen Militärdoktrin, »mit bleiernen Füßen zur Schlacht zu eilen«: Der Feldherr sollte also vor allem einen Manöverkrieg führen, nicht sofort die Schlacht suchen, sondern erst, wenn er sich seiner Sache ganz sicher war, den Kampf wagen. Dieser so überaus vorsichtigen Feldzugsplanung lag die Überzeugung zugrunde, dass die Armee nicht leichtfertig riskiert werden dürfe: Zu teuer war der Aufbau einer Heeresmacht, zu aufwändig das Anwerben der Söldner und die Beschaffung der Pferde, zu kostspielig die Artillerie, als dass all dies leichtfertig aufs Spiel gesetzt werden konnte. Genauso wirkten aber Werths Operationen und lösten damit bei einem Kriegsherrn wie dem Kurfürsten von Bayern Skepsis aus.

Maximilian hat keineswegs an Werths Qualitäten als genialer Kommandeur einzelner Kavallerieeinheiten gezweifelt. Aber das Format zum Oberkommandeur, der eine ganze Armee führt, hat er Werth nicht zugebilligt. Jedenfalls hat Maximilian von Bayern nie mit dem Gedanken gespielt, dem bewährten Reitergeneral die ganze Armee anzuvertrauen. Lange Zeit hatte Joachim Christian Graf von Wahl das »Generalkommando« über die ligistisch-kurbayerischen Truppen. Auf ihn folgte aber nicht Werth, sondern Franz von Mercy, eine militärische Kapazität, an der der Kurfürst nicht zweifelte. Nach dessen Schlachtentod bei Alerheim 1645 kam Werth abermals nicht zum Zug, stattdessen übernahm Graf Huyn von Geleen das Kommando und nach ihm im Frühjahr 1647 Graf Gronsfeld – sodass Werth sich durchaus zurückgesetzt fühlen konnte.

So kam es, dass Werth zwar an einigen wichtigen Schlachten beteiligt war: Er kämpfte als Reiterführer bei Nördlingen 1634, war 1635 beim Feldzug ins Elsass beteiligt, im Jahr darauf maßgeblich am Einfall in die Picardie, 1637 gelang ihm die erfolgreiche Belagerung der Festung Ehrenbreitstein bei Koblenz, er focht 1643 bei Tuttlingen und 1645 bei Jankau, dann bei Alerheim. Mit seinem Namen ist aber kein einziger Schlachtensieg verknüpft, denn in verantwortlicher Position war er jeweils nicht. Immerhin ist der Gewinn Ehrenbreitsteins 1637 sein Verdienst, und auch der Vorstoß 1636 nach Nordfrankreich wird noch am ehesten mit seinem Namen verknüpft. Doch formal gesehen unterstand er stets anderen Kommandeuren, und bezeichnenderweise musste sich Werth nach dem Feldzug von 1636 einiger Vorwürfe erwehren, er hätte die ihm anvertrauten Regimenter nicht gut geführt und versorgt. Diese Kritik konnte Werth leicht widerlegen, doch kamen diese Vorhaltungen nicht von ungefähr; der Verdacht, dass er größere Verbände nicht verantwortungsvoll führen könnte, lag einfach in der Luft.

Letztlich hatte Werth einen eindrucksvollen Werdegang vorzuweisen. Als Rittmeister in spanischen Diensten wurde er beim Wechsel in die Armee der Katholischen Liga 1631 Obristwachtmeister, bereits Ende 1632 erhielt er den Titel des Oberst, kurz darauf übernahm er sein erstes Regiment. Anfang 1634 wurde Werth Generalwachtmeister, noch im Oktober desselben Jahres Feldmarschall-Leutnant. 1643 wurde er General der Kavallerie – ein bemerkenswerter Aufstieg, wie ihn kaum ein zweiter vorweisen konnte, der als einfacher Soldat sprichwörtlich »von der Pike auf« gedient hatte. Ein populäres zeitgenössisches Lied, das aus der Zeit seines Vorstoßes nach Frankreich im Jahr 1636 stammte, verdeutlicht beispielhaft, welchen Eindruck Werth auf seine Feinde machte:

«Jean de Vert étant un brutal /
Qui fit pleurer le roy de France /
Jean de Vert étant général /
A fait trembler le Cardinal»

Dass Werth den König von Frankreich den Tränen nahebrachte und Kardinal Richelieu erzittern ließ, ist zunächst einmal die Übertreibung des regimekritischen Spotts in diesem Lied, mit dem die Franzosen auf das Versagen der königlichen Truppen reagierten. Nicht zu verkennen ist in diesen Zeilen aber auch der Ruf als ernstzunehmender Truppenführer, den Werth beim Feind genoss. Doch dies reichte nicht aus, dass er wirklich an die Spitze der militärischen Hierarchie hätte gelangen können.

☆☆☆

Werth hatte sich längst einen Namen gemacht, als er immer noch von sich als »armem Soldaten« sprach, »der sein Brot mit dem Degen gewinnen müsse«. Das war keineswegs scherzhaft gemeint oder ironisch gesprochen, sondern spiegelte sein Selbstverständnis als Militär. Für ihn stellte der Krieg in erster Hinsicht einen Broterwerb dar – Werth hatte Kriegsdienste angenommen, um seinen Lebensunterhalb zu verdienen. Und er hoffte darauf, dass er, wenn ihm das Glück gewogen sein sollte, sogar einen gewissen Profit erwirtschaften konnte, der ihm ein angenehmes und sorgenfreies Leben ermöglichen würde. Natürlich kam es dabei auf sein Geschick und Talent an, aber eben auch auf das Glück: Deswegen nannte er sich einmal auch einen »Soldaten von Fortuna«, einen Glücksritter also, der versucht, seinem Leben im Krieg eine Richtung zu geben und dabei auch sein Glück zu finden.

Diese Vorstellung, wie Werth sie formulierte, hatte anders als heute nichts Anrüchiges an sich. Im 17. Jahrhundert basierte das Militärwesen im Wesentlichen auf dem Söldnertum; es gab ja keine Wehrpflicht, und das alte System der Heeresfolge für den Lehnsherrn hatte sich längst als überholt erwiesen. Ritterheere waren lange verschwunden; gegen Schießpulver und pikenstarrende Landsknechtshaufen waren sie einfach chancenlos. Für die neue Form des Kriegs suchte man nach Möglichkeit Spezialisten, die mit den neuen Techniken des Kampfes gut vertraut waren. Das Kriegswesen verlangte also nach Männern, die sich ganz dieser Welt der Waffen verschrieben und den Soldatendienst zu ihrem Beruf machten. Dies war nicht nur die Chance für nachgeborene Söhne von Adel, die als Vertreter des »Wehrstandes« ein standesgemäßes Betätigungsfeld suchten. Auch für den »gemeinen Mann«, Männer aus dem einfachen Volk also, stand der Weg in den Krieg offen. Seit der zweiten Hälfte des 16. Jahrhunderts hatte es immer wieder, auch bedingt durch die sich verschärfenden konfessionellen Streitigkeiten, bewaffnete Zusammenstöße, Aufstände und Kriege gegeben – der Bedarf an Soldaten blieb beständig hoch. Gerade im Nordwesten des Heiligen Römischen Reiches hatte sich eine Konfliktzone entwickelt, die jahrzehntelang von Krieg und Militär geprägt sein sollte. Der Aufstand der nördlichen niederländischen Provinzen, die sich als Generalstaaten in achtzig Jahren Krieg gegen die spanische Macht zu behaupten wussten, war bestimmend für diese Region. Hinzu kam am Niederrhein der Jülich-Klevische Erbfolgestreit, wenige Jahre später brach der Dreißigjährige Krieg aus: Das Söldnertum hatte mehr denn je Konjunktur.

In diesem Milieu muss auch der junge Werth den Entschluss gefasst haben, dem Kalbsfell zu folgen – wie man damals sagte –, d.h. dem Trommelschlag der Werber, und sich als Söldner anwerben zu lassen. Warum unternahm er diesen Schritt? War es häusliche Armut und Perspektivlosigkeit? War es jugendliche Abenteuerlust? Oder war es Liebeskummer – hat die stolze Griet ihn ins Feldlager getrieben? Über all dies können wir nur spekulieren, die Quellen geben hier keinerlei Hinweise. Nicht bekannt ist auch das genaue Datum; Indizien sprechen für 1608 oder 1609. Beide Jahre erscheinen plausibel, da 1609 mit dem erwarteten Tod des schon lange siechen Herzogs Wilhelm von Jülich der Erbfolgestreit am Niederrhein ausbrach, auf den sich die regionalen Mächte mit Truppenverstärkungen vorbereiteten.

Dass Werth bei den Truppen der spanischen Krone Dienste

nahm, wird oft mit dem Verweis auf seine katholische Konfession erklärt. Das ist zwar plausibel, aber nicht zwangsläufig so gewesen; denn damals dienten sowohl protestantische Söldner unter katholischen Kriegsherren wie auch katholische Kriegsknechte bei Feldherren, die der lutherischen oder calvinistischen Konfession anhingen. Festzuhalten ist an der Stelle eher, dass Werth selbst in seiner Funktion als General eines katholischen Kriegsherrn offenbar niemals Maßnahmen gegen Angehörige anderer Glaubensrichtungen angeordnet hat. Weder hat Werth protestantische Söldner aus seinen Regimentern entfernen lassen, noch hat er als Militär gegenreformatorische Aktionen gegen eine protestantische Bevölkerung veranlasst – andere Generäle auf beiden Seiten haben durchaus strikt konfessionspolitisch gehandelt, Werth eben nicht. Daraus lässt sich noch keine besondere Toleranz ableiten. Denn religiöser Eifer gefiel zwar einem Fürsten wie Maximilian von Bayern, war aber mitunter und zumal bei den Soldaten jedoch nicht gut fürs Geschäft.

Offenbar ist Werth von Anfang an bei der Kavallerie gewesen. Dass er in der Frühphase einmal als Pikenier oder Musketier gedient hat, ist nirgends erwähnt. Ob gleich zu Beginn sein Talent als Reitersoldat erkannt wurde, er vielleicht nicht ganz mittellos war und ein Pferd mitbringen konnte oder einfach der Zufall eine Rolle spielte, muss offen bleiben. Klar ist hingegen, dass Werth nicht der Einzige seiner Familie war, der sein Glück als Soldat versuchte. Das Freiherrendiplom erwähnt, dass in der Schlacht am Weißen Berg, an der Werth teilnahm, auch sein gleichnamiger Vetter »sein Blut ritterlich vergossen« habe und gefallen sei. Ebenso wählten seine fünf Brüder den Weg in den Krieg, wobei sie offensichtlich vom rasanten Aufstieg ihres ältesten Bruders Jan profitiert haben. Sie alle bekleideten den Rang eines Rittmeisters und wurden meist Kompanieführer in den Regimentern Werths. Natürlich war dies Vetternwirtschaft, aber das war in der Zeit nichts Ungewöhnliches. Werth hat auch in seiner weiteren Umgebung viele entfernte Verwandte oder zumindest Rheinländer angestellt, Leute also, die ihm durch Blutsbande verpflichtet waren oder zumindest den regionalen Hintergrund mit ihm teilten. Und so, wie hier eine niederrheinisch-belgische Gruppierung aufscheint, gab es auch entsprechende andere Cliquen, in denen sich schwäbische, fränkische oder auch schottische und italienische Kriegsunternehmer zusammenfanden.

Diese landsmannschaftliche Gruppenbildung spielte im Militärwesen eine wichtige Rolle. Denn auf diese Weise baute Werth ein Netzwerk an Verbindungen auf, die ihm halfen, in dieser ihm vertrauten Region auf verlässliche Leute zurückgreifen zu können. Für einen Kriegsunternehmer wurde dies gerade dann bedeutsam, wenn er von seinem Kriegsherrn den Auftrag erhalten hatte, ein neues Regiment aufzustellen oder auch zu bestehenden Einheiten Soldaten zuzuwerben. Ein Fürst gab dafür nur Patente aus, obrigkeitliche Bescheinigungen also, die die Rechtmäßigkeit der Werbungen dokumentierten. Staatliche Strukturen gab es nicht: Wie man überhaupt Soldaten anwarb und nach Möglichkeit schon erfahrene, »beschossene Kriegsknechte« (die also einmal im Kampf gestanden hatten) gewann, musste der angehende Regimentschef schon selbst wissen. Da machte es sich bezahlt, wenn man Unteroffiziere an der Hand hatte, die aufgrund ihrer Vernetzung in ihrer (heimatlichen) Umgebung rasch eine kampffähige Truppe organisieren konnten. Nur vor diesem Hintergrund war Werth im Jahr 1642 überhaupt in der Lage zu versprechen, in zwei oder drei Monaten 1000 Reiter anzuwerben. Und indem er sich brüstete, dass viele »Chevaliers und Offiziere« von sich aus an ihn herangetreten seien, verdeutlichte er seine guten Verbindungen, auf die er als Söldnerunternehmer zurückgreifen konnte. Werth selbst hatte übrigens auf diese Weise den Weg in die Armee der Katholischen Liga gefunden. Höchstwahrscheinlich diente er in den 1620er Jahren in einem Kürassierregiment, in dem Winand von Eynatten Oberstleutnant war. Dessen Bruder Adolf warb 1631 ein neues Reiterregiment für den Dienst in der Liga an – offenbar auf brüderliche Empfehlung wurde Werth Obristwachtmeister und gab seiner Karriere so den entscheidenden Schub. Jahre später hatte er längst seine eigenen Kontakte, war seinerseits wie ein Patron, an den sich Soldaten wandten und um die er sich kümmerte. Auch dies war Teil des Geschäfts im Krieg.

☆☆☆

Leicht übersehen werden bei all diesen Erwägungen die Risiken von Werths Werdegang. Allein die Tatsache, dass er als junger Mann Kriegsdienste annahm und dann die Feldzüge mit ihren Strapazen sowie alle Verwundungen überlebte, ist beachtlich. So erlitt Werth im Konflikt mit Brauweiler Bauern, die sich wegen überzogener Kriegssteuern zur Wehr setzten, eine schwere Verwundung – dies im Jahr 1629, also noch in spanischen Diensten als Rittmeister. Man darf nicht glauben, dass die fortschreitende Karriere das Risiko eines Schlachtentods verminderte. In dieser Zeit fielen auch prominente Heerführer im Kampf wie etwa Gustav Adolf, Pappenheim und Mercy, und häufig erlitten auch Regimentskommandeure tödliche Verwundungen. Kein Wunder, denn das Engagement auch der Offiziere im Kampf war wichtig, um die Soldaten zu mobilisieren. Sie sahen vornehmlich in ihrem Oberst den Patron, der sie für den Feldzug angeworben hatte. Ihm fühlten sie sich verpflichtet, und aufgrund seiner Autorität waren sie bereit, womöglich trotz ausstehenden Soldes ihr Leben in der Schlacht zu wagen. Daher konnte es damals für einen kommandierenden Offizier keinen Platz auf dem sprichwörtlichen Feldherrenhügel geben. Stattdessen ritt er voran und führte seine Truppen in Person ins Feld. Bei Werth war dies nicht anders, aufgrund seiner tollkühnen Operationen musste er sich erst recht exponieren und seinen Soldaten oft genug noch einen Extra-Sold versprechen.

Wie hoch das Risiko war, das Werth einging, lässt sich durch seine gesamten aktiven Jahre verfolgen. Nicht nur viele der in seinem Regiment dienenden Offiziere kamen zu Tode, auch er selbst wurde immer wieder schwer verwundet. 1633 erforderte eine Verwundung eine fünfmonatige Genesungspause (s.o.), 1637 traf ihn eine Kugel in die Wange und blieb »unter dem Ohr« stecken – Werth ließ sie erst Monate später herausschneiden. Auch war bekannt, was er alles durchgemacht hatte: Als der Kurfürst von Mainz sich einmal beim Kaiser für Werth verwendete, wies er auf die Narben und lahmen Glieder hin, die dieser im Laufe der langjährigen Kämpfe davongetragen hatte. Noch bei den letzten Kampfhandlungen des Kriegs überhaupt, im Oktober 1648, zerschmetterte eine Kanonenkugel den Begleiter an seiner Seite; Werth selbst flog nur der Hut vom Kopf. Er hat einfach bis zum Schluss Glück gehabt.

Gefahren drohten aber nicht nur vom Feind, den man auf dem Schlachtfeld traf. Der obige Verweis auf die Verletzung Werths durch Bauern, die angesichts drückender militärischer Requirierung verzweifelten und nur noch im bewaffneten Aufstand ihre Rettung sahen, war kein Einzelfall in diesen Zeiten. Bauernaufstände flackerten immer wieder auf, in Oberösterreich war 1626 eine ganze Region in Aufruhr: Die Bauern lieferten den einquartierten Truppen regelrechte Schlachten und wurden schließlich von einem kompletten Heer niedergeworfen. Auch Werth traf Ende 1633, Anfang 1634 in Bayern auf Bauernhaufen, die sich gegen die Steuerlasten und Einquartierungen gewaltsam zu Wehr setzten. Hier wie auch später kam es immer wieder zu Zusammenstößen, die nie ohne Verluste abgingen – Realität in einem Krieg, der im Laufe der Jahre immer rücksichtsloser wurde.

Aufruhr gab es nicht nur in der von der Kriegsfurie gepeinigten Bevölkerung. Auch die Soldaten litten vielfach Not, erhielten nur unregelmäßig Sold und waren oftmals unterversorgt, auch dies ein Grund für Zusammenstöße mit den Bauern. Gleichwohl lehnten sich Soldaten immer wieder auch gegen die militärische Obrigkeit auf: Meutereien gab es häufig im Dreißigjährigen Krieg, und auch in den Einheiten Werths rumorte es manchmal. So musste Werth im Frühjahr 1637 eine Meuterei mithilfe zuverlässiger Truppen niederschlagen; zur Abschreckung ließ er sechs Reiter durch den Strang richten. Die Ursache für die Revolte, das wusste Werth sehr wohl, lag in der Not der Soldaten; entsprechend bat er den Kurfürsten von Bayern dringend um Versorgungsgüter und Geld. All dies war kein Einzelfall, im Herbst desselben Jahres gab es wieder eine ähnliche Situation, die aber glimpflich ausging. Werth wies den Kriegsherrn immer wieder auf die Notlage bei den Truppen hin und forderte eine bessere Versorgung – zu vertraut war ihm die Gefühlslage der darbenden Söldner, als dass er ihnen gegenüber nur mit Härte reagiert hätte.

Schließlich drohten nicht nur seitens der Bevölkerung und der einfachen Soldaten Gefahren; auch die anderen Offiziere stellten manchmal ein Risiko dar. Zu groß war die Konkurrenz zwischen ihnen, die alle Karriere machen wollten, die sich eine Beförderung und die Übertragung einer frei gewordenen Charge erhofften. Da zudem die Offiziere fast ausschließlich von adligem Stand waren, trugen sie ihre Konflikte vielfach in Ehrenhändeln aus, sprich sie duellierten sich. Hier wurde meist bis zum Tod gefochten, es gab viele tragische Episoden, wie etwa das Ende von Pappenheims Sohn Wolf Adam, der 1647 mit dem kaiserlichen Generalfeldzeugmeister von der Goltz in Streit geriet und von diesem im Duell getötet wurde. Werth selbst war 1644 in Köln in ein Duell zweier hoher Offiziere verwickelt. Zunächst konnte er den Zweikampf unterbinden, sah sich dann aber selbst von einem der Kontrahenten herausgefordert: Werth konnte nicht anders, als den Grafen Merode niederzustechen.

☆☆☆

Dies alles machte die Lebenswelt der Kriegsunternehmer aus – eine Welt voller Gewalt und Unerbittlichkeit. Werth bewegte sich fast sein ganzes Leben lang in diesen Verhältnissen, und er tat es mit großer Gewandtheit. Der Kurfürst von Bayern, sein Kriegsherr, zollte ihm offen seine Wertschätzung. Ausdruck dafür war in erster Linie die Übertragung eines Regiments. Eigentlich hatte Kurfürst Maximilian in den 1620er Jahren Wert darauf gelegt, dass ein Oberst jeweils nur *ein* Regiment erhalte – das erleichterte ihm, Maximilian, die Kontrolle über das Heer, verringerte aber die Profitmöglichkeiten der Obristen. Während der Krise der 1630er Jahre musste der Kurfürst von dem Prinzip »ein Oberst, ein Regiment« abrücken. Werth war einer der Profiteure dieser neuen Liberalität, er hielt Mitte der 1630er Jahre gleich drei Regimenter: die beiden Kavallerieregimenter Alt-Werth (Leibregiment) und Neu-Werth (ehemals Oberst Eynatten) sowie ein Dragonerregiment (ehemals Oberst Ganß).

Die Verleihung dieser Regimenter manifestierte die starke Stellung, die Werth beim Kurfürsten innehatte. Doch aus der Sicht des Kriegsunternehmers trat neben diesen militärischen Aspekt der ökonomische: diese Regimenter stellten auch eine Grundlage für die Gewinne dar, die Werth als Söldnerunternehmer im Krieg einzustreichen hoffte. Er bezog das Gehalt für die Oberstencharge und konnte zudem durch die Versorgung der hier organisierten Soldaten weitere Profite herausschlagen. Diese wurden teilweise aus den Kriegssteuern generiert, hinzu kamen Beuteanteile. Dass hier auch noch die Chance bestand, die Gewinnmargen durch manipulierte Abrechnungen extrem zu steigern, war natürlich nicht Teil der regulären Vergütung für Werth, gehörte aber unbestritten zur Realität des Militärwesens dieser Zeit – nicht nur bei Werth und nicht nur in dieser Armee, sondern allenthalben.

Gleichwohl waren die Regimenter nur eine Quelle der Einkünfte. Hinzu kamen Geschenke und Einmalzahlungen. Auch Goldketten, Pferde und Weinlieferungen fielen darunter; so verehrte die Reichsstadt Köln 1637 Werth eine goldene Kette im Wert von 400 Goldgulden für den Gewinn der Feste Ehrenbreitstein. Eine besondere Form des »Rekompenses«, der Vergütung also, die Werth vor allem nach herausragenden Leistungen erwarten konnte, war Landbesitz. Schon Ende 1633 übertrug der Kurfürst Werth die Pflege Reichenberg. Sie warf weitere Erträge ab, die ihm zugutekamen. Andere Besitzungen lagen nicht im bayerischen Kernterritorium wie Reichenberg, sondern in der Oberpfalz, gehörten also zu jenem Gebiet, das der Kurfürst selbst gerade erst als Kriegsbeute erworben hatte. Weil dort viele Vertreter der lokalen Elite ins Exil gegangen oder vertrieben worden waren, verfügte Maximilian über sogenannte Rebellengüter in hinreichendem Ausmaß. An Werth übertrug er 1635 die Helmstettischen Lehen. 1638 kam noch Bodenstein im Amt Wetterfeld hinzu.

Werth war mit diesen Gütern auf die kurbayerischen Territorien festgelegt. Der Nachteil insbesondere der oberpfälzischen Besitzungen lag vor allem darin, dass ihr abschließendes Schicksal noch durch keinen endgültigen Friedensschluss geklärt war: Ob sich die neuen Besitzer also lange ihrer Güter würden erfreuen können, war noch nicht entschieden. Inwieweit sich Werth deswegen Gedanken machte, ist nicht festzustellen. Eindeutig ist jedoch seine Tendenz, Güter im Rheinland zu erwerben. 1637 kaufte er Besitzungen bei Huppelrath im Herzogtum Jülich, ein Jahr später kam das adlige Haus Kellenberg hinzu. Teil seiner rheinischen Besitzungen ist 1643 auch die Lehnsherrlichkeit Odenkirchen geworden, die Werth vom Kurfürsten von Köln übertragen wurde. Zu diesen Gütern kam im Laufe der Jahre noch eine Reihe von anderen, verstreut über verschiedene Territorien, teils gekauft wie Mensfelden im Rheingau unweit der Lahn und Grombach in der Nähe von Sinsheim, teils geschenkt wie das Dorf Mückenlock bei Neckargemünd, das der Fürstbischof von Würzburg 1644 an Werth übergab. Die erhaltenen Gelder in Immobilienbesitz anzulegen war eine kluge Entscheidung. Die Geldentwertung war eine reale Gefahr in jenen Kriegstagen; Werth tat also gut daran, sich beständige Werte zu sichern.

Unter all den verschiedenen und verstreut liegenden Gütererwerbungen ragt eine Immobilie in der Stadt Köln heraus. Hier kaufte Werth 1636 das sogenannte Raizenhaus in der Gereonstraße. Der Standort war wichtig, stellte er doch schnell das Werth'sche Stadthaus in Köln dar, das vor allem für die Familienangehörigen ein Ort der Sicherheit war. Als Reichsstadt verfolgte Köln im Dreißigjährigen Krieg zwar eine kaiserfreundliche Politik, war letztlich aber peinlich darauf bedacht, seine Neutralität zu wahren. Gleichzeitig war Köln jedoch ein zentraler Ort für die Kriegführung: Die Stadt fungierte als Umschlagplatz für Waffen und alle kriegswichtigen Güter; sie war oft genug auch Laufplatz, d.h. sie war der Ort, an dem Soldaten für den Krieg angeworben werden konnten. Kurzum, Köln war für einen Söldnerunternehmer wie Werth der entscheidende Platz, um erfolgreich den Geschäften im und mit dem Krieg nachgehen zu können.

Schließlich war Köln ein Ort der Repräsentation. Der 1635 geadelte Werth schloss mit dem Erwerb eines Stadthauses in der Metropole am Rhein zu den rheinischen Adelsfamilien auf, die ebenfalls ein oder sogar mehrere Häuser in Köln besaßen. So verfügte die weitverzweigte Familie Hatzfeldt, auch sie den rheinischen Adelsgeschlechtern zugehörig, neben vielfältigen Besitzungen eben auch über Immobilien in Köln: Zu einem Haus am Neumarkt kam der sogenannte Hatzfeldter Hof am Alten Ufer sowie der Wolfer Hof in der Huhnsgasse, ein umfangreicher Komplex mit mehreren Gebäuden und Garten. Die Hatzfeldts waren eine Familie, die in dieser Zeit von einigem Einfluss war. Einem Hatzfeldt gelang es, Fürstbischof von Würzburg zu werden, doch die meisten schlugen den üblichen Weg ein und begannen eine Karriere im Militär. Am erfolgreichsten unter ihnen war Melchior von Hatzfeldt. Ähnlich wie Werth hatte auch er schon früh Militärdienste genommen; seine Karriere nahm – auch dies eine Parallele – in den späteren 1630er Jahren deutlich an Fahrt auf, als er bis zum Feldmarschall aufstieg. Für seine Leistungen im Feld erfuhr er 1635 seine Erhebung in den Reichsgrafenstand. Mit dieser Karriere konnte Werth nicht mithalten, und er hat es auch nicht versucht. Doch als frisch in den Freiherrenstand Erhobener war es auch für ihn notwendig, diesen sozialen Aufstieg zu dokumentieren.

Damit sind wir bei der Nobilitierung Werths, ein Aspekt, der bereits anklang. Seine Erhebung in den erblichen Reichsfreiherrenstand durch Kaiser Ferdinand II. am 4. April 1635 dokumentiert den entscheidenden Schritt in der Karriere des Kriegsunternehmers. Für den Kaiser bedurfte es nur eines Federstrichs, um diese Urkunde zu unterfertigen; für Werth und seine ganze Familie öffnete sich eine neue Welt. Die Dimension dieses Erfolgs wird erst dann erkennbar, wenn man auf die Anfänge Werths und seine bäuerliche Abkunft schaut – eine Distanz, die in der damaligen geburtsständischen Gesellschaft als noch deutlich größer empfunden wurde.

Wie weit Werth innerhalb der Gesellschaft aufstieg, unterstreichen nicht zuletzt seine drei Heiraten: Seine erste Ehe mit Gertrud van Gent fiel noch in die Zeit, als er von einer Nobilitierung weit entfernt war. Bezeichnenderweise ist nicht viel über sie bekannt; ob sie adlig war, wie vermutet wird, muss offen bleiben. Ganz anders im Fall seiner zweiten Ehe, die er mit einer Gräfin Spaur 1637 einging, hier schon der gefeierte und geadelte Kriegsheld. Sie hat mit dem aufstrebenden General sicher eine gute Partie gemacht, besonders aber für Werth war die Verbindung mit einer Gräfin ein beträchtlicher Prestigegewinn. Doch starb sie bereits 1648. Wenige Monate später heiratete Werth ein drittes Mal. Damals befand er sich nicht mehr in kurbayerischen, sondern in kaiserlichen Diensten. Doch auch im habsburgischen Umfeld gelang ihm der Anschluss an die ansässigen Adelskreise sofort, wie die Ehe mit Susanne Maria, einer Gräfin von Kuefstein, zeigte. Diese Verbindung verlief für beide Eheleute, hier der raue und nun schon ältere Kriegsmann, dort die sehr junge, mit dem adlig-höfischen Umfeld der habsburgischen Welt vertraute Frau, ausgesprochen unglücklich und überschattete Werths letzte Lebensjahre. Doch relativierte dies nicht die Bestätigung des sozialen Rangs, den Werth sich erworben hatte. Diesen Erfolg bezeugt auch die Verheiratung von Werths Tochter mit Winand Hieronymus Raitz von Frentz auf Schlenderhan, Spross einer in Kurköln weitverzweigten und angesehenen Familie – auch dies ein Indiz für die Akzeptanz, die sich der Kriegsunternehmer Werth binnen kurzer Zeit verschafft hatte.

Nicht zu übersehen ist aber, dass die Erhebung in den Adelsstand mit der militärischen Karriere Hand in Hand ging. Einerseits war die Nobilitierung eine Form der Vergütung für Werths Leistungen im Krieg. Andererseits war sie notwendig für seine militärische Karriere und damit für die – aus der Sicht von Kurfürst und Kaiser – weitere Nutzbarmachung dieses außerordentlichen militärischen Talents. In gewisser Weise musste Werth geadelt werden. Denn wer ein Regiment kommandierte, war gemeinhin von adligem Stand. Selbst Vertreter des Landadels konnten darauf hoffen, dass, wenn sie eine solche Charge übernahmen, auch ihr Adelstitel aufgebessert wurde. Umso nötiger war dies für Werth, dessen militärische Fähigkeiten unbestritten waren, der aber gesellschaftlich nicht im Entferntesten den anderen Offizieren ebenbürtig war. Durch die Erhebung in den Reichsfreiherrenstand konnte er in sozialer Hinsicht ein gutes Stück weit nachvollziehen, was ihm im militärischen Bereich bereits geglückt war.

Dennoch wurde er von anderen Adligen noch häufig als nicht ebenbürtiger Neuankömmling betrachtet. Der Streit während des Feldzugs von 1637 mit dem Duc de Savelli hatte eben auch diese Komponente: Sollte etwa ein Herzog militärische Ratschläge von einem Bauernjungen empfangen, der bloß dank kaiserlicher Gnade einen niederen Adelsrang erlangt hatte? – Unmöglich! Die Konflikte, die sich hier abspielten, traten häufig unter den sehr ehrbewussten Militärs auf, die genau wahrnahmen, welchen sozialen Rang andere Kommandeure innehatten. Was aber schon unter gebürtigen Adligen für Gerangel und Streit sorgen konnte, musste erst recht für einen Emporkömmling wie Werth gelten. So stieß Werth im Kriegsalltag doch wieder an die Grenzen seines Erfolgs als Söldnerunternehmer.

☆☆☆

Ein echter Bruch in Werths Karriere war seine Gefangennahme bei Rheinfelden im März 1638, als Bernhard von Weimar ein Überraschungsangriff auf das Lager der Kaiserlichen gelang. Vom Kriegstheater zu verschwinden, bedeutete einen immensen Verdienstausfall für den Kriegsunternehmer. Dass die französische Seite dem prominenten Gefangenen das Leben durchaus angenehm gestaltete, Werth am Königshof als Zelebrität gefeiert wurde, konnte darüber nicht hinwegtäuschen. Dabei hätte Werth es leicht haben können, wenn er auf die französischen Angebote, die Seiten zu wechseln, eingegangen wäre. Doch diese Avancen schlug er aus: Bei einem Söldnerunternehmer, für den im Grunde stets nur der größtmögliche Profit im Krieg zählte, ein bemerkenswerter Charakterzug. Offenbar lag für Werth ein derartiger Dienstwechsel außerhalb seiner Vorstellungskraft.

Bis 1642 musste er warten, dann erst wurde er in einem Austauschgeschäft freigelassen, eilte dann schnellstmöglich auf den Kriegsschauplatz zurück – diesmal an den Niederrhein, seine Heimat. Enttäuschungen blieben aber auch hier nicht aus: Zuwerbungen zu seinem alten Regiment blieben ihm verwehrt, ein eigenes Kommando erhielt er nicht. Am Ende des Feldzugs musste er sich auf Anweisungen Maximilians von Bayern zurückziehen, entgegen seinen dringlichen Vorhaltungen. Der Wiedereinstieg ins Geschäft war nur bedingt erfolgreich verlaufen. In den folgenden Feldzügen lief es besser für ihn, doch die Karriere stockte – es war die Zeit des Franz von Mercy.

Eine neuerliche Zäsur bedeutete dann das Jahr 1647, als Werth aus kurbayerischen Diensten zur Armee des Kaisers wechselte. Kurfürst Maximilian von Bayern fasste dies als Verrat auf, zumal Werth versucht hatte, nicht allein, sondern zusammen mit möglichst vielen weiteren Soldaten der bayerischen Armee in kaiserliche Dienste zu wechseln – ein Umstand, den der Kurfürst als Meuterei verstand. Werth hingegen konnte nicht nachvollziehen, dass Bayern einen Separatfrieden mit Frankreich zu schließen gewillt war und damit aus der Koalition des Kaisers ausschied. Der General empfand eine tiefe Bindung an das Reich und den Kaiser, wollte den politischen Schachzug des bayerischen Kurfürsten nicht billigen. Dieser wiederum sah nur den Akt der Illoyalität eines Kriegsmannes, der sich doch ihm, Maximilian, durch Eid verpflichtet hatte. Werth wurde jedenfalls geächtet, sämtliche Güter, die er in bayerischen und kurkölnischen Landen besaß, wurden eingezogen (der Kölner Kurfürst Ferdinand war ein Bruder Maximilians und folgte dessen Politik). Werth musste von Neuem anfangen, wobei der Kaiser die Treue zu ihm belohnte: in Form der böhmischen Herrschaft

Benatek, gleichsam als Ersatz für die verlorenen bayerischen und kurkölnischen Güter.

Werth hat viele Vertraute, darunter auch viele Rheinländer, auf seinen böhmischen Besitz geholt. Trotzdem war er nun deutlich entfernt von seiner Heimat – eine Bindung im Übrigen, die er immer betont hat. Dabei war sein Bezugspunkt nicht nur das Rheinland. Vielmehr hat er sich dem Heiligen Römischen Reich durchaus verpflichtet gefühlt; für das Reich in den Krieg zu ziehen, erschien ihm daher lohnenswert. Anders kann die Entscheidung des Jahres 1647 kaum erklärt werden. In gewisser Weise ist er damit zum Opfer eines Missverständnisses geworden, denn Maximilian von Bayern hat durchaus eine positive Reichspolitik betrieben – solange sie nicht im Gegensatz zu bayerischen Interessen stand. Doch diese Unterscheidung war Werth nicht zu vermitteln; seinen Dienst in der kurbayerischen Armee hat er offenbar immer auch als Dienst für Kaiser und Reich verstanden. Die Differenz in der Auffassung trat erst kurz vor Ende des Kriegs zutage, war dann aber nicht mehr überbrückbar. Werth vermittelt deswegen ein gespaltenes Bild in der historischen Betrachtung – vielfach auch heute noch: der Meuterer aus bayerischer Perspektive, aus rheinischem Blickwinkel aber vor allem der populäre Kriegsheld.

Zum Ende seiner militärischen Laufbahn taucht also mit Macht ein neuer Aspekt in Werths Biographie auf. All die Jahre ist er vor allem als wagemutiger Reitergeneral in Erscheinung getreten – Erfolg als Söldnerunternehmer schien das einzige Kriterium seines Strebens gewesen zu sein. Doch neben diesem persönlichen Ziel hat er durchaus politische Überzeugungen im Sinne eines Reichspatriotismus entwickelt, und er war bereit, für diese seine Überzeugungen viel von dem, was er an persönlichen Erfolgen erreicht hatte, aufs Spiel zu setzen. Für einen illiteraten Reiterkommandeur, der von sich behauptete, doch nur ein »Soldat der Fortuna« zu sein, ist dies durchaus beachtlich.

Literatur

Friedrich Wilhelm Barthold, *Johann von Werth im nächsten Zusammenhange mit der Zeitgeschichte*, Berlin 1926

Sigmund Riezler, *Die Meuterei Johann's v. Werth 1647*, in: *Historische Zeitschrift* 82 (1899)

Helmut Lahrkamp, *Jan von Werth. Sein Leben nach archivalischen Quellenzeugnissen*, Köln ^{2}1988

Max Mauritz, *Jan von Werth in seiner Zeit*, Kaarst-Büttgen 1991

Michael Kaiser, »*... mir armen Soldaten, der sein Proth mit dem Degen gewünen mueß, ...*«*: Die Karriere des Kriegsunternehmers Jan von Werth*, in: *Geschichte in Köln* 49 (2002).

FRANK GÜNTER ZEHNDER

Kurfürst Clemens August (1700–1761)

Erzbischof von Köln, Landesherr und Mäzen

Clemens August, das ist kein leichter Fall, sind doch sein gesamtes Leben und Handeln, seine Frömmigkeit und seine Herrschaft, seine Baulust und seine Kunstliebe, seine Persönlichkeit und seine Leidenschaften voll so vieler unterschiedlicher Aspekte und Deutungsmöglichkeiten, dass es schwerfällt, den Menschen und seine Rollen, die politische und die geistliche Figur, die private und die öffentliche Person getrennt zu behandeln. Sein Leben spannt sich von seinen Kindertagen bis zu seinem Ableben zwischen bittersten Erfahrungen und höchsten Würden, zwischen höfischem Trubel und deprimierender Einsamkeit. Eitelkeit und Demut prägten ihn ebenso wie Macht und Versagen. So begegnet er der Nachwelt als eine schillernde Gestalt, der man Hochachtung für die Leistung, Mitleid für die Zumutungen und Missachtung für die Unzulänglichkeiten entgegenbringt. Der »Herr von Fünfkirchen«, wie man ihn auch gerne nannte, vereinte mit der Territorialgewalt über fünf Bistümer eine große Macht unter sich, die sich über weite Teile der heutigen Bundesländer Nordrhein-Westfalen und Niedersachsen erstreckte. Keine leichte Aufgabe für einen noch nicht einmal Dreißigjährigen, der sich einem hohen Anspruch seitens der Familie und einem ebenso großen Erwartungsdruck auf Seiten des Adels, der Geistlichkeit und aller Untertanen gegenübersah.

Auch wenn nach einem Jahrhundert schrecklicher Kriege – dem Dreißigjährigen Krieg (1618–1648), dem Pfälzischen Erbfolgekrieg (1688–1697) und dem Spanischen Erbfolgekrieg (1701–1714) – das Rheinland unter Clemens August zu anhaltendem Frieden und zu beachtlichem Wohlstand gelangte, war das Regieren nicht ungetrübt und einfach. Neben dem wachsenden Selbstbewusstsein des Adels trugen die Ideen der Aufklärung, trugen weitere reformatorische Bemühungen und Freimaurerei, trugen die Verarmung unterer Bevölkerungsschichten auf der einen und ein erstarktes Bürgertum auf der anderen Seite zur Offenlegung sozialer, geistiger und wirtschaftlicher Defizite im rheinischen Absolutismus des 18. Jahrhunderts bei.

☆☆☆

Clemens August wurde am 16. August 1700 in Brüssel als vierter Sohn des Kurfürsten Max Emanuel von Bayern und der Theresia Kunigunde Sobieska geboren. Die Ahnen auf der väterlichen, bayerischen Seite stammten von europäischen Herrscherhäusern ab wie beispielsweise dem Herzog von Savoyen, Kaiser Ferdinand II., König Heinrich IV. von Frankreich und den Medicis. Die Ahnen der Mutter, die selbst aus dem polnischen Königshaus kam, gingen über Generationen auf polnische und französische Adelshäuser zurück. Diese internationale Blutmischung, die nicht nur manche, später erkennbare Charakterzüge Clemens Augusts erklären mag, bestimmte auch die europäisch ausgerichtete Politik des Hauses Wittelsbach. Clemens August wurde in Brüssel geboren, als sein Vater dort als Generalstatthalter der Spanischen Niederlande weilte, wodurch der Junge schon in frühen Jahren mit dem Spanischen Erbfolgekrieg (1701–1714) in Berührung kam. Sein Vater und sein Onkel, Kurfürst Joseph Clemens von Köln, waren mit dem französischen König Ludwig XIV. gegen eine breite Allianz unter Wilhelm von Oranien verbündet. Nach einer schnellen Rückkehr nach München und nach Niederlage und Ächtung des geflüchteten Vaters wurden Clemens August und seine drei älteren Brüder mit ihrem dreißigköpfigen Hofstaat 1706 als Gefangene nach Klagenfurt und

1712 nach Graz gebracht. Freilich wurden sie dort unter kaiserlichem Schutz standesgemäß und vortrefflich ausgebildet und von jesuitischen Privatlehrern auf die zukünftigen Aufgaben als Herrscher vorbereitet. Der in Frankreich und den Niederlanden lebende Vater und die im venezianischen Exil ausharrende Mutter hielten, so gut es ging, Kontakt zu den Söhnen, doch haben die langen Jahre der Isolierung den Charakter des Kindes und des Heranwachsenden gewiss nachhaltig geprägt. Bis zum Abschluss des Krieges währte die Trennung von den Eltern, die sie im April 1715 in München wiedersahen. Von machtpolitischen Absichten – der Erlangung der Kaiserkrone für das Haus Wittelsbach – geleitet, sah Max Emanuel für Clemens August und den zweitältesten Bruder Philipp Moritz den geistlichen Stand vor. Ziel des Hauses Wittelsbach war es nämlich, über den Besitz des Kurfürstentums Köln hinaus auch die Besetzung der übrigen nordwestdeutschen Fürstentümer anzustreben. So wurde Clemens August mit seinem Bruder zu Beginn des Jahres 1717 nach Rom geschickt, um neben der theologischen Ausbildung wohl auch die zukünftige Unterstützung des Papstes für die Erweiterung des Machtbereiches zu gewinnen. Im Vorfeld dieser Ausbildungs- und Förderungsstrategie war Clemens August bereits im Jahre 1715 zum Probst von Altötting und zum Koadjutor in Berchtesgaden und Regensburg gewählt worden. Am 26. März 1716 wurde er zum Bischof von Regensburg geweiht.

Er versuchte erfolglos, seinem Vater zu vermitteln, dass er sich nicht für die ausersehenen höheren Ämter berufen fühlte, aber familiäre Machtstrategie und Staatsräson ließen ihm keine andere Wahl. Die griffen als Erstes nach seinem Bruder Philipp Moritz, der nach dem Tode des Fürstbischofs von Münster und Paderborn im März 1719 mit massiver Beeinflussung und Bestechungen von den beiden Domkapiteln zum Nachfolger von Franz Arnold von Wolff-Metternich zur Gracht berufen wurde.

Doch fast gleichzeitig mit der erfolgten Wahl verstarb Philipp Moritz in Rom plötzlich an den Blattern (Pocken) und der jüngere Clemens August wurde statt seiner erkoren. So nahm der noch Achtzehnjährige unversehens schon ein wichtiges Feld auf dem Schachbrett der Wittelsbacher Machtplanung ein. Er verließ Rom und reiste über Bonn – mit einer Visite bei seinem Onkel, dem Kölner Kurfürsten und Erzbischof Joseph Clemens – weiter in seine neuen westfälischen Bistümer. Als Neunzehnjähriger war er Ende des Jahres 1719 dort in Amt und Würden, die jene 1715/1716 verliehenen bayerischen Ämter an Bedeutung und Perspektive weit übertrafen. Auf das Bistum Regensburg musste er gemäß den Beschlüssen des Tridentiner Konzils, die eine Pfründenkumulierung versagten und Residenzpflicht für Bischöfe vorschrieben, dabei verzichten. Seine Einnahme der beiden Bischofssitze – statt des verstorbenen Bruders – war keine Notlösung, sondern sozusagen »Plan B« des väterlichen Machtkalküls und diente als Sprungbrett zu wichtigeren Positionen. Schon am 9. Mai 1722, als Clemens August zum Koadjutor mit dem Recht der Nachfolge des Kölner Erzbischofs und Kurfürsten gewählt wurde, war jenes Teilziel erreicht, für das er schon bei seinem Durchreisebesuch 1719 in der Bonner Residenz seinen Onkel um Unterstützung gebeten hatte. Seit April 1720 verwendete sich Joseph Clemens in diesem Sinne für seinen Neffen, der seit 1721 Domherr in Köln war. Der in Sachen Einflussnahme auf die Mitglieder des Domkapitels seit der Wahl für Münster und Paderborn erfahrene Münsterer Geheime Rat Ferdinand Freiherr von Plettenberg-Nordkirchen (Erbauer des großartigen Schlosses Nordkirchen) sorgte mit entsprechenden Mitteln für die notwendigen Zustimmungen. Die Rede ist von 800000 Gulden, die Clemens Augusts Vater, Max Emanuel, die Wahl seines Sohnes in Köln wert war. Hinzugekommen waren im Vorfeld der Wahl noch notwendige, komplizierte Klärungen anderweitiger Personal- und Besetzungsinteressen, in deren

Zusammenhang und zu deren endgültiger Beilegung Clemens August von seinem Vater im Dezember 1721 schließlich zum Verzicht auf die Altöttinger Propstei gedrängt wurde. Die erstrebte und auf diese Weise vorbereitete Sicherung des Kölner Kurfürstentums für das Haus Wittelsbach realisierte sich nach dem Tode des Erzbischofs Joseph Clemens mit dem Regierungsantritt Clemens Augusts am 12. November 1723 in Köln. Die Häufung der Würden war für Clemens August mit dem Amt als Kurfürst-Erzbischof in Köln noch keineswegs zu Ende, bestimmungsgemäß wurde er in der Nachfolge seines Onkels nun auch Großmeister des 1693 gegründeten Michaelsordens, der bedeutende Persönlichkeiten zu seinen Mitgliedern zählen konnte. Der Orden verfügte über die Michaelskapelle an der Godesburg bei Bonn und errichtete unter dem Kurfürsten 1751–1755 an der Bonner Residenz das mit einer Michaelsstatue geschmückte Michaelstor, über dem sich Sitzungszimmer und Archiv des Ordens befanden.

Am 8. Februar 1724 wurde Clemens August auch noch zum Fürstbischof von Hildesheim gewählt und vom Papst verpflichtet, die seit langem ausstehende, von ihm aber auch wenig begehrte Priesterweihe zu empfangen. Entgegen dem im August 1724 brieflich an seinen Vater geäußerten Zweifel an seiner Berufung zum Priester und der Andeutung eines Amtsverzichts wurde der Oberhirte mehrerer Bistümer nach den bereits 1721 in der Bonner Schlosskapelle durch Joseph Clemens gespendeten niederen Weihen schließlich am 4. März 1725 durch den Freisinger Fürstbischof Franz Ecker zum Priester geweiht. Seine Primiz feierte er in der Jesuitenkirche St. Michael zu München. Bevor Clemens August sich nun zur Arrondierung seines Herrschaftsgebiets auch noch zum Bischof von Osnabrück wählen lassen konnte, musste er erst die Bischofsweihe empfangen. Papst Benedikt XIII. spendete sie ihm persönlich am 9. November 1727 im Dominikanerkloster S. Maria della Quercia zu Viterbo. Vom

Ablauf dieses Ereignisses, das den Vater Max Emanuel nochmals Geld- und Schmuckgeschenke kostete, berichten vier wohl kurz nach 1727 entstandene Ölgemälde von Francesco Fernandi gen. Imperiali (1679–1740) im Schloss Augustusburg zu Brühl. Im letzten Bild dieser Sequenz sieht man den gerade geweihten Clemens August – durch Position, Beleuchtung und Gestus betont, im vollen Ornat ganz vorne stehend –, wie er den ersten bischöflichen Segen erteilt.

Bedeutete die nun verliehene neue Würde für den 27-Jährigen eine weitere Steigerung von Amt, Pflichten und Macht, so schmückt sie fortan auch seine Porträts, die zunehmend dem Typus der Staatsbildnisse folgen. Jedenfalls stand nun der im November 1728 erfolgten Wahl Clemens Augusts zum Bischof von Osnabrück nichts mehr im Wege. Freilich kam er erstmals am 1. November 1730 in die Stadt, nachdem er sich bis dahin von seinem Vertrauten, erfahrenen Wahlmacher und Mentor, Ferdinand Freiherrn von Plettenberg (1688–1737), dort hatte vertreten lassen. Dieser in Politik, Organisation und Intrigen gleichermaßen erfahrene und fähige westfälische Adelige wurde übrigens von Clemens August bereits 1719 als 31-Jähriger zum Obristkämmerer und 1723 zum Ersten Minister Kurkölns ernannt. Damit hatte der zwölf Jahre Ältere eine Schlüsselposition mit ständigem direktem Einfluss auf den Kurfürsten inne, er führte weitgehend die Staatsgeschäfte, während sich Clemens August mehr den Künsten, den Gesellschaften und anderen Ablenkungen zuwandte. Doch mit der Wahl zum Hochmeister des Deutschen Ordens auf dem Großkapitel des Deutschen Ritterordens zu Mergentheim am 16. Juli 1732 und seiner tags darauf erfolgten Inthronisation fügte er seinen Würden noch eine weitere hinzu, die allerdings mehr Glanz der Erscheinung als einen realpolitischen Einfluss mit sich brachte. Obwohl der Orden in der Politik des 18. Jahrhunderts keine bedeutende Rolle mehr spielte, war die Position mit Ansehen, Entscheidungen, Reisen, Repräsentation, Organisations- und Verwaltungsaufgaben verbunden. Die Deutschordensregierung saß in der Residenzstadt Mergentheim und verwaltete von dort aus die Gebiete, während die Entscheidungen vom Hochmeister, der jährlich nur ein- bis zweimal nach Mergentheim reiste, in Bonn gefällt wurden. Dafür unterhielt er hier einen eigenen kleinen Stab von besonders engen Vertrauten. Fortan lässt sich Clemens August in allen offiziellen Bildnissen mit den Insignien seiner Würden oder mit mehr oder weniger deutlichen Hinweisen darauf darstellen. Wenn die Rolle des Hochmeisters im Vordergrund steht, ist er mit dem Kommandostab als Zeichen der mit diesem Amte verbundenen militärischen Pflichten zu sehen, ansonsten sind seine Insignien die Bildattribute. Eines der größten Repräsentationsgemälde ist das Leinwandbild (290 x 178 cm) des Münchner Hofmalers Georges Desmarées (1697–1776), das Clemens August als Kurfürst mit dem Pagen von Weichs (1746) zeigt (Der Riss im Himmel, Gesamtkatalog, Nr. XIX, 1, Taf. S. 82). Vor palastartiger Architektur, vor einem schweren gerafften Vorhang und einem Regentensessel – alle drei Requisiten sind Hoheitsformeln – steht er in ganzer Figur im kurfürstlichen Ornat. Der hermelinbesetzte Kurmantel ist ein Zeichen seiner Stellung als Kölner Kurfürst, das Beffchen am Kragen verweist auf das geistliche Amt und das Pektorale auf der Brust auf die Bischofswürde. Die Figur ist räumlich geschickt eingebunden: Standbein-Spielbein-Haltung und die Diagonaldrehung des Körpers loten den Raum ebenso aus wie die vom Pagen gehaltene Schleppe und der rechte Arm des Kurfürsten. Er lenkt den Blick auf das 1731 erbaute Schloss Falkenlust im Hintergrund und auf einen schräg gestellten Tisch. Dort liegen auf einem Kissen der Kurhut, dahinter die Bischofsmitra und dazwischen der bis auf den Boden fallende weiße Mantel mit dem schwarz-goldenen Kreuz des Hochmeisters des Deutschen Ordens. Georges Desmarées, der 1745–1749 und 1752–53 am Bonner Hof tätig war, schuf neben anderen Malern mehrere solcher Staatsbildnisse, die in ihrer Komposition variieren. Clemens August gefiel sich in den Rollen und in der Pose. Diese Bilder dienten an ihren Präsentationsorten Zwecken der Herrschaftspropaganda und waren kaum der Öffentlichkeit zugänglich. Sie vermittelten Clemens August als Regenten, Seelsorger, Ordens-Chef, Bauherrn und Beschützer.

Seine Privatsphäre berühren wenige Jagdporträts und vor allem das Ovalbild im Lackkabinett von Schloss Falkenlust, in dem Joseph Vivien (1657–1734) Clemens August in einer ganz ungewöhnlichen Pose im Morgenrock mit Zipfelmütze und Teetasse bzw. der Morgenschokolade festhält. Dieses frische, elegante und für die Zeit schon beinahe lässige Kabinettstück des für den Bonner Hof tätigen Franzosen zeigt ihn, der schon Bischofswürden trug, geradezu privatissime und unbeschwert, deshalb vielleicht eher in jüngeren Jahren (vor 1723?). Dass das bemerkenswerte Porträt in dem charmanten Bau des gelegentlichen Rückzugs von Amt und Würden, in der Privatsphäre eines Refugiums, das erst 1729–1740 geschaffen wurde, seinen Platz fand, erklärt sich dann vom Bildtyp her.

☆☆☆

Clemens August wurde sowohl in seiner Zeit als auch von der Geschichtsschreibung als schwach, entscheidungsarm und wankelmütig gesehen. Schon in der Phase der Vorbereitung und der Anfänge seiner Regentschaft war er vorwiegend passiv und blieb trotz mancher Widerrede gegenüber seinem Vater und Oheim Spielball der bayrischen Politik. Max Braubach zieht eine Summe seiner Haltung in der großen und kleinen Politik seiner Zeit, wenn er sagt: »Er mochte sich einbilden, selbst die entscheidenden Direktiven zu geben, und nach außen schien es wohl auch so, in Wirklichkeit aber ließ er sich von den Menschen seiner Umgebung hin und her schieben, wobei sie freilich stets auf einen plötzlichen Umfall des wankelmütigen Fürsten gefaßt sein mußten« (Braubach, *Kurfürst Clemens August*, in: Katalog 1961, S. 19). Unter der Führung des ihm an die Seite gestellten Freiherrn von Plettenberg lief die kurkölnische Politik eher unter seiner Beobachtung denn unter seiner Beteiligung. Für Clemens August bot das jedoch die große Chance, Ablenkungen wie Jagd, Musisches und Vergnügen aller Art zu erfahren. Das Haus Wittelsbach hielt den Wahlmacher und politischen Vormund Clemens Augusts für einen Verbündeten in seiner Gegnerschaft zum Haus Habsburg, das den Kaiserthron besetzte. Doch musste Bayern bald erkennen, dass Plettenberg die Kölner Politik zu den Habsburgern umschwenken ließ. Clemens August hatte seit seiner Wahl zum Hochmeister des Deutschen Ordens den Deutschordensritter Johann Baptist Freiherr von Roll zu Bernau als Obriststallmeister und Minister an seinen Hof geholt, ebenfalls dessen Bruder, den Deutschordensritter Ignaz Servatius von Roll als Oberstallmeister, General der Leibgarde und Direktor der Parforcejagden. Auch ein Vetter, Freiherr Ignaz Felix von Roll hatte als Landkomtur der Ballei Koblenz und als Obristfalkenmeister eine große Nähe zum Kurfürsten, der sich hier ganz offensichtlich mit engen Vertrauten aus dem Deutschen Orden umgab. Sein intimster Freund, der siebzehn Jahre ältere Johann Baptist Freiherr von Roll, wurde am 5. Mai 1733 in einem Duell von dem Freiherrn von Beverförde, einem Verwandten von Plettenbergs, in der Nähe des Brühler Schlosses erstochen. Mit großem Entsetzen sorgte sich Clemens August um den Seelenfrieden des Freundes und suchte Rat bei der Franziskanerin und Seherin Crescentia Höss in Kaufbeuren (Heiligsprechung im Dezember 2000), mit der er über die Aufnahme des Freundes in den Himmel korrespondierte. Der an der wohl empfindlichsten Stelle seines Wesens getroffene Kurfürst verstieß darauf den tüchtigen Politiker und Intriganten von Plettenberg, geriet dann aber in ein neues Ränkespiel von Amtsträgern und Subalternen, von Gesandten und – seine Geldnöte ausnutzenden – Korrupten. Die folgende Politik Kurkölns war zunächst von einer neuen Hinwendung zu Frankreich und Bayern mit bitteren Folgen für die eigenen Länder und danach wieder von einer Parteinahme für Österreich bestimmt. Als sein Bruder Karl Albert von Bayern nach dem Tode von Kaiser Karl VI. (1740) die Kaiserkrone – also endlich das Ziel der Wittelsbacher Politik anvisierte – gab ihm Clemens August erst die Stimme, nachdem der französische Gesandte ihn bei einer Jagd dafür gewann und auch die entsprechenden Gelder flossen. So konnte er seinen Bruder am 12. Februar 1742 bei einer beeindruckenden Inszenierung in Frankfurt zum Kaiser Karl VII. krönen. Doch unmittelbar danach setzten sich seine Seitenwechsel nun zugunsten Österreichs und mit Einkünften von Engländern und Holländern fort. So gingen auch nach dem Tode Karls VII. (1745) die abwechselnden Positionen am kurfürstlichen Hofe weiter hin und her, bis Kurköln sich schließlich mit dem Eintritt in den Siebenjährigen Krieg (1756–1763) in den Kampf gegen Friedrich II. von Preußen einreihte. Während des Krieges, der seine Länder erheblich belastete, starb Clemens August unerwartet sechzigjährig am 6. Februar 1761. Ein Diplomat am Bonner Hofe berichtet unter dem 7. Februar, dass Seine Durchlaucht, »höchstwelche am verflossenem Aschermittwoch die Reise von Bonn nach Ehrenbreitstein und Mergentheim nach München angetreten und bei Ihrer Kurfürstlichen Gnaden von Trier zu Ehrenbreitstein sich en passant bis dahin aufgehalten, allda gestern Abend gegen 7 Uhr ganz unvermutet gestorben, nachdem er während des Mittagsmahls mit einem Katarrh befallen worden, welcher solche bösen Folgen nach sich gezogen« (Braubach, 1961, S. 21).

☆☆☆

Der große Sprengel aus fünf Bistümern, die kurfürstlichen Aufgaben und die für ganz Deutschland geltenden Pflichten als Hochmeister des Deutschen Ordens forderten von Clemens August häufige Abwesenheit, lange Reisen und ein überaus geschicktes Organisationstalent, was die Aufgaben und das Personal in den Bistümern ebenso wie am Hofe betraf. Infolge der Ämterfülle musste er überall Aufgaben delegieren, bemühte sich aber, selbst wichtige Akzente in der Seelsorge zu setzen. Nach Aussage der Fakten, nach dem Verlauf seiner Politik und nach einhelligem Urteil der Geschichtsforschung verfügte er nicht über die »notwendigen Eigenschaften eines Regenten« (Hegel, 1961). In Köln gab der schon unter Joseph Clemens als Generalvikar tätige Johann Arnold de Reux bereits 1730 sein Amt auf, und auch mit anderen Amtsträgern im Klerus kam zunächst keine vertrauensvolle Zusammenarbeit zustande. Es ist wohl seinem Misstrauen geschuldet, dass stattdessen Bonner Hoftheologen aus dem Jesuitenorden viele Geschäfte führten. Ein großes Verdienst hat Clemens August um die Reform der Priesterausbildung im Erzbistum, indem er 1738 das Priesterseminar (Seminarium Clementinum) wieder einrichtete und 1749 jeden Priesteramtskandidaten zu einem mindestens einjährigen Studium an dieser Ausbildungsstätte verpflichtete. Abgesehen von seiner Bau- und Stiftungstätigkeit war »die Kölner Regierungszeit Clemens Augusts die am wenigsten bedeutende unter den vier Erzbischöfen des 18. Jahrhunderts« (ebd., S. 25).

In Münster, wo sich Clemens August jährlich »einige Wochen oder Monate« aufhielt, wurden seine Aufgaben zuverlässig von Einheimischen übernommen. Auf die Behebung von Missständen deuten seine bereits 1719 erlassenen strengen Weisungen zur Spendung der heiligen Sakramente für lebensgefährlich Erkrankte oder zur Verehrung des Sanctissimum bei Versehgängen hin. In Paderborn, wo er bald das »Geheime Ratskollegium« als weltliche Verwaltung einrichtete und die geistliche Sorge für das Bistum dem Weihbischof und dem Generalvikar anvertraute, wurden sein Einzug und seine Inthronisation besonders lange und festlich gefeiert. Ein Höhepunkt seines Paderborner Bischofsamtes war die Feier des 900-jährigen Libori-Jubiläums im Juli 1736, die in ihrer aufwändigen Inszenierung, in der achttägigen Dauer und den vielen unterschiedlichen Festakten auf Clemens August selbst zurückging. Das war wohl ein Fest nach seinem Sinn und fand in mehreren ausführlichen gedruckten Berichten seinen Niederschlag. Überhaupt scheint sein Paderborner Wirken von vielen positiven Ereignissen und dem guten Einvernehmen mit Domkapitel und Universität gekennzeichnet.

In Hildesheim war Clemens August nur selten. Domherr Ernst Friedrich von Twickel, dem er das Amt des Weihbischofs und des Generalvikars übertrug, genoss wie seine Nachfolger das Vertrauen des Kurfürsten. Auch die Beziehungen zum Domkapitel waren gut. Hier konnten sich vor allem sein Kunstsinn und Mäzenatentum auf zahlreiche Objekte von der Barockisierung des Doms bis zu Kirchenbauten und Geschenken an die Mitglieder des Domkapitels beratend und fördernd auswirken.

In Osnabrück, wo Clemens August während seiner Aufenthalte im evangelischen Stadtschloss zur Miete wohnte und Dompropst Ferdinand von Kerßenbrock ein zuverlässiger Statthalter war, galt er nicht als großzügiger Stifter. Vielmehr litten die Einwohner unter den hohen Abgaben und mussten beispielsweise »... die von Clemens August angeordnete kostspielige Feier aus Anlaß der Kaiserkrönung Karls VII. im Januar 1742 selbst bezahlen.« Auch unter den Lasten des Siebenjährigen Krieges litten Stadt und Stift (Breuer, 1961, S. 34).

☆☆☆

Clemens August, dessen politische Handlungsfreiheit durch die bei den Landständen liegende Macht deutlich eingeschränkt war, verlegte sich vor allem aufs Repräsentieren. Vorbild für ihn war der französische Hof. Da er kein Feldherr war und keine Kriege führte, suchte er seinen Ruhm auf anderen Feldern. Die 1732 erfolgte Wahl zum Hoch- und Deutschmeister war in dieser Hinsicht vielleicht ein Äquivalent, denn gerne ließ er sich in dieser Rolle mit dem Kommandostab darstellen. Neben der pflichtgemäßen Förderung des religiösen Lebens und der Wirtschaft galt sein besonderer Eifer der Pflege aller Künste und vor allem der Architektur. Schon bald nach seinem Kölner Amtsantritt als Kurfürst und Erzbischof fällte er bei dem noch von seinem Oheim eingeleiteten Neubau der 1689 zerstörten Anlage in Brühl eine Entscheidung gegen den französisch-klassizistischen Ausbauplan. Er ließ ab 1725 durch Johann Conrad Schlaun mit einer italienisch angeregten Formensprache einen der eindrucksvollsten Bauten des deutschen Barocks errichten. Man geht davon aus, dass der junge Regent bei seiner Teilnahme an der Hochzeit Ludwigs XV., mit dessen Subsidien er wohl rechnen durfte, vom herrschenden Régence-Stil sehr beeindruckt war. Nach Ausweis seines Itinerars besuchte er vom 4. September bis zum 29. Oktober 1725 u.a. Paris, Fontainebleau und Versailles, wo er diesem französischen Übergangsstil vom Barock zum Rokoko begegnete. Die Folge war der veränderte Innenausbau des Brühler Schlosses zu einer Residenz im Stile von Régence und Frührokoko durch den bayrischen Hofarchitekten François Cuvilliés ab 1728. Dezent gesetzte, elegante Stuckdekorationen und das Bildprogramm geben den Räumen einen bestechenden Charme. Auch die nun auf der Südseite befindlichen Gartenanlagen orientieren sich am französischen Vorbild. Seit 1743 wurden das prächtige lichtdurchflutete Treppenhaus nach Plänen des Würzburger Hofarchitekten Balthasar Neumann errichtet und die Raumfolge im Westflügel neu organisiert. Carlo Carlone (1686–1775), ein italienischer Freskomaler – einer der besten überhaupt –, schuf die wundervollen Deckenfresken im Treppenhaus, in den großen Festsälen (Großes Neues Appartement, Gardensaal, Speise- oder Musiksaal) und in der Nepomukkapelle. Es sind Meisterwerke des Illusionismus, die das Haus Wittelsbach, das Kaisertum Karls VII., eines Wittelsbachers, und vor allem die Tugenden sowie die Hochherzigkeit des Kurfürsten Clemens August rühmen. Der Nachruhm durch Werke der Baukunst wird hier eigens betont.

Das schon an anderer Stelle erwähnte Schloss Falkenlust (1729–40 nach Plänen von F. Cuvilliés), mit seinen kostbar ausgestatteten Salons, Schlafzimmern und Kabinetten ein anmutiger Bau, ist durch eine Allee mit den Gartenanlagen und dem Hauptschloss verbunden. Im Park hatte der Kurfürst – einer Architektur-Mode der Zeit folgend – ehemals u.a. ein »Indianisches Haus« und ein »Chinesisches Haus« errichten lassen, die im 19. Jahrhundert entfernt wurden.

Der Jagdleidenschaft des Kurfürsten geschuldet entstanden weitere Jagdschlösser in wild- und waldreichen Gegenden, so im Kottenforst westlich von Bonn das Schloss Herzogsfreude, das 1753–1755 durch den Baumeister Johann Heinrich Franz Roth errichtet, unvollendet blieb und von Clemens August nie bewohnt wurde. Der dreiflügelige Bau hatte gewaltige Ausmaße, allein der Mittelbau war 70 m breit und hatte neunzehn Achsen. Von hier aus wurde ein sternförmiges Wegenetz angelegt, denn es sollten Parforcejagd und Sauhatz betrieben werden. Nach der Säkularisation verkaufte die französische Regierung den Bau auf Abbruch an einen Bonner Dachdecker. Ein kleineres Gebäude war das in Berzdorf bei Wesseling 1750 begonnene Jagdhaus Entenfang, das den Vorbereitungen für die Entenjagd auf den heute noch so bezeichneten Weihern diente. Eine ungewöhnlich einfallsreiche Bauform ließ Clemens August 1737 bis 1747 mit dem Jagdschloss Clemenswerth bei Sögel/Emsland von Johann Conrad Schlaun erbauen. Das über kreuzförmigem Grundriss errichtete Schloss steht in der Mitte eines großen Jagdsterns und ist von acht Pavillons umgeben, die nach den Bistümern des Kurfürsten sowie nach Mergentheim und Clemens August selbst benannt sind. Von der Mitte aus führen Wege strahlenartig zu den als Gästehäuser und Wirtschaftsgebäude genutzten Pavillons. Diese Art der Anlage von Sichtachsen und der Einbindung von Architektur in Wegesysteme kehrt bei Bauvorhaben des Kurfürsten oft wieder, so im Brühler Schlosspark und um Schloss Herzogsfreude, beim Ausbau der Poppelsdorfer Allee in Bonn (um 1745) und bei dem nicht realisierten Plan eines Alleensystems zwischen Brühl, Bonn und Herzogsfreude. Am Ende der Sicht- und Verbindungsachse vom Kurfürstlichen Schloss Bonn über Schloss Clemensruhe (Poppelsdorf) hinaus steht die 1627–28 von Kurfürst Ferdinand erbaute Kreuzbergkirche. 1746–1751 ließ hier Clemens August unter Mitwirkung von Balthasar Neumann die dem Chor vorgelagerte Heilige Stiege bauen, die als Wallfahrtsstätte Reliquienkult und Bühnenarchitektur mit dem Nachvollzug des Leidens Christi verbindet. In drei Stufen der Treppe sollen Kreuzpartikel eingelassen sein, sie wird kniend erstiegen und die gesamte Architektur soll dem Haus des Pontius Pilatus entsprechen. Hinter dem oben stehenden Altar befindet sich das Oratorium des Kurfürsten, der von dort auch in den Chor der Kirche schauen konnte. Die Heilige Stiege ist ein herausragendes Beispiel sein Sakral- und Herrschaftsarchitektur, das Erich Depel treffend so gewürdigt hat: »Das Treppenmotiv, zugleich Anstieg zum Tod des Erlösers wie zum lebenden Fürsten, der vermittels des Fensters im Bild anwesend sein kann, gefüllt mit Reliquien und aufgerichtet über Grab und Geburtsort Christi, ist eine vollkommene Bildarchitektur, die über die Persönlichkeit des Kurfürsten mehr auszusagen vermag, als sachlich noch so richtige Feststellungen über politische Erfolge und Misserfolge.« (Katalog 1961, S. 225)

☆☆☆

Der Wahlspruch des Kurfürsten lautete *Non mihi, sed populo* (lateinisch: nicht für mich, sondern für das Volk) und er wurde auf Münzen unters Volk getragen. Die vielen Stiftungen und die sie anzeigenden Wappen des Kurfürst-Erzbischofs an Gebäuden, Wegkreuzen, Brunnen und auf Bildern propagierten sozusagen als Gesamtbotschaft der Amtsführung eine Freigebigkeit und Fürsorge, eine Mission und Demut des Herrschers, denen Verschwendung und Ausstattungsprunk, Entscheidungsschwäche und Eitelkeit reichlich gegenüberstanden. Freilich wurden sein Episkopat und seine Regierungszeit – wenngleich unterschiedlich erfolgreich von den Zeitgenossen erlebt – von den Nachfolgenden auch glorifiziert, wenn es da hieß: *»Bei Clemens August trug man blau und weiß,/Da lebte man wie im Paradeis.«* Zeitgenössisch, aber gewiss nicht aus der Sicht der Untertanen, sondern aus der Feder eines schmeichelnden Gastes, nämlich des protestantisch-lutherischen Reisepredigers Friedrich Wilhelm Wolshofer, der im Sommer 1748 seinen Herrn, Christian Friedrich Carl Alexander, Markgraf und Erbprinz des Fürstentums Brandenburg-Ansbach beim Besuch des Kurfürsten Clemens August begleitete, hört sich das Herrscherlob so an:

»Ihr Römer und Griechen! Nun können wir siegen,
mit Waffen, mit Bauen, mit Ordnung und Pracht!
Drum schaut doch ihr Geister, ihr Künstler, ihr Meister,
was Clemens August für Wunder gemacht!
Denn, alles was dorten an Mauern und Pforten
Den Römern, den Freunden, den Barbar'n gefiel –
Das zeigt sein Brühl!

Glückselige Gegend, wo Pallas, sich regend,
den Maßstab, die Kette, den Zirkel gebraucht,
wo jeder bemühet, den Müßiggang fliehet,
und Armut und Jugend zur Arbeit was taugt.

So prangen die Taten, so blühen die Staaten,
so findet die Weisheit mit Nutzen ihr Ziel –
wie Clemens August in Brühl.

Pracht, Ordnung und Fülle, Geist, Hoheit und Stille,
und Freundschaft und Liebe und gnädige Wort',
die stritten beständig, in allen lebendig,
in diesem beliebten, so prächtigen Ort (…)
(…)
Gebäude, Türme, Kirch', Basteien, Mauern, Wälle
Paläste, Gärten, Gäng', Alleen, Wasserfälle,
Ställ', Pferde, Porzellan, Gemälde, Galerie,
Gold, Silber, Marmorstein', und alles sieht man hie.
Und nicht genug, August will es noch besser schauen!
Augustus will sein Rom, Bonn Clemens schöner bauen.

Das ist ein wahrer Prinz, der zeiget in der Tat
von seinen fürstlichen Gedanken Schluß und Rat!
So, Alexander, so wirst Du Dich auch erweisen,
denn dieses ist allein die Absicht deiner Reisen!
Der Ehrentempel steht nur bloß am Helikon.
Wer Bonn noch nicht geseh'n, der sag' auch nichts von Bonn.
(…)
Der große Kurfürst gleicht dem weisen Salomon.
Der baut Jerusalem, und jener schmückt sein Bonn.
Er baut mit gold'ner Pracht, wie dort in Rom August.
Das weist sein Poppelsdorf, das zeigt sein Falkenlust!
(…)«

Diesem Lobpreis (Der Riss im Himmel, Katalog 2000, S. 17 f.) steht das wissenschaftliche Urteil der Nachwelt mit einer nüchternen Beurteilung gegenüber: »Die Bedeutung, die Clemens August als Bauherrn und Mäzen zugeschrieben wird, steht freilich im umgekehrten Verhältnis zu der kirchlichen und politischen Rolle, die er während seines langjährigen Episkopats in den fünf nordwestdeutschen Bistümern gespielt hat. Das starke Hervorheben seines fürstlichen Machtbewußtseins, dem er in seinen Prachtbauten und in seinem Auftreten Ausdruck gab, war nicht nur ein Tribut, den er seiner Eitelkeit zollte, sondern auch geeignet, die Öffentlichkeit und sich selber über seine innere Unsicherheit und Unausgeglichenheit hinwegzutäuschen.« (Hegel, 1961, S. 24)

☆☆☆

Clemens August liebte die prunkvolle Repräsentation und ein dazugehöriges kunstvoll-elegantes Ambiente. Nicht nur seine Schlösser waren solche vorzeigbaren Orte, sondern er nahm unter Umständen alles dafür Notwendige mit oder ließ es vor Ort herstellen, wenn er einen ausgedehnten Aufenthalt fern seiner Residenz plante. Dann wurden Möbel und Silber aus Bonn herbei- und zurücktransportiert sowie z.B. silbernes Geschirr aus Augsburg beschafft. So war es auch, als er sich vom 29. September bis zum 4. Dezember 1750 in der Deutschordensresidenz Mergentheim zu einem seiner längsten Aufenthalte einquartierte. Neben dreihundert Personen seines Hofstaates hatte er um die fünfzig französische und italienische Komödianten im Gefolge, für deren Auftritte er kurzfristig »im äußeren Schlosshof ein hölzernes Komödien- oder Operahaus« (Adelmann, S. 188) errichten und unter anderem mit vierundzwanzig versilberten mehrarmigen Wandleuchtern ausstatten ließ. Welche grundsätzliche Bedeutung der Kurfürst auch der darstellenden Kunst beimaß, wird etwa durch Maßnahmen wie den von ihm veranlassten Einbau eines Theaters in die Reithalle am Stadtschloss in Osnabrück deutlich. Manches scheint maßlos, war ihm aber für die Bedienung etwa seiner Jagdleidenschaft und der damit verbundenen Repräsentation wichtig, zum Beispiel Baumaßnahmen um Schloss Neuhaus: »... Durchfahrt durch das Schloss, Marstall für 200 Pferde für die Parforcejagd in der Senne 1729, Wachgebäude 1733, Umgestaltung des Schlosses und Anlage eines prächtigen Gartens nach französischem Muster, der aber nie fertig geworden ist, Bau einer 3 km langen schnurgeraden, mit 562 Kastanienbäumen bepflanzten Allee nach Paderborn 1752, die nur für den Hof bestimmt und durch Schlagbäume geschlossen war.« (Tack, 1961, S. 29)

Clemens August pflegte leidenschaftlich die Jagd, für die er 122 Personen beschäftigte. Neben Parforcejagden im Kottenforst bei Bonn oder in fernen Revieren waren es bevorzugt Entenschießen und Falkenjagd. Vor allem der Aufwand für die so sehr geliebte Falkenjagd an und um Schloss Falkenlust in Brühl war geradezu unbeschreiblich hoch. Für diese Jagd waren neben dem Obristfalkenmeister sechs Falkenmeister, zehn Falkenmeisterknechte, neun Falkonierjungen und zwei Stallknechte im Dienst. Wenn nötig, wurden auch noch ausländische Spezialisten hinzugezogen. Diese Jagdleidenschaft war ein teurer Spaß, so wurden 6666 Taler im Jahr 1748 für die Beizjagd, 2556 für die Parforcejagd, 406 Taler für die *Teutsche Jägerey* und 65 Taler für die Fasanerie an Gehältern aufgewendet (W. Hansmann, Das Jagdschloss Falkenlust, 1973, S. 2–4). Darüber hinaus sorgten am kurfürstlichen Hof sieben Mundköche für die leiblichen Genüsse und unter den Zubereitern gab es etliche Spezialisten wie zum Beispiel einen Hühnerpflücker. Sechs Leibmedici kümmerten sich um die Gesundheit, wobei Clemens August meist den Judendoktor Wolff bevorzugte oder gar Spezialisten aus Paris zu Rate zog.

Auch in anderen Bereichen sparte der Kurfürst nicht am Mitteleinsatz, wenn es der Auftritt und die Eitelkeit forderten. Für die Kaiserkrönung seines Bruders am 12. Februar 1742 in der Krönungskirche St. Bartholomäus zu Frankfurt hatte Clemens August Anfang Oktober 1741 über den bayrischen Gesandten in Paris 22 liturgische Gewänder mit 60 Teilen in Silbergewebe mit Goldstickerei bestellt. Da der Auftrag sehr eilig war, wurden unter Einschaltung Ludwigs XV. in Paris 60 zusätzliche Goldsticker rekrutiert, die diesen Auftrag innerhalb von vier Monaten pünktlich erledigten. Bei der Krönungszeremonie trugen Clemens August sowie 19 Assistenten und Ministranten den textilen Goldschatz, der heute Eigentum des Metropolitankapitels der Hohen Domkirche Köln ist.

☆☆☆

Clemens August war ein frommer Mensch, was sich sowohl in der Wahrnehmung seines pastoralen Amtes als auch in seinem ganz persönlichen Glaubensleben zeigte. Er unternahm zahlreiche Wallfahrten, so reiste er immer wieder nach Altötting, nach dem Itinerar beispielsweise im Juli und im Oktober 1722, im März 1725 und im August 1733, nach Werl im August 1726 und im Juli 1742, nach Loretto im Dezember 1727 und im September 1755, – dessen Marienbild er bei diesem Anlass sein kostbares Pektorale schenkte –, nach Bornhofen im Juli 1746 sowie öfters nach Kevelaer und Telgte, wo er beispielsweise für das Gnadenbild 1754 eine Ampel stiftete, die neben seinem kurfürstlichen Wappen auch ihn selber vor dem Gnadenbild betend zeigt. Er berief Ordensgemeinschaften, weihte Bischöfe, Kapellen und Kirchen, legte Grundsteine – so im Mai 1746 für das Priesterseminar neben der Kirche St. Johann-Evangelist am Domhof in Köln, im Juli 1746 für die heilige Stiege auf dem Kreuzberg bei Bonn, im September 1748 für den Neubau des Franziskanerklosters in Kempen, im Mai 1756 für die Jesuitenkirche in Büren. Als Förderer von Kirchenbauten oder als Stifter von Ausstattungen war er an vielen Orten tätig, so beispielsweise in Billerbeck (Kapelle), Böddeken (silberner Reliquienschrein für die Gebeine des heiligen Meinolph in der Klosterkirche, 1730), Bonn (Kirche der

Franziskaner-Rekollekten, Kapuzinerkirche und Stiftskirche Dietkirchen), Brenschede (Kloster Brunnen), Brühl (Franziskanerkirche), Hersel, Iburg (Abtei), Köln (Johannes Evangelist und St. Maria in der Kupfergasse), Meppen (Gymnasialkirche), Neuhaus (Monstranz für die Schlosskapelle, 1749), Osnabrück (Orgel für den Dom, 1755), Pingsdorf bei Brühl, Pützchen (Karmeliterkloster) Schwarzrheindorf, Tönnisstein, Wahn bei Sögel und Wohldenberg bei Hildesheim. Finanzielle Förderungen kamen sogar der Hedwigskirche in Berlin (1748) sowie Kirchen in Arolsen, Bayreuth, Saarbrücken und Trechtinghausen zu. Als Erzbischof war er ausgesprochen viel in seinem Sprengel unterwegs. In Münster gab er für den Bau des im September 1754 vollendeten Neubaus des Clemenshospitals aus eigenen Mitteln 100 000 Gulden. Es war für die Zeit eine geradezu fortschrittliche Einrichtung mit 28 Räumen, einer eigenen Apotheke und der Aufnahmekapazität für zwölf Kranke. Angeschlossen war die Clemenskirche, die der Architekt Johann Conrad Schlaun (1695–1773), der Hauptmeister des westfälischen Barocks, gebaut hatte. Die persönliche fürsorgliche Haltung Clemens Augusts, die auch seinen Charakter im Allgemeinen beleuchtet, ist mit der Errichtung der Kapelle am Jagdschloss Clemenswerth (1737–1747) verbunden. Sie bildet im Norden der Anlage einen der acht von Schlaun entworfenen Pavillons, an den für die berufenen Kapuziner ein kleiner Klosterbau angehängt ist. Zwischen Bauvorgang und Berufung kam es zu einer Situation, die den Erzbischof-Kurfürst als spontan handelnden Wohltater erscheinen lässt. Aus der »Kapuzinerkronik von Clemenswerth« konnte folgender Ablauf erschlossen werden: »Der Klosterbau war noch nicht fertig, als drei Kapuzinerpatres und ein Bruder am 15. August 1739 nachts um zwei Uhr in Sögel ankamen. Sie nahmen Wohnung im damaligen sogenannten Gerichtsgebäude, aber schon nach drei Tagen bei einem Eingesessenen namens Deiters. Hier besuchte sie nach weiteren vier Tagen Clemens

August. Da sie zusammen in nur einem Zimmer untergebracht waren, nahm sie der Kurfürst mit nach Clemenswerth und trat ihnen die für ihn erst provisorisch eingerichtete Wohnung in dem einzigen bis dahin fertigen Pavillon ab, selber beim Vogt in Sögel wie ehedem Wohnung nehmend. Für die Patres ließ er im besagten Pavillon einen Betraum herrichten, in dem er dann selbst am Feste des hl. Franziskus die erste Messe las. Er betet jeden Abend mit uns den Rosenkranz, schrieb der erste Superior, P. Michael Angelus, am 6. Oktober 1739 an seinen Provinzial; und am 29. August hieß es in einem Brief an den gleichen Adressaten: Der Kurfürst weilt, von Jagdtagen abgesehen, mehr in unserem Kloster, besonders in meiner Zelle, als in seinem Schloß.« (H.H. Breuer, in: Katalog 1961, S. 26)

Clemens August hatte anscheinend ein großes Bedürfnis nach solchem Ausstieg aus dem Treiben des Hofes und dem Getriebe des Amtes, denn neben Schloss Falkenlust, seinem *maison de plaisance* in Brühl, ließ er ab 1730 eine Kapelle als achtseitigen gewölbten Zentralbau, die sogenannte Muschelkapelle, errichten. Im Äußeren, wiewohl abwechslungsreich gegliedert, ist sie zurückhaltend, maßvoll, das Innere wurde von Peter Laporterie wie eine Eremitengrotte gestaltet und mit Muscheln und Grottenwerk ausgeschmückt. Muschelleisten und Muschelornamente sowie das Bodenmosaik aus Glas und Stein mit dem Hochmeisterkreuz in der Mitte geben dem Raum einen eigenartigen fremden Reiz. Es ist der einzige im Rheinland erhaltene Muschelstuckraum. Das Patrozinium der heiligen Einsiedlerin Maria Aegyptiaca ist samt Bau und Ausstattung sozusagen Programm und betont die Funktion. 1733 stand der Rohbau, 1740 wurde die Kapelle geweiht. Ob die bei dem kleinen Bauvolumen überlange Bauzeit bzw. Bauunterbrechung mit dem Tode von Rolls zusammenhängt und ob dem Programm esoterisch-philosophische Überlegungen zugrunde liegen, sei dahingestellt.

Clemens Augusts Frömmigkeit und Kunstliebe bildeten oft

eine Einheit, wobei er meist keine Unterschiede zwischen Residenz und Landschaft, Hochkunst und Volkskunst machte. So errichtete er beispielsweise 1751 im Mergentheimer Umkreis am Weg nach Würzburg ein Standbild des heiligen Bruno, das an den plötzlichen Tod des Würzburger Fürstbischofs Philipp Franz von Schönborn an dieser Stelle 1724 erinnerte, oder 1753 im Wald bei Stuppach ein Steinkruzifix als Ort der Volksfrömmigkeit. Die Aufstellung von Wegkreuzen, Bildstöcken, Kreuzwegen und Fußfällen, der Bau von Kirchen, Kapellen und Klöstern gestaltet eine Sakrallandschaft, die in ihrem großen regionalen Zusammenhang ebenso wie in ihren einzelnen lokalen Bezügen kultische Gemeinschaft und Glaubensleben spiegelt. Prozessionsziele und Wallfahrtswege, Gnadenstätten und Volksmissionen, Stationswege und Gedenkkreuze sind Zeichen dieser geistlichen Identität. Sie finden sich im Kurkölnischen in reicher Fülle, breiten sich im Stadtbereich wie in der offenen Landschaft aus und viele entstanden nach Ausweis der Datierungen unter dem Episkopat Clemens Augusts. Seelsorgebauten wie die Pfarrkirche in Pingsdorf bei Brühl oder Repräsentations- und zugleich Wallfahrtsbauten wie die Heilige Stiege auf dem Bonner Kreuzberg, Verbindungsachsen wie die Linie vom Bonner Stadtschloss über das Schloss Clemensruhe zur Heiligen Stiege sind auch Träger von übergeordneten Patronaten und von Heiligenverehrung, wie denen der Gottesmutter oder des Erzengels Michael. Die Förderung einer solchen großräumigen frommen Landschaftsgestaltung stand gewiss den ästhetischen und religiösen Anliegen des Erzbischof-Kurfürsten sehr nahe. (Scholten, 2000)

Mag sich Clemens August auch bemüht haben, bischöfliche Pflichten gewissenhaft wahrzunehmen und ehrliche private Frömmigkeit zu üben, Milde walten zu lassen oder mit seiner Art von Strenge den Klerus zu qualifizieren, so taugte er dennoch nicht zum Vorbild.

Das spitze Ondit, man sehe ihn morgens im Messgewand

zelebrieren und abends in Maske Domino tanzen, war nicht aus der Luft gegriffen, sondern bei den vielerlei Ablenkungen am Hofe, – Musik, Theater, Tanz –, gab es auch für den Kurfürsten immer wieder Gelegenheiten zum Mittun. Die Begegnung mit der – ihm schmeichelnden bis ergebenen, ihn aushorchenden bis beeinflussenden – Damenwelt führte manches Mal zu näheren Kontakten etwa in den intimen Räumen des Schlosses Falkenlust. Aus einer solchen kurzen Beziehung mit der Bonner Harfenistin Mechthild Brion stammte Clemens Augusts Tochter Anna Maria (1735–1783). Die Mutter wurde nach der Geburt schnell mit dem Truchsessen Gottfried Trogler verheiratet und die Tochter in einer Klosterschule zu Metz erzogen. Durch Vermittlung ihres kurfürstlichen Vaters am Wiener Hof wurde ihr der Adelstitel einer Reichsgräfin von Löwenfeld verliehen. Im Alter von 15 Jahren heiratete sie ihren Vetter Franz Ludwig Graf von Holnstein, einen nicht ehelichen Sohn Karl Albrechts, des Bruders von Clemens August.

☆☆☆

Als repräsentatives und ästhetisches, als belehrendes und unterhaltsames Vergnügen spiegelt das Kunstsammeln Wissen, Geschmack, Weltläufigkeit und war an den Höfen sowie in den Häusern reicher Bürger gegenwärtig. Seine Tradition, die bis weit in die Antike zurückreicht, lebte vor allem seit dem 16. Jahrhundert in neuer Blüte auf. Dem Beispiel der Medici in Florenz, der Gonzaga in Mantua, der Königin Isabella von Kastanien oder Margareta von Österreich wollten es viele gleichtun, denen der aufwertende Zusammenhang von Kultur und Herrschaft bewusst war. Aber auch in den bürgerlichen Kreisen wurden seit der Renaissance Antiken- und Kunstsammlungen zusammengetragen, die zum Teil überregionale Bedeutung erlangten, etwa die Gemäldesammlungen der Kölner Imstenraedt oder Jabach.

Clemens August fügt sich mit seinen Ansprüchen an Hofkultur und Ästhetik, mit seiner Auswahl von Künstlern für Ausstattungsaufgaben und mit seiner Sammelleidenschaft schlüssig in dieses Bild des 18. Jahrhunderts ein. Die von ihm berufenen italienischen, französischen, niederländischen und deutschen Künstler sorgten in der eher konservativen rheinischen Kunst für frische und zeitgenössische Impulse, die den Anschluss an neue Entwicklungen herstellten. Anspruchsvoll waren seine Sammlungen von ostasiatischem und Meißner Porzellan, die er im Indianischen Haus präsentierte, und die mit Pretiosen gut gefüllte Schatzkammer der Residenz. Die Gemäldesammlung, deren Bestand wir aus der Versteigerungsliste von 1762/1764 kennen, umfasst 715 zum Teil mehrfach besetzte Nummern. Zusammen mit einer fortlaufend nummerierten Ergänzungsliste von 1764, die mit der Nummer 781 schließt, wird der Bestand etwa 800 Bilder umfasst haben. Die Versteigerung war von Clemens August testamentarisch verfügt worden, um mit dem Erlös »zu Bezahlung deren vorhandenen Schulden« beizutragen. Obwohl auch das Versteigerungsprotokoll mit Käufernamen – meist Agenten – und den erzielten Preisen erhalten ist, kann eine Identifikation von Werken kaum erfolgen. Zu allgemein und ungenau sind die Angaben zu den Gemälden, zu willkürlich wohl oft auch ihre Zuschreibung. Vor allem Niederländer sind vertreten. Unter den Rembrandt-Bildern befand sich als Nr. 770 »Der verlorenen Sohn«, heute in der Eremitage zu St. Petersburg, und vielleicht »Der Mann mit dem Goldhelm« in der Berliner Gemäldegalerie. Es fällt auf, dass in der Liste zahlreiche weniger bedeutende Meister vertreten sind – Horst Vey spricht von »mittlere(n) Kabinettbilder(n) mittlerer niederländischer Meister« – und wichtige Namen wie Momper, Ruysdael oder De Hooch für die Niederländer, Boucher, Lancret oder Poussin für die Franzosen gänzlich fehlen. Die Sammlung besaß – von Rembrandt abgesehen – wenig strahlende Höhepunkte. Sie weist bislang nicht identifizierte Einzelwerke von Abraham Bloemaert, Paul Bril, Albrecht Dürer, Adam Elsheimer, Martin Schongauer und Antoine Watteau sowie drei Bilder von Hans Holbein aus. Dagegen vermisst man die in anderen Sammlungen der Zeit so geschätzten klassischen Italiener von Raffael bis Reni, für deren Erwerb freilich auch zu Clemens Augusts Zeiten schon viel Geld ausgegeben werden musste. Sehr auffallend ist auch das überwiegende Fehlen der eigenen Hofmaler, die ja nur mit Ausstattungsaufgaben beschäftigt waren.

Die Gemäldesammlung von Clemens August war offensichtlich nicht unter den üblichen klassischen Gesichtspunkten für Sammlungen zusammengetragen worden, sondern richtete sich nach einem sehr persönlichen Geschmack und umfasste vor allem Landschaften, Tier- und Jagdszenen, Stillleben und Gemälde religiösen Inhalts. Es liegt die Vermutung nahe, dass nicht ein europaweiter Überblick über die wichtigsten Leistungen der Malerei beabsichtigt war, sondern eine gewisse Beliebigkeit eher auf unzureichende Kenntnisse über die Entwicklung, über Qualitäten und den Markt hinweist. Aus der Aufbewahrung der Gemälde in unterschiedlichen Schlössern – so befanden sich 136 Bilder im Krönungssaal des Poppelsdorfer Schlosses – lässt sich schließen, dass sie in die große Ausstattungsidee, in die Gestaltung eines anspruchsvollen höfischen Ambientes integriert waren.

Die vom 14. Mai bis zum 19. Juni 1764 veranstaltete Versteigerung der Gemälde erreichte in der Regel nicht die Schätzpreise und brachte lediglich einen Gesamterlös von 24 746 Talern und 14 Stübern gegenüber einer erwarteten Summe von 126 955 Talern.

☆☆☆

Clemens August war als Kind und erst recht als Jugendlicher bereits zum Machterhalt, zur Machterweiterung und zum Ruhme des Hauses Wittelsbach ausersehen, seine frühen Jahre und seine Reifezeit waren von Trennung und Ferne, von Fremdheit und Pflichterziehung bestimmt. Ohne die Begleitung der Eltern und ohne die Nähe ihrer Gefühle wurde er sozusagen in die Zeit geworfen, ausgeliefert an Aufgaben, denen er sich instinktiv nicht gewachsen fühlte. Gehorsam, Familienpflicht und Staatsräson standen von Früh an auf dem ihm auferlegten Stunden- und Lebensplan. Seine Talente und seine Gefühle deuteten gewiss in eine andere Richtung, eher in die der Gestaltungskraft und nicht der Machtausübung, wohl in die der Frömmigkeit und nicht des Zölibats, gewiss in die der Freundschaften und nicht der Zweckintrigen. So erscheint er uns auch als eine tragische Gestalt, die sich immer aufs Neue anlehnen wollte: an starke Menschen, an Zuneigungen, an spirituelle Stärkungen, an schöpferische Gestalten, an Potentiale, die er entbehrte. Kaum anders kann man seine Nähe zum Deutschen Orden und den dort gefundenen Freunden, wie den von Rolls, seine Bemühungen um ehrlichen Rat, wie am Beispiel der Crescentia von Kaufbeuren, seine Verehrung der Gottesmutter und seine vielen Wallfahrten deuten. Der mächtige Kurfürst und »Herr von Fünfkirchen« war in Wirklichkeit ein einsamer Mensch, entscheidungsschwach eingekeilt zwischen den unterschiedlichsten Positionen und allzu oft den falschen Ratgebern erlegen. Zu seinen Alternativen zählten das aufwandige Hofleben mit den vielen Ablenkungen von Hochkunst, Unterhaltung, Jagd und Erotik, von denen ihm nur Formen der Flucht wie Reisen, Verschlossenheit und Einkehr Pausen ermöglichten.

Die großartige Architektur, das reiche künstlerische Erbe und die vielen Spuren in Landschaft und Wegenetz, die aus dem Gestaltungswillen Clemens Augusts heraus entstanden sind, stehen noch heute vor Augen. Sie waren und sind ein Glück für das Rheinland und für Westfalen. In dieser Hinsicht war es auch der Kurfürst und Erzbischof Clemens August. Er steht als Wittelsbacher im Rheinland durchaus beispielhaft für Zuwanderung und den kulturellen Schmelztiegel »Rheinland«. Lebte er nicht auch diese besondere, seit der Römerzeit gewachsene Mentalität, eine Mischung aus Lebensfreude und Trübsal, aus Daseins-Philosophie und Überlebenskunst, aus Glauben und Sinnenlust, aus Internationalität und Toleranz? In seiner Person, in seinem Leben und Wirken klingt immer wieder auch die Balance zwischen Lebensfreude und Melancholie durch, die uns in einer endlosen Schleife der rheinische Karneval lehrt.

Literatur

G. Boenisch, *Der Sonnenfürst. Karriere und Krise des Clemens August,* Köln 1979 (Neuauflage 2000)

M. Braubach, *Kurköln. Gestalten und Ereignisse aus zwei Jahrhunderten rheinischer Geschichte,* Münster 1949

F. G. Zehnder, W. Schäfke (Hrsg.), *Der Riss im Himmel. Clemens August und seine Epoche (Buchreihe anlässlich der gleichnamigen Ausstellung in Schloß Augustusburg in Brühl, im Stadt-Museum Bonn, Museum Zitadelle Jülich, Schloß Miel),* Band I-VIII, dort insbesondere die Beiträge von Hansmann, Knopp, Miersch, Scholten, Köln 1999–2000

Der Riss im Himmel. Clemens August und seine Epoche (Katalog zum Gesamtprojekt Bonn – Brühl – Köln – Jülich – Miel, 13. Mai bis 1. Oktober 2000), F. G. Zehnder und W. Schäfke (Hrsg.), Köln 2000 (u.a.S. 113ff.)

W. Hansmann/G. Knopp, *Schloß Brühl. Die kurkölnische Residenz Augustusburg und Schloß Falkenlust,* Köln ²1997

Kurfürst Clemens August. Landesherr und Mäzen des 18. Jahrhunderts, Ausstellung in Schloß Augustusburg zu Brühl, 1961 (Katalog), dort insbesondere die Beiträge von Adelmann, Breuer, Braubach, Depel, Hegel, Tack, Köln 1961

H. Vey, *Die Gemälde des Kurfürsten Clemens August,* in: Wallraf-Richartz-Jahrbuch, 25, 1963, S. 193–226

A. Winterling, *Der Hof der Kurfürsten von Köln 1688–1794. Eine Fallstudie zur Bedeutung »absolutistischer Hofhaltung« (Veröffentlichung des Historischen Vereins für den Niederrhein, 15),* Bonn 1986

WOLFGANG BERGSDORF

Joseph von Görres (1776–1848)

Wer den Nachruhm einer historischen Persönlichkeit an der Zahl der Straßen und Schulen misst, die ihren Namen tragen, der braucht sich um den Rheinländer Joseph von Görres keine Sorgen zu machen. Im Rheinland und in Süddeutschland ist Görres mit zahlreichen Straßen präsent. Bis in das 21. Jahrhundert hinein lag die prominenteste Adresse der Bonner Republik, die des Deutschen Bundestages und auch des Bundesrates, an der Görres-Straße. In einem geschichtsvergessenen Akt des Bonner Stadtrates unter der Oberbürgermeisterin Bärbel Dieckmann (SPD) ist dieser Straßenname in den Wirren um das Weltkongresszentrum Bonn (WCCB) untergegangen; jetzt erinnert nur noch eine kleine Straße im Bonner Süden an den großen Rheinländer. Ihn nannte sein Zeitgenosse Jean Paul »einen Mann, der aus Männern besteht.« Einer seiner geistigen Nachfahren, der langjährige Chefredakteur und spätere Herausgeber des 1946 revitalisierten »Rheinischen Merkur«, Otto B. Roegele, hat dem Herausgeber des ersten »Rheinischen Merkur« von 1814 bis 1816 in einem Porträt bescheinigt, er habe »das Herz eines Revolutionärs, das historische Bewusstsein eines Konservativen, den Scharfblick eines Naturforschers, die Phantasie eines Dichters und die politische Leidenschaft eines geborenen Publizisten.«

Görres hatte nie ein hohes Staatsamt inne, dennoch adelte ihn Napoleon als seinen Gegenspieler, indem er ihn mit seinem »Rheinischen Merkur« als eine »cinquième puissance« fürchtete. Görres hatte nie eine Universität besucht, gleichwohl wurde er zunächst in Heidelberg und später in München ein einflussreicher Hochschullehrer. Auch das publizistische Handwerk hatte er nie erlernt, obwohl er mit seinen vielfältigen publizistischen Unternehmungen die wirkungsmächtigste Stimme im deutschen Raum in der ersten Hälfte des 19. Jahrhunderts werden sollte, die auch in Frankreich und England, aber eben auch in Russland aufmerksam beachtet wurde.

Joseph Görres lebte zwischen zwei Revolutionen, zwischen der Französischen Revolution von 1789, die er erlebte, zunächst bewunderte, dann erlitt und schließlich bekämpfte, und der erahnten und ersehnten Revolution von 1848. Ihren Ausbruch und ihr Scheitern sollte er nicht mehr erleben. Die Irrungen und Wirrungen dieser an Umbrüchen reichen Zeit machten Görres zu einem der ersten Krisendenker Deutschlands, dessen Krisenwahrnehmung immer deutlicher eine antirevolutionäre Wendung nahm. Er plädierte dafür, der Revolution durch eine freiheitlich-ständische Verfassung zuvorzukommen. Das machte ihn zum Vorkämpfer der Freiheit und Einheit Deutschlands und zum wortmächtigen Kämpfer für die Freiheit der katholischen Kirche. Im revolutionären Taumel hatte er sich der katholischen Kirche entfremdet, im Straßburger Exil fand er zur Kirche zurück und wurde zu einem Wegbereiter des politischen Katholizismus, der sich im Revolutionsjahr 1848 zu formieren begann. Wie unzureichend diese Persönlichkeit in einem knappen Lebensbild gewürdigt werden kann, lässt eine Eintragung von Friedrich Hebbel in sein Tagebuch am 27. September 1846 erahnen – der Dichter gehörte zu seinen Münchener Studenten –: »Wer je in sein Gesicht hineinschaute, den mag es reizen, ihn bis in die dickste Finsternis hinein zu verfolgen. Sein Gesicht ist eine Wahlstatt erschlagener Gedanken. Jede Idee, die seit der Revolution den Ozean deutschen Geistes mit ihrem Dreizack erschütterte, hat ihre Furche dort gezogen, und die Furchen sind, als der Jakobiner in den Heiligen zurückkroch, alle stehengeblieben. Man hat ein Wirtshaus in eine Kapelle verwandelt, aber das Schild abzunehmen vergessen. Wer nicht weiß, dass drinnen gesungen und gebetet wird, der könnte hineintreten und Wein und Würfel verlangen.«

☆☆☆

In Koblenz, wo die Mosel in den Rhein fließt und vor 2000 Jahren die Römer die Siedlung Confluentes errichteten, wurde Joseph Görres 1776 geboren. Damals war Koblenz Residenzstadt des geistlichen Kurfürstentums Trier. Der letzte Kurfürst und Erzbischof von Trier, Clemens Wenzelslaus von Sachsen, residierte in der Festung Ehrenbreitstein. Drei Jahre vor Görres wurde in Koblenz der spätere österreichische Kanzler Fürst Clemens von Metternich geboren. 150 Jahre später übrigens erblickte dort auch Valéry Giscard d'Estaing, der spätere französische Staatspräsident, das Licht der Welt.

Görres wurde als ältestes von acht Kindern in eine kleinbürgerliche Familie hineingeboren. Sein Vater Moritz Görres war ein rheinfränkischer Händler von geflößtem Holz, dessen Vorfahren an der Mosel lebten. Seine Mutter, Helene Theresia Görres, geborene Mazza, war in Koblenz aufgewachsen. Ihre Vorfahren stammten aus Italien. 1786 trat Görres als Zehnjähriger in das von Jesuiten geleitete Gymnasium ein. In ihm herrschte der Geist der Aufklärung, der den frühreifen und hochbegabten Görres prägte. 1789 – als in Paris die Französische Revolution ausbrach – erhielt er das Zeugnis: »Felicissimum ingenium, diligentia ingenio non satis congrua, progressus satis magnus, mores puerilis.« Die am Gymnasium angebotenen Fächer unterforderten ihn. Er betrieb eigene historische, geographische und naturwissenschaftliche Studien und versenkte sich darüber hinaus in die lateinischen Klassiker und später in die Werke von Klopstock, Gellert, Goethe, Schiller und Kant. So vorbereitet, erlag der Autodidakt Görres der Faszinationskraft der Französischen Revolution mit ihren großen Versprechungen. 1793 verlässt er das Gymnasium, um Medizin zu studieren. Aber »der Lärm der Zeit ist so groß, als dass er eine Universität beziehen könnte. In ihm reden nicht minder laut ungestüme Stimmen.« 1794 besetzten die Franzosen Koblenz, der Feuerkopf Görres übernahm die Parolen der Revolution und agitierte für die Gründung einer Cisrhenanischen Republik an der Seite Frankreichs. Von ihr erhoffte er sich die Verwirklichung der revolutionären Trias Freiheit, Gleichheit und Brüderlichkeit.

Die politischen Zustände in den deutschen Staaten seiner Zeit waren verwirrend und heillos. Das galt auch für das geistliche Fürstentum Trier. Willkür, Engstirnigkeit und Untertanengeist erstickten jeden politischen Diskurs. Die politischen Missstände trugen auch dazu bei, dass Görres sich der katholischen Kirche entfremdete. Sie war für ihn Bestandteil des verabscheuten politischen Systems. Als junger Mann von zwanzig Jahren ließ er sich von der Freiheitsbewegung mitreißen, misstraute allen Hierarchien, glänzte als ingeniöser Redner in den vaterstädtischen Clubs und verfasste erste Beiträge für Periodika, die seine literarische und seine polemische Begabung erkennen ließen. 1796 erschien seine Erstlingsschrift »Der Allgemeine Friede, ein Ideal«. 1798 gründete er das »Rothe Blatt, eine Dekadenschrift«, in der er die von den Besatzungsbehörden zu verantwortenden Missstände anprangerte. »Unablässiger Krieg gegen Schlechtigkeiten aller Art, die Hand dem tugendhaften Mann« war die Parole seiner Zeitschrift, mit der Görres viele Leser erreichte und sich in seiner Region bekannt machte. Sein Kampf gegen die Entscheidungen der Besatzungsherrschaft führte bald zu einem Verbot durch die Landesdirektion. Dadurch ließ er sich nicht entmutigen und startete noch im gleichen Jahr ein neues Blatt mit dem Titel »Rübezahl«, in welchem er die politische Linie der verbotenen Zeitschrift weiterentwickelte.

Der neue Titel »Rübezahl« wurde hier als Symbol des Rächers der Unterdrückten und des Wiederherstellers des Rechts in Anspruch genommen.

Von seinen Mitbürgern wurde Görres zusammen mit drei Gesinnungsgenossen nach Mainz entsandt, um vor den französischen Besatzungsbehörden Beschwerde zu führen gegen die Willkürakte des kommandierenden Generals Leval. Dies brachte ihm eine 20-tägige Haftstrafe ein. 1799 reiste er an der Spitze einer Delegation seiner Heimatstadt nach Paris. Nach dem Sturz des Direktoriums bat er um eine Beendigung der drückenden Okkupation und eine Vereinigung und Gleichstellung des linken Rheinufers mit Frankreich. Seine persönliche Begegnung mit dem Ersten Konsul Bonaparte ließ ihn die prophetischen Worte an seine Mitbürger schreiben: »Nehmt auch in Bälde den Suetonius zur Hand, denn der neue Augustus ist fertig.« Die in Paris gewonnenen Eindrücke heilten den jungen Idealisten von seiner revolutionären Begeisterung. In seiner Schrift »Resultante meiner Sendung nach Paris« (1800) erklärte er seine Abkehr von einer republikanischen Verfassung, denn »der Zweck der Revolution (ist) gänzlich verfehlt«. In dieser Schrift warnt er seine Mitbürger vor den Ideen der Französischen Revolution und entdeckt seine »rheinisch-deutsche Verwurzelung.« (Rudolf Morsey) Aus dem vom Geist der Revolution inspirierten Weltbürger wurde der seiner rheinischen und deutschen Identität bewusste Patriot.

Diese Veränderung politischer Grundpositionen ist dem jungen Görres nicht leichtgefallen. Ein solcher Gesinnungswandel ist selten Resultat reinen Nachdenkens, sondern folgt zumeist einer Kollision mit der Realität. Dies geschah Görres in Paris, denn noch kurz zuvor hatte er als begeisterter Befürworter der Französischen Revolution der Alten Welt die Totenrede gehalten. »Am 30. Dezember 1797, am Tag des Übergangs von Mainz, nachmittags um drei Uhr, starb zu Regensburg in dem blühenden Alter von 955 Jahren, fünf Monaten und 28 Tagen sanft und selig an einer gänzlichen Entkräftung und hinzugekommenem Schlagflüsse bei völligem Bewußtsein und mit allen heiligen Sakramenten versehen, das Heilige Römische Reich schwerfälligen Angedenkens.« In diesem Zusammenhang stellte er aber auch dem alten Reich das Zeugnis aus, dass keine Schandtaten sein Gedächtnis dauerhaft beflecken würden. Diese Polemik lässt die Leidenschaft des Weltbürgers und revolutionären Görres noch einmal erahnen. Sie erklärt auch seine Überzeugung, dass die politischen Verhältnisse seiner Zeit überlebt seien.

☆☆☆

Mit dem neuen Jahrhundert beendete er seine politisch-publizistische Tätigkeit und wandte sich seiner wissenschaftlichen und literarischen Arbeit zu. Er übernahm eine Gymnasiallehrerstelle für Chemie und Physik an der Französischen Sekundärschule in Koblenz, seinem früheren Gymnasium. Es war eine wenig einträgliche Stelle mit einem Jahresgehalt von 1400 Franken, aber sie gestattete ihm einen bescheidenen Lebensstandard. Im Herbst 1801 gab er seinem Leben einen festen Rahmen durch die Vermählung mit Katharina von Lassaulx, Tochter des früheren Kurtrierischen Hofrats Peter Ernst von Lassaulx. Sie war eine schöne, geistvolle und freigeistige Frau. Das Paar verzichtete auf die kirchliche Trauung und begnügte sich mit einer zivilen Eheschließung nach französischem Recht. Seine Frau wurde ihm auch zur geistigen Mitarbeiterin. Die Ehe war glücklich und trug bei zu dem Görres-Bild »unzertrennbarer Häuslichkeit« (Heribert Raab). Der Ehe entstammten drei Kinder, Sophie, Guido und Marie. Die Letztere wurde Schriftstellerin und betreute den Nachlass ihres Vaters.

Die Tätigkeit als Gymnasialprofessor ließ Görres Zeit, seine naturwissenschaftlichen und medizinischen Studien zu vertiefen und sich darüber hinaus mit indogermanischer Philologie und Mythologie zu beschäftigen. Zudem fühlte er sich zur Kunstwissenschaft hingezogen. In jener Zeit entstanden seine Schriften »Aphorismen über die Kunst« (1802), »Aphorismen über Organonomie« (1803), »Exposition der Physiologie« (1805) und »Aphorismen über Organologie« (1805) sowie sein Buch »Glauben und Wissen« (1806), das sich noch in den von der Schelling'schen Naturphilosophie vorgezeichneten pantheistischen Bahnen bewegte, aber doch schon eine Rückkehr zur katholischen Kirche erahnen ließ, deren wichtigstes Sprachrohr im Deutschland der ersten Hälfte des 19. Jahrhunderts er werden sollte. Seine schriftstellerische Tätigkeit in literarischen Zeitschriften wurde vom zeitgenössischen Idealismus inspiriert. Herder und Schelling halfen ihm, die Bedeutung von Sprache, Nationalstereotypen und Volkstum zu entdecken. Sein Geschichtsverständnis begann sich zu wandeln. Der revolutionäre Fortschrittsoptimist wurde zu einem konservativen Denker mit offenen Sinnen für Metaphysik. Sein Weltbild wurde vom Streben nach organischer, lebendiger Universalität bestimmt.

1806 wechselte er als Dozent an die Heidelberger Universität, um dort philosophische, physiologische und anthropologische Vorlesungen zu halten. Er bot aber auch Veranstaltungen zu altdeutscher Literatur an. Die erstaunliche Vielfalt seiner Interessen und seiner geistes- und naturwissenschaftlichen Kenntnisse wollte er einmünden lassen in eine Synthese von Geistes- und Naturwissenschaft.

Nach Heidelberg hatte ihn sein früherer Mitschüler und Jugendfreund Clemens von Brentano geholt. Zusammen mit ihm und Achim von Arnim wurde Görres zum Mitbegründer der jüngeren Romantik. Zu seinen Heidelberger Hörern gehörte auch Joseph von Eichendorff. Damals verfolgte Görres das Ziel, angesichts der Trübsal der Gegenwart durch Rückgriff auf die deutsche Vergangenheit »das deutsche Volk näher zu sich selbst zu bringen«. Görres förderte die literarischen Unternehmungen seiner Freunde mit Rat und Tat, und er veröffentlichte selbst die »Deutschen Volksbücher« (1807), um zu verdeutlichen, »dass fernab von dem Kreis der höheren Literatur unscheinbar und wenig bekannt die Volksliteratur bestanden habe; dass diese Volksbücher ein unverwüstliches Leben haben, dass sie, nie veraltend, stets willkommen, immer gleich belustigend und erquicklich und belehrend blieben; dass diese Volksbücher eigentlich den stammhaftesten Teil der Literatur bilden«. In den Tagebüchern von Joseph von Eichendorff charakterisiert der romantische Dichter die Astronomie-Vorlesung von Joseph Görres: »Blaß, jung, wildbewachsen, feurigen Auges, aber monotoner Vortrag.« Seine philosophische Vorlesung empfand Eichendorff als »ein göttlich Kolleg«. Später schreibt er: »Es ist unbegreiflich, welche Gewalt dieser Mann, damals selbst noch jung, auf die Jugend ausübt. Sein freier Vortrag war monoton, fast wie ein fernes Meeresrauschen, schwellend und sinkend, aber durch das einförmige Gemurmel leuchteten zwei wunderbare Augen und zuckten Gedankenblitze beständig hin und her; es war wie ein prächtiges nächtliches Gewitter, weckend und zündend für ein ganzes Leben.«

Doch die Heidelberger Zeit blieb Episode. Die politische Neuordnung Badens unterstellte Dozenten und Bischöfe dem Polizeiminister. Dies empörte Görres. Außerdem ergab sich für Görres keine feste Anstellung an der Universität. Deshalb kehrte er 1808 auf die vom Präfekten der französischen Besatzungsmacht freigehaltene Stelle an der Sekundärschule in Koblenz zurück. Dort setzte er seine eklektischen sprachwissenschaftlichen und mythologischen Studien fort und lernte sogar im Selbststudium Persisch. Er veröffentlichte eine zweibändige »Mythengeschichte der asiatischen Welt« (1810). In den Vorworten zu seinen Werken und in Aufsätzen behielt Görres das politische Geschehen in Deutschland im Auge. In »Über den Fall Teutschlands und die Bedingungen einer Wiedergeburt« (1810) plädierte Görres für eine sittlich-religiöse Erneuerung. Als Voraussetzung einer solchen Erneuerung forderte er die Schaffung einer öffentlichen Meinung als Gewissen der Nation und der Regierungen.

☆☆☆

Es sollte nicht lange dauern, bis Görres seine Forderung nach der Formierung einer öffentlichen Meinung selbst verkörpern konnte. Nach der Völkerschlacht von Leipzig (1813) verließ den französischen Kaiser Napoleon das Kriegsglück. Als im Januar 1814 die Heere der Alliierten am Rhein erschienen und vor ihnen sich die französische Besatzungsmacht zurückzog, gab Görres am 23. Januar die Erstausgabe einer neuen Zeitung, nämlich seines »Rheinischen Merkur«, heraus. Die Koblenzer Behörde hatte die Idee, Görres mit der Herausgeberschaft des »Mercure du Rhin« zu betrauen, die bisher als zweisprachige Zeitung unter der Letztverantwortung des französischen Präfekten des Rhein- und Mosel-Departements bestanden hatte und vollständig den Interessen der Besatzungsmacht unterworfen war. Mit Joseph Görres sollte der »Rheinische Merkur« seine Leser für die deutsche Sache und die der Heiligen Allianz gewinnen. Der »schwachatmige Mercure du Rhin wurde ersetzt durch den Rheinischen Merkur. Nach der Kirchhofstille, die seit langem in den Rheinlanden herrschte, dröhnte seine Alarmtrommel in die Öde der Stadt und die Erregung der Umwelt«. Görres Popularität, seine Sprachkraft, seine Energie verhalfen dem »Rheinischen Merkur« trotz der geringen Auflage von 5000 Exemplaren zu der Stellung eines Nationalblattes, wie es Deutschland weder vorher noch nachher besessen hatte. Bis zum Verbot 1816 durch die preußischen Behörden erschienen 357 Ausgaben, deren Inhalte der Herausgeber und alleinige Redakteur Görres in der Regel selbst schrieb. Das Blatt erschien zwei- bis viermal wöchentlich und wurde bald als Stimme Deutschlands im Kampf gegen Napoleon wahrgenommen. Mit dem Titel »Rheinischer Merkur« wollte Görres »die rheinische Zunge, welche seit zwanzig Jahren in der Genossenschaft deutscher Völkerschaften beinahe ganz verstummt, in dem großen deutschen Orden wiederherstellen und ihr wieder Sitz und Stimme verschaffen im Rat der Brüder.«

Der »Rheinische Merkur« und sein Herausgeber wurden zum nationalen Sprachrohr der Deutschen gegen die napoleonische Herrschaft. Von der nationalen Erregung ließ sich auch die deutsche Elite anstecken. Nicht nur die romantischen Schriftsteller und Freunde von Joseph Görres wie Clemens von Brentano, Achim von Arnim und die Gebrüder Grimm, auch Ernst Moritz Arndt, Gneisenau, Blücher und Scharnhorst unterhielten enge Beziehungen zum Herausgeber des »Rheinischen Merkur«. Auch der Weimarer Geheimrat Goethe besuchte zusammen mit Freiherr vom Stein Görres im August 1815 in Koblenz und frühstückte mit der Familie Görres auf der Kartause.

Dass ein Presseorgan die nationalen Interessen bündelte, für die geistige, religiöse und politische Freiheit stritt und sowohl von Napoleon wie auch von den Verbündeten als öffentliche Meinung Deutschlands wahrgenommen wurde, war neu. Insofern war es nicht erstaunlich, dass 1814 Justus Gruner, preußischer Generalgouverneur der provisorischen Regierung der Verbündeten in den ehemals französischen Rheinlanden, Görres zum Direktor der Unterrichtsverwaltung am Mittelrhein ernannte. Görres war nun auf dem Höhepunkt seines politischen Einflusses angelangt. Der Kölner Kunstsammler Sulpiz Boisserée kommentiert dies so: »Der wilde Vogel, nachdem er lange in den Lüften herumgesegelt, hat endlich seinen rechten

Zweig gefunden; er singt jetzt in einem jedem vernehmlichen, allen Menschen von Sinn und Herz erfreulichem Lied.«

Die napoleonischen Truppen hatten bei ihren Eroberungen unzählige Kulturgüter geraubt und nach Frankreich geschafft. Kunstwerke, ganze Bildersammlungen, Handschriften und kostbare Erstdrucke, Münzsammlungen und Archivalien. Görres und sein »Rheinischer Merkur« verlangten die Rückgabe dieser Beutekunst und warfen der preußischen Diplomatie Nachgiebigkeit gegenüber Frankreich vor. Er machte sich auch hier zum Sprecher der öffentlichen Meinung in Deutschland, die einhellig die »Zurücknahme der Kunst und wissenschaftlichen Werke« fordert. Nach der Niederlage Napoleons konzentrierte sich Görres auf den Kampf gegen die Ergebnisse des Wiener Kongresses. Auf ihm hatten die Fürsten beschlossen, den Deutschen Bund wiederherzustellen, nicht aber das deutsche Kaisertum unter österreichischer Führung. Vor allem attackierte Görres den Bruch der Verfassungsversprechen und die Rückkehr des absolutistischen Geistes und bürokratischer Schikane (Rudolf Morsey) in den jetzt von den Preußen verwalteten Rheinlanden. Die Kompromisslosigkeit seines Engagements machte ihn zum Hoffnungsträger der freiheitlichen Patrioten und gleichzeitig zur Gefahr für die Politik der Restauration, zu der sich die preußische Regierung entschlossen hatte.

Zu Beginn des Jahres 1816 verloren die preußischen Behörden die Geduld mit dem zornigen Publizisten aus Koblenz und verboten den »Rheinischen Merkur«. Dieses Verbot entstand auf Verlangen des russischen Zaren und sollte jene Stimme stumm machen, die sich vehement für die Wiederherstellung des deutschen Kaiserreiches unter der Führung Österreichs und für freiheitliche Verfassungen für ganz Deutschland stark gemacht hatte. In der letzten Ausgabe des »Rheinischen Merkur« versuchte Görres eine politische Erfolgsbilanz zu ziehen: »Deutschland ist in allen Gliedmaßen ein Leib geworden. So fühlt sich das Volk, und wenn ein Glied verletzt wird, empfinden alle insgemein den Schmerz. Dieses freie, rege Lebensgefühl hat das Land gerettet und ist die Herrschaft noch so sehr in alte Verblendung geteilt, die Völkerschaften haben in Mut und Ehre sich wiedergefunden, und sie werden um die Betörung einzelner willen sich nichts widerfahren lassen.«

Auch von seinem Posten als Unterrichtsdirektor wurde Görres entfernt mit einer Abfindung in der Höhe eines Jahresgehaltes. Noch seine Erben mussten sich nach seinem Tod deshalb mit dem preußischen Fiskus auseinandersetzen. Um den unbequemen Geist aus dem Rheinland abzuziehen, bot ihm die preußische Regierung einen Lehrstuhl in Berlin an. Er lehnte ihn ab mit dem Hinweis, wenn er in Berlin zu einem Lehramt tauge, dann tauge er auch für seine Professur in seiner Heimat, nämlich an der neu errichteten Universität Bonn. Zuvor hatte er einen Ruf nach Lüttich ebenso abgelehnt wie die Berufung auf die Leitung der Stuttgarter Kunstschule. Görres befürchtete eine Verminderung seiner publizistischen Wirksamkeit, wenn er seinen heimischen Humus verlöre.

Die Hungersnot des Jahres 1817 beförderte ihn an die Spitze eines Koblenzer Hilfsvereins, der Geld und Aufmerksamkeit sammelte für die Hungernden in der Eifel und am Rhein. Minister von Hardenberg und der preußische Kronprinz Friedrich Wilhelm (später König Friedrich Wilhelm IV.) begegneten Görres bei ihren Besuchen im Rheinland 1818 mit der Deputation für die Einführung der ständischen Verfassungen. In einer »Adresse der Stadt Koblenz« (1818) finden sich die von rheinischem Stolz diktierten Sätze: »Es lebt eine deutsche Erinnerung im Geist des rheinischen Volkes fort, von dem, was der Rhein in der deutschen Geschichte bedeutet; wie in den Zeiten vor der Geschichte die Treverer aus der Mitte Belgiens bis in die Schweiz geherrscht; wie von Austrasien her das alte Gallien bezwungen worden, wie Rheinfranken in den Karolingern der Welt ihre Herren und Deutschland ein großes Kaisergeschlecht gegeben; wie die rheinischen Kurfürsten Deutschland stark gemacht, in dem sie durch kluge Wahl ihm jahrhundertelang eine Reihe der trefflichsten Kaiser ausgefunden; wie am Rhein alle Künste gediehen und das Haupt, die geistige Höhe und Blüte des Reiches sich entwickelt, als in den Extremitäten Awaren und Hungarn nach Österreich überzogen und Wenden und Slawen bis zur Elbe in Preußen herrschten; wie in den Jahrhunderten große Fürsten und Kirchenprälaten, Staatsmänner und Feldherren, Schriftsteller, Dichter, Baumeister, Maler und Künstler jeder Art von dort ausgegangen; und wenn in den letzten Zeiten ein Stillstand darin eingetreten, es ist darum geschehen, weil das Ganze und die Herrlichkeit des Reiches, worauf allein diese Bildung sich angewiesen befunden, in sich erstorben und zerfallen war.«

Obwohl die Forderungen von Görres gemäßigt waren und nur die Wiederherstellung der »Freiheiten der Landschaft und der uralten, wahrhaft deutschen Verfassung« verlangten, stießen sie bei der preußischen Regierung auf Granit. Nach der Ermordung des Dramatikers und russischen Staatsrates August von Kotzebue durch den Studenten Karl Ludwig Sand reagierten die Behörden mit verschärfter Repression. Kotzebue hatte in seinem 1818 gegründeten »Literarischen Wochenblatt« die freiheitlichen Ideen des Wartburg-Festes verspottet. Die harte Reaktion des Staates auf das Attentat ließ Görres erneut zur Feder greifen. Unter dem Titel »Teutschland und die Revolution« (1819) verfasste er eine in glühender Sprache gehaltene Kampfschrift gegen den Polizeistaat. Erneut sagte er sich von seiner jakobinischen und radikaldemokratischen Vergangenheit los und plädierte für die bewahrenden Kräfte von Monarchie und Kirche. Er hob die wichtige Rolle der Religion für die Sicherung geistiger und politischer Freiheit hervor. Nach Abschluss des Manuskriptes sagte Görres: »In Berlin wird's diesmal sehr donnern.« Es war mehr als Donner: Friedrich Wilhelm III. erließ per Kabinettsorder einen Haftbefehl gegen Görres und wollte ihn in die Festung Spandau bringen lassen. Görres erfuhr rechtzeitig von der drohenden Verhaftung und setzte sich nach Frankfurt ab. Als er auch dort verfolgt wurde, floh er nach Straßburg ins Exil. Dort sollte er bis 1827 bleiben, einschließlich eines einjährigen Aufenthaltes in der Schweiz.

☆☆☆

Die Trennung vom Rheinland für den Rest seines Lebens markiert eine wichtige Zäsur in Görres' äußerem Lebensweg. »Sein Vaterland hat ihn ausgespien«, kommentiert sein Freund Clemens von Brentano den neuen Wohnort. Es ist nicht ohne Ironie, dass Görres, der Frankreich so lange bekämpfte, in Straßburg Zuflucht finden sollte und die Stadt ihn mit offenen Armen empfing. Benjamin Constant begrüßte ihn als den von den Königen Europas Verfolgten. Die Pariser Zeitung »Moniteur« stellte ihn pathetisch unter Frankreichs Schutz. Die Straßburger Linksliberalen boten ihm die Leitung einer Zeitung, des »Patrioten«, an. In Straßburg könne er, wie ihn Achim von Arnim tröstet, »die Periode der Dummheit bequem abwarten«. Dort kam Görres tatsächlich zur Ruhe und setzte seine schriftstellerische Tätigkeit fort.

Natürlich verfolgte der politische Publizist Görres auch die aktuellen Ereignisse und politischen Entwicklungen in Europa, wie Aufstände in Neapel und in Spanien. Sein Blickfeld auf Deutschland weitete sich nun auf Europa aus. In nur 27 Tagen verfasste er seine Schrift »Europa und die Revolution« (1821). Es ist die wahrscheinlich bedeutendste und tiefsinnigste seiner politischen Schriften. In ihr hielt er Europa das politische Elend seines gegenwärtigen Zustands in einer an das Alte Testament erinnernden Sprache vor Augen. Erneuerung und Wiedergeburt vermögen die Staaten nur durch innere Festigung zu erreichen. Ein lebensfähiger und zukunftsfester Staat gelinge nur auf der Grundlage der Religion, die – verkörpert in der Kirche – allein den Völkern Europas geistige und politische Freiheit sichern könne. Diese Schrift ist von der Lehre des Gegensatzes inspiriert. Vier große Begriffspaare rahmen seine Argumentationen: Stoff und Kraft, Überlieferung und Neuerungstrieb, Autorität und Eigenwille, Glauben und Wissen. Nach Görres ist es Aufgabe des Staatsmannes, die rechte Mitte dieser Gegensätze zu erkennen und so ihren Ausgleich anzustreben. Auch dieser Schrift wurde die Ehre zuteil, von der preußischen Regierung verboten zu werden mit dem Argument, sie gefährde die Monarchie. Aber Görres ließ sich nicht entmutigen. Schon im nächsten Jahr erschienen die Schriften »In Sachen der Rheinprovinz und in eigener Sache« und »Die Heilige Allianz und die Völker auf dem Kongress von Verona« (1822). In ihnen spürte Görres den erdrückenden Folgen der Restauration für die Freiheitsrechte nach dem Wiener Kongress nach.

Schon während seiner Arbeit am »Rheinischen Merkur« hatte Görres seinen Frieden mit der katholischen Kirche gemacht, vorbereitet auch durch seine historischen und mythologischen Studien. 1824 kehrte er mit seiner Familie auch formell in die Kirche zurück und entwickelte ein lebhaftes Interesse an theologischen und kirchenpolitischen Fragestellungen. Er wurde Mitarbeiter und einige Jahre alleiniger Redakteur der 1826 in Mainz gegründeten Zeitung »Der Katholik«. Auch ihr wurde bald das Lebensrecht in Deutschland entzogen und sie ließ sich in Straßburg nieder. Görres' publizistische Kraft verhalf dieser Zeitschrift in kurzer Zeit zu hohem Ansehen. In ihr plädierte er immer wieder für einen Ausgleich zwischen Staat und Kirche. In den Straßburger Jahren schuf er auch die Grundlage für seine spätere Beschäftigung mit der christlichen Mystik: »Der Heilige Franziskus von Assisi – ein Troubadour« (1826)

und »Emanuel Swedenborg, seine Visionen und sein Verhältnis zur Kirche« (1827).

☆☆☆

Im Herbst 1827 erhielt Joseph Görres einen Ruf an die Münchner Universität. Er nahm ihn an und konnte so ehrenvoll nach Deutschland zurückkehren. König Ludwig I. von Bayern hatte sich mit dieser Berufung allen preußischen Einwänden widersetzt. Zu Beginn seiner Regierung war Ludwig I. ein äußerst reformfreudiger Monarch und hatte eine Verlegung der altbayerischen Universität Landshut in die bayerische Hauptstadt verfügt. Er wollte so eine Chance für einen organisatorischen, ideellen und personellen Neuaufbau eröffnen. Der Ruf an Görres zum Wintersemester 1827/28 war trotz der Sparpolitik des Königs zustande gekommen, um mit dem »genialen Görres« der Münchner Universität Anziehungskraft auf die akademische Jugend zu verschaffen. Sein universalistischer Wissenschaftsgeist, sein hohes Bildungsethos und seine ausstrahlende geistige Potenz sollten möglichst viele Hörer anlocken. Nicht zuletzt wurde die Universität mit der Hoffnung konfrontiert, dass Görres »der christlichen katholischen Richtung ein entschiedenes Übergewicht« verschaffen sollte.

Görres wurde der Lehrauftrag erteilt für »Allgemeine und Litteraturgeschichte«. Heimisch wurde Görres in München nicht, zu tief war seine rheinische Verwurzelung. Aber er avancierte bald zur Zentralfigur eines Kreises. Hatte er zuvor in Heidelberg die Romantiker um sich versammelt, so wurde er in München zum Mittelpunkt eines kirchenpolitischen Engagements für eine Erneuerung des katholischen Deutschlands. Dieser Kreis von katholischen Gelehrten hatte schon den Ruf von Görres nach München begrüßt und versuchte, das Übergewicht der aufklärerischen protestantischen Wissenschaft und des weltanschaulichen Liberalismus auszutarieren. Zu diesem Kreis gehörten Obermedizinalrat Johann Nepomuk Ringseis, dem Görres später als enger Freund und Arzt bis zu seinem Lebensende verbunden war, der Philosoph Franz Baader, der Theologe Ignaz Döllinger, der Diplomat Karl August Freiherr von Overkamp, der Historiker und Diplomat Karl Maria Freiherr von Aretin, der spätere Bischof von Eichstätt Georg von Öttl und der spätere Bischof von Regensburg, Franz Xaver von Schwäbl.

Diese Persönlichkeiten fanden sich zu regelmäßigen Treffen in einem Lokal und bildeten den Kern einer Mannschaft, die sich – verstärkt durch Görres – entschloss, eine Zeitschrift herauszubringen, welcher der programmatische Name »Eos« gegeben wurde. Von ihren Gegnern wurde der Eos-Kreis rasch mit dem Etikett »Congregation« belegt, um »Jesuitismus, Ultrakonservatismus und Geheimbündelei« zu insinuieren. Dabei war der Kreis weit von einer homogenen Geschlossenheit entfernt. Bei den Treffen wurde über alle aktuellen Themen in Wissenschaft, Politik und Kunst debattiert. Zu jedem Thema gab es mindestens so viele Ansichten wie Teilnehmer. Der Kreis war auch offen für Protestanten. Achim von Arnim veröffentlichte 1830 einen Verteidigungsartikel: »Ich nahm öftern und sehr ernsten Anteil an dieser Congregation. Ich glaube die Geheimnisse ihres Bestehens zu wissen, und erkläre offenherzig, dass die gute Küche einen bedeutenden Anteil hat. Ich habe da gut gespeist und gut getrunken, wurde geistreich, aber nicht geistlich unterhalten. Wir lachten viel über lustige Geschichten, wir disputierten auch manchmal, aber nie über Religionswahrheiten; denn katholische und evangelische Mitglieder saßen da zusammen. So ist die Einrichtung dieser geheimnisvollen Congregation, wie sie von ihren Gegnern genannt wird; denn sich selbst hat diese Gesellschaft weder Name noch Gesetz gegeben ... Der Gegner möchte nun sagen, dass diese Speisen nicht das Verfänglichste wären dieser Gesellschaft, sondern die gemeinsame Gesinnung, die sich da zu großen Einwirkungen auf den Staat, insbesondere aber zur Protektion des Teufels sammele und verdichte ... In dieser Gesellschaft [habe ich] so wenig Übereinstimmung und gemeinsame Ansichten gefunden wie im übrigen München.«

Als sich von Arnim mit dieser Eloge an die Öffentlichkeit wandte, hatte der Kreis seine Arbeit an der Zeitschrift »Eos« schon eingestellt. Sie war auch beim König in Misskredit geraten. Görres wurde von den Vorbereitungen für seine Vorlesungen zu stark in Anspruch genommen, als dass er das Ende des Blattes tief bedauert hätte. Dafür war sein Start als Hochschullehrer fulminant. Nicht nur Studierende, auch Freunde, Männer des öffentlichen Lebens, Künstler und Durchreisende wollten den berühmten Mann hören und sehen. Kein Hörsaal reichte aus, um die Zahl seiner Zuhörer zu fassen. Die neue Hochschulpolitik Ludwigs I. hatte völlige Studienfreiheit durchgesetzt. Die auf sechs Semester berechneten Berufsfächer ließen in einem langen fünfjährigen Studium ausreichend Zeit, die vielfältigen Bildungsmöglichkeiten der Universität zu nutzen. So wurde der Besuch von juristischen, theologischen und philosophischen Vorlesungen für alle Studierenden möglich. Von diesem Studium generale profitierte Görres. Die Studenten richteten hochgespannte Erwartungen an ihn als eine nationale und weltanschauliche Symbolfigur. Das galt für seine Anhänger wie auch für seine Gegner. »Lebte er nicht hier, so wäre München ein gewöhnlicher Ort«, rühmte Clemens von Brentano 1833 die Bedeutung seines Freundes Görres für die Bedeutung der Hauptstadt. Görres war als Exponent einer universalistischen Wissenschaftskonzeption nach München gerufen worden, und er hat die Chance ergriffen, die sich ihm an der neustrukturierten Universität bot. Seine Lehrtätigkeit war fachübergreifend. Er wollte das Wissen seiner Zeit anbieten in einer weltanschaulich orientierenden Gesamtschau.

Dic Freistudienverordnung von 1827 verschaffte Görres eine

geistige Breitenwirkung. Er konnte bei seinen Kollegien regelmäßig mit 500 bis 600 Zuhörern rechnen. Neue Statuten des Ministeriums Oettingen-Wallerstein versetzten aber 1832 dem Studium generale einen herben Schlag. Von ihm war auch Görres betroffen. Sein Wissenschaftsverständnis kollidierte mit den neuen Vorschriften, die den Studierenden weniger Freiraum ließ als zuvor. Dadurch schmolz der Besuch seiner Veranstaltungen deutlich ab. Sie waren Luxusveranstaltungen geworden, weil die Studierenden die Mindestanforderungen der Prüfungsordnung zur Norm machten und nichts belegten, was nicht notwendig war. Die neue Studienordnung galt nur für bayerische Studenten. Nichtbayerische Hörer und Theologiestudenten, die bei Görres ihre Theologiestudien zu vertiefen suchten, bildeten jetzt die Stammmannschaft seiner Kollegien. Über sie spottete Heinrich Heine, sie seien eine »Ecole Polytechnique d'Obscurantisme«.

Mit den Professoren seiner Fakultät pflegte Görres nur wenig Umgang. Von seinen Pflichten als Fakultätsmitglied dispensierte er sich weitgehend. Vor allem mit seinen Historikerkollegen lebte er in Anspannung, weil sein intuitives Wissenschaftsverständnis und seine titanische Geschichtsauffassung mit der damals sich etablierenden historischen Methode kollidierten. Das ist auch der Grund dafür, dass er nicht zum Haupt einer Schule wurde. Die meisten, die sich als seine Schüler bezeichneten, waren Theologen, darunter die beiden großen Wegbereiter der katholischen Sozialbewegung in Deutschland, Adolf Kolping und Freiherr von Ketteler. Der spätere »Gesellenvater« Kolping hatte zu Beginn der 1840er Jahre drei Semester lang die Görres'schen Vorlesungen besucht und sich vom Geist des Kreises um Görres inspirieren lassen. Auch Freiherr Wilhelm Emanuel von Ketteler, der spätere Bischof von Mainz und bedeutendster Wegbereiter der modernen Katholischen Soziallehre in der zweiten Hälfte des 19. Jahrhunderts verkehrte im Kreis von Görres und Döllinger. Dem Görres-Kreis attestierte er »ungezwungendste, heiterste Geselligkeit ohne Stubenhockerei.« Er wurde 1848 in die Frankfurter Paulskirche gewählt.

Görres hatte zwischen sich und seiner Fakultät einen »Trennungsstrich« gezogen. Wenn überhaupt, so beteiligte er sich nur unwillig an Prüfungen und lehnte es ab, Doktorprüfungen von Studenten abzunehmen, deren Dissertationen von anderen Professoren betreut wurden. Wenig kooperativ verhielt er sich auch bei seiner eigenen Ehrenpromotion. Die Universitätsleitung war damals bemüht, dem Beruf des Universitätslehrers deutlicher als bis dahin in Bayern üblich vom Lehrerberuf abzuheben und ihn an wissenschaftliche Qualifikationen wie Promotion und Habilitation zu binden. Auf diese Weise hoffte sie, den Einfluss des Ministeriums auf die Berufungspolitik der Universität zu schmälern. 1831 forderte der Rektor der Münchner Universität, Joseph Franz Alleoli, die Philosophische Fakultät auf, Görres den Doktorgrad ehrenhalber zu verleihen. Damit sollte zudringlichen Anträgen von akademisch nicht ausgewiesenen Leuten ein möglicher Präzedenzfall genommen werden. Obwohl Görres von dieser Initiative unterrichtet war, hat er sie nicht mit dem erwarteten eigenen Gesuch begleitet. Und nach dem Erhalt des Doktor-Diploms ließ er sich noch vier Wochen Zeit für ein Dankesschreiben. In der Ehrendoktor-Urkunde wurden seine Verdienste um die Philosophie, die Sagenforschung, zuletzt auch um die Geschichte gewürdigt.

Ebenso wenig wie zuvor fand Görres Gefallen am Wirken in einer Institution, als er 1839 für zwei Jahre zum Dekan und Ephor von seiner Fakultät gewählt wurde. Ephor war ein neues Amt, das die Hochschulreform von 1838 im Zuge einer Rekatholisierungspolitik geschaffen hatte. Diese Politik wie auch das neue Amt waren heftig umstritten. Die Philosophische Fakultät sollte sich neben der wissenschaftlichen Bildung auch um die sittliche Reife ihrer Studierenden kümmern. Sie sollten in ihren zweijährigen philosophischen Kursen dem Ephor als einem »Freund und Rathgeber« unterworfen werden, der »ihre Studien und Sitten mit aufmerksamen Auge verfolgt und beide vor nachtheiligen Einwirkungen schirmt«. Die Wahl von Görres in dieses Amt hat den König und seinen Minister erfreut, ihn aber selbst in eine tiefe Verlegenheit gestürzt. Nachdem seine Wahl »schon in den Zeitungen umgetragen« war, konnte er nicht mehr absagen und trat sein Amt zögerlich an. Die auch von ihm erwarteten Schwierigkeiten blieben nicht aus. Die 400 jungen Menschen sabotierten ihren Aufpasser, und dieser zog sich nach Ablauf seiner Amtszeit resigniert in ein Freisemester zurück.

Den Rückgang seiner Studierendenzahlen nach der Hochschulreform des Jahres 1832 hatte Görres genutzt, um an seinem Werk »Christliche Mystik« zu arbeiten, dessen erster Band 1836 erschien. Dabei griff er auf frühere Ansätze seiner universalistischen Geschichtsbetrachtung zurück. Er unterbrach diese Arbeiten, als die preußische Regierung im November 1837 den Kölner Erzbischof Clemens August Freiherr von Droste zu Fischering gefangen nahm und ihn auf der Festung Minden internierte. Abweichend von seinem Vorgänger hatte der Kölner Erzbischof in der Frage der Mischehe eine bestimmtere Haltung eingenommen, die die preußische Regierung durch seine Inhaftnahme brechen wollte. Es ging um die Konfessionszugehörigkeit von Kindern aus konfessionell gemischten Ehen, für die 1834 eine Kompromisslösung zwischen Rom und Berlin gefunden war, die dann nach Meinung der preußischen Regierung durch den Kölner Erzbischof 1837 sabotiert wurde. Dieses »Kölner Ereignis« musste Görres auf den Plan rufen. In nur vier Wochen schrieb er seinen »Athanasius«, dem noch in seinem Erscheinungsjahr 1838 vier weitere Auflagen folgten.

Diese Kampfschrift sollte Görres' berühmteste Veröffentlichung werden. Sie wurde mit einer riesigen Auflage die wahrscheinlich einflussreichste Schrift des Vormärz und sicherte ihrem Autor den Ruf als Sprachrohr des deutschen Katholizismus. Der »Athanasius« war mehr als ein flammendes Plädoyer gegen die Allmacht des preußischen Staates, der das begangene Unrecht wiedergutzumachen und den Streitfall beizulegen hatte. Zentraler Punkt der Streitschrift war vielmehr die Forderung, die Kirche als eine dem Staat frei und unabhängig gegenüberstehende Einrichtung grundsätzlich anzuerkennen. Görres sagte jedem fürstlichen Absolutismus den Kampf an und verlangte eine neue Realverfassung für die preußische Monarchie. Deshalb gehört der »Athanasius« zu der »Geschichte der deutschen Freiheit«. Görres ging es in seiner Streitschrift nicht um juristische Argumentationen, sondern um einen politischen Appell, der trotz oder vielleicht sogar wegen seines gemäßigten Gesamtduktus langfristig erfolgreich wurde. »Es ging ihm um Rechtsgleichheit ohne die Rechte anderer Konfessionen zu verletzen und das Band zwischen Kirche und Staat zu zerschneiden« (Heinz Hürten). Görres hat der katholischen Bewegung Deutschlands, die sich nach seinem Tode zu formieren begann, mit seinem »Athanasius« ein Programm geschrieben, das bis zum Ende des Bismarck'schen Kulturkampfes Geltung beanspruchen konnte. Görres war nun auf dem Höhepunkt seines Einflusses und seiner Popularität. Ein Brief aus den USA mit der Adresse »An Herrn Professor Görres in Europa« fand seinen Weg in das Görres'sche Haus in der Schönfeldstraße in München, das Görres 1836 gekauft hatte.

1839 erhielt er von König Ludwig I. den Verdienstorden der Bayerischen Krone. Er wurde in den persönlichen Adelsstand erhoben. Im katholischen Deutschland und bei den Katholiken in aller Welt galt er nun als der wirkungsmächtigste Streiter für die Freiheit der Kirche. Mit gespannter Aufmerksamkeit verfolgte er die weitere Entwicklung des »Kölner Ereignisses«. Seinen drei Hauptgegnern im Streit um die Freiheit der Kirche warf er die Kampfschrift »Die Triarier« (1838) entgegen und ließ seinem »Athanasius« noch die Broschüren »Zum Jahrgedächtnis des 20. November 1837« (1838) und »Zum zweiten Jahrgedächtnis des 20. November 1837« (1839) folgen.

Als der Streit beendet war, zog er eine positive Bilanz und entwickelte seine Visionen für das künftige Verhältnis zwischen Staat und Kirche unter dem Titel »Kirche und Staat nach Ablauf der Cölner Irrung« (1842). Zusammen mit seinem Sohn Guido gab er seit 1838 die Halbmonatszeitschrift »Historisch-politische Blätter für das Katholische Deutschland« heraus. Sie wurde für fast ein Jahrhundert (bis 1923) das wichtigste Publikationsorgan für die zunächst noch großdeutsch orientierte Freiheitsbewegung der deutschen Katholiken. Das Interesse an der Zeitschrift steigerte sich durch ihr Verbot in Preußen. 1845 verfügte sie über 1500 Abonnenten. Den Kommunikationsgewohnheiten der damaligen Zeit entsprechend hatte sie sehr viel mehr Leser.

Seine unermüdlich erscheinende Schaffenskraft ließ ihn die im »Rheinischen Merkur« immer wieder ventilierte Idee aufgreifen und ausführlich darstellen, das seit hunderten Jahren zum Stillstand gekommene Bauwerk des Kölner Doms als nationales Denkmal endlich zu vollenden. Sein Freund Sulpiz Boisserée hatte Ansichten, Risse und Detailzeichnungen des Domes angefertigt und »Ergänzungen nach dem Entwurf des Meisters« vorgeschlagen. Boisserée gelang es in der zweiten Dekade des 19. Jahrhunderts, die politischen und intellektuellen Eliten Deutschlands für die Ausbaupläne zu begeistern. Als dann im Herbst 1814 in Amorbach das verschollene Pergament mit den Fassaden »Riss F« gefunden wurde, rückte die Idee der Vollendung des Torsos aus dem Bereich des Wünschenswerten in den des Möglichen. Inzwischen hatten sich der preußische wie der bayerische Kronprinz sowie Johann Wolfgang von Goethe und Ernst Moritz Arndt für die Boisserée'sche Idee stark gemacht, zu deren wortmächtigstem Kommunikator Görres wurde. Auf die Vorarbeiten im »Rheinischen Merkur« zurückgreifend, legte Görres 1842 die Schrift »Der Dom von Cöln und das Münster zu Straßburg« vor, dessen Ertrag dem Dombau zugutekommen sollte. Etwa 6000 Exemplare wurden allein in den ersten beiden Jahren verkauft. Der Kölner Dombauverein erhielt von Görres den Reinertrag in Höhe des Jahreseinkommens eines wohlhabenden Handwerksmeisters.

Anlass für die letzte Veröffentlichung von Görres vor seinem Tod war die Wallfahrt zum heiligen Rock nach Trier (1844), an der mehr als eine Million Menschen teilnahmen. Diese machtvolle Demonstration des rheinischen Katholizismus löste eine heftige Pressefehde aus, in die sich Görres mit seiner Schrift »Die Wallfahrt nach Trier« (1845) einschaltete. Der Streit zeigt, welche Bedeutung die öffentliche Meinung mittlerweile in Deutschland errungen hatte. Er legte aber auch offen, wie gereizt die beiden Konfessionen um Öffentlichkeit rangen und wie viel Gewicht religiösen Fragen dabei zukam. Die protestantische Seite verstand die Wallfahrt als Manifestation eines undeutschen, von Rom gelenkten Katholizismus. Weil Deutschland damals um seine Identität rang und die Wallfahrt als von außen gesteuert und antinational missverstanden wurde, bekam der Streit ein unvorhersehbares Gewicht. Görres forderte in seiner Schrift wie schon zuvor mit großem Nachdruck die Gleichbehandlung beider Konfessionen durch den Staat. Anders als im »Athanasius« ist die Polemik gegen den preußischen Staat stark zurückgenommen, nachdem der Streit um das »Kölner Ereignis« abgeklungen war. Der Autor wollte den gewachsenen Zusammenhalt der Nation nicht durch allzu schrille antipreußische Töne stören.

☆☆☆

Am 29. Januar 1848 starb Joseph Görres in München. Der große Publizist und Kämpfer für die Freiheit der Kirche wurde auf dem südlichen Friedhof beigesetzt. Es hat eine hohe Symbolkraft, dass heute gegenüber dem Friedhof das »Medienkloster« liegt, Sitz des Instituts zur Förderung des publizistischen Nachwuchses der katholischen Kirche, das in den letzten Jahrzehnten mehr als 1000 Journalisten ausbildete. Görres, genialischer Autodidakt, wortgewaltiger Publizist, universalistischer Denker, führte seinen Familiennamen zurück auf eine volkstümliche Verballhornung von Georgius, dem Drachentöter. Görres hat zeit seines Lebens gekämpft gegen den Drachen jeder Willkürherrschaft und Staatsallmacht und für Gerechtigkeit und Freiheit. In der Geschichte der deutschen Presse hat er ebenso einen festen und unbestrittenen Platz wie in der Geschichte der Formierung des politischen Katholizismus in Deutschland, wie er sich in Katholikentagen, im katholischen Vereinswesen und in der Zentrumspartei entfaltet hat. Sein Lebenswerk entzieht sich jeder knappen Bilanzierung. Vielmehr dürfte seine Wirkung und Nachwirkung eher in der »sittlichen Unbedingtheit seines Wahrheits- und Freiheitswillens und des Beispielcharakters seines Lebens in der Wendezeit zwischen zwei Revolutionen 1789 und 1848« zu suchen sein (Otto B. Roegele). Er selbst verstand seine Aufgabe als die eines politischen Wächters und prophetischen Mahners.

Sowohl in der Publizistik als auch in der Wissenschaft hat die Nachwelt des großen Rheinländers gedacht. Nach dem Zweiten Weltkrieg erschien in Koblenz am 15. März 1946 die erste Ausgabe eines neuen »Rheinischen Merkur«. Der Gründer und Chefredakteur Franz Albert Kramer schrieb in seinem Leitartikel »Ein Name«: »Es gibt keinen größeren Namen, zu dem wir greifen könnten. Mit der Ursprünglichkeit seines Denkens, mit der Kraft seiner Sprache, mit der hinreißenden Leidenschaft seines Denkens hat Görres dem Rheinischen Merkur den höchsten Rang gesichert, den eine Zeitung deutscher Zunge je erreicht hat.«

63 Jahre lang stritt der »Rheinische Merkur« für Rechtsstaat-

lichkeit und freiheitliche Demokratie, für die Integration des jungen Staates in die westliche Wertegemeinschaft, für die Aussöhnung mit Frankreich, Polen und Israel, für europäische Einigung, Soziale Marktwirtschaft und Ökumene. In diesen Jahrzehnten konnte er sich einen prominenten Platz in der säkularen Publizistik erobern und wurde zu einem Kleinod des politischen Qualitätsjournalismus. Nach der Fusion mit der evangelischen Wochenzeitung »Christ und Welt« in den 1980er Jahren wurde er zur einzigen Stimme der christlichen Kirchen in den säkularen Printmedien, obwohl er im Alleinbesitz der katholischen Kirche stand. Diese sah sich 2009 außerstande, dessen finanzielle Defizite auszugleichen und übertrug die Verantwortung für das Blatt Ende 2010 auf die Wochenzeitung »Die Zeit«.

Sehr viel glücklicher verlief der Rekurs auf Görres in der Wissenschaft. Zu seinem 100. Geburtstag versammelten sich in seiner Geburtsstadt Koblenz katholische Wissenschaftler und Publizisten, um die Görres-Gesellschaft zur Pflege der Wissenschaft im katholischen Deutschland aus der Taufe zu heben. Sie hat es sich zur Aufgabe gemacht, Glauben und Vernunft zu versöhnen und im Geiste ihres Namensgebers Wissenschaft und religiöse Grundorientierung miteinander zu verbinden. Zum 200. Geburtstag von Görres 1976 hielt sie, wiederum in seiner Geburtsstadt Koblenz, die 100. Generalversammlung ab. Die Görres-Gesellschaft mit ihren heute 3000 Mitgliedern aus allen wissenschaftlichen Disziplinen hält in ihren Publikationen den Geist jenes Mannes wach, dessen Warnung vor Gewaltherrschaft und staatlicher Willkür und dessen Kampf für die christliche Grundierung des öffentlichen Lebens heute ebenso aktuell ist wie zu seiner Lebenszeit.

Literatur:

Wolfgang Bergsdorf, *Der Merkur war sein Leben*, in: *Rheinischer Merkur*, Nr. 47 25. November 2010

Josef Görres, *Gesammelte Schriften*, herausgegeben im Auftrag der Görres Gesellschaft, fortlaufend bearbeitet von der Forschungsstelle Eichstätt, Paderborn

Rudolf Morsey, *Josef Görres (1776–1848)*, in: Jürgen Aretz, Rudolf Morsey, Anton Rauscher (Hrsg.), *Zeitgeschichte in Lebensbildern – Aus dem Deutschen Katholizismus des 19. und 20. Jahrhunderts*, Bd. 3, Mainz 1979

Wilhelm Schellberg, *Josef von Görres*, Köln 1926

Staatslexikon der Görres-Gesellschaft zur Pflege der Wissenschaften im katholischen Deutschland, Freiburg ^{3}1909

Der Text ist mit vollständigen Anmerkungen auf der Homepage der Görres-Gesellschaft (www.goerres-gesellschaft.de) nachzulesen.

Der Verfasser dankt Prof. Dr. Winfried Becker für die kritische Durchsicht des Manuskriptes.

ULRICH S. SOÉNIUS

Ludolf Camphausen und David Hansemann

Rheinische Unternehmer, Politiker, Bürger

Zwei rheinische Unternehmer, die als Politiker wirkten, die miteinander rangen und sich dennoch aus dem Weg gingen, verfolgten beide dasselbe Ziel – Fortschritt, Partizipation und Aufschwung. Beide stammten aus ländlichen Gegenden, beide siedelten sich zur wirtschaftlichen Expansion in einer Großstadt an und beide wurden neben ihrem unternehmerischen Engagement in der Politik tätig. David Hansemann, zugereister Rheinländer, und Ludolf Camphausen, an der Grenze zu den Niederlanden im Rheinland geboren und aufgewachsen, haben beide für das Rheinland in Preußen gewirkt und dabei stets den Blick über nationale Grenzen geworfen. Beide waren Protestanten und Zugewanderte in den Städten, in denen sie ihr hauptsächliches Betätigungsfeld hatten. Noch eines ist beiden gemein: Sie wurden Gegenstand der biographischen Forschung. Bereits zu Beginn des 20. Jahrhunderts erschienen Monographien, es gibt zahlreiche Aufsätze, beide findet man in Nachschlagwerken und im Internet. Viele Biographen haben die beiden Vertreter der bürgerlichen Schicht gefunden – selbst der spätere Bundespräsident Theodor Heuss hat sich mit David Hansemann beschäftigt: 1940 in der »Frankfurter Zeitung«, bei der der Regimegegner in der Zeit der nationalsozialistischen Herrschaft berufliches Exil fand. Noch heute wird an ihre Namen an öffentlicher Stelle erinnert. Einen Unterschied jedoch gab es: Während Camphausen im Rheinland verblieb, siedelte Hansemann nach dreißig Jahren nach Berlin über.

Wenn das Rheinland auf seine europäischen Spuren und

die Wirkung auf Europa untersucht wird, kann dies nicht ohne Wirtschaft geschehen – und ohne die Unternehmerpersönlichkeiten, die Wirtschaft gestalteten. Camphausen und Hansemann stehen stellvertretend für eine Schicht von innovativen, risikobereiten und kompetenten Wirtschaftsbürgern, die sich nicht nur auf ihr Unternehmen beschränkten, sondern weit darüber hinaus wirkten. In verschiedenen Abschnitten werden beide Protagonisten dargestellt – auch mit dem Blick auf ihre Wirkung für die Rheinlande und Europa.

☆☆☆

David Hansemann wurde am 12. Juli 1790 als jüngstes von elf Kindern auf der Elbinsel Finkenwerder, heute Stadtteil von Hamburg, geboren. Hansemanns Vater Eberhard Ludwig war dort Pfarrer. Im Alter von vier Jahren zog David mit der Familie nach Heiligenfelde im heutigen Niedersachsen. Aufgrund der großen Familie musste Hansemann früh die Schule verlassen und wurde mit 14 Jahren Lehrling im Lebensmittelhandel der Gebrüder Schwenger im westfälischen Rheda, wo sein ältester Bruder als Lehrer bei den Grafen von Bentheim-Tecklenburg arbeitete. Hansemann wurde schon bald von seinem Lehrherrn, der während der französischen Besatzungszeit nebenamtlicher Bürgermeister war, in die Verwaltungsgeschäfte eingeführt. Zudem konnte er sich so in der französischen Sprache fortbilden. Er wechselte nach fünfjähriger Tätigkeit von dort nach Monschau, wo er Bürodienste und Vertriebsreisen für die Tuch- und Wollfabrik J. H. Elbers übernahm. Kurze Zeit später war er für die Tuchfabrik Eller & Orth in Elberfeld als Handelsreisender tätig. Diese beiden Berufstätigkeiten verschafften ihm ausreichende Kenntnisse, um sich in dem Metier selbständig zu machen. 1817 eröffnete er in Aachen ein Kommissionsgeschäft für Wolle. Die Entscheidung schien richtig gewesen zu sein, denn das Unternehmen florierte. Nachdem er sich beruflich als Unternehmer etabliert hatte, dachte er auch an die Gründung einer Familie. Immerhin schon 31 Jahre alt, heiratete er 1821 Fanny Fremerey, die Tochter des Tuchfabrikanten Johann Fremerey aus Eupen, das seit dem Wiener Kongress zum preußischen Staat und damit zur Rheinprovinz gehörte.

Sein Kontrahent in späterer Zeit, Ludolf Camphausen, wurde am 10. Januar 1803 in Hünshoven geboren. In sämtlichen Biographien wird die geographische Lages des Ortes als »bei Aachen« beschrieben – heute ist Hünshoven Ortsteil von Geilenkirchen. Sein Vater war Tabak- und Ölkaufmann, im Vergleich zu Hansemann stammte Camphausen also aus einer Unternehmerfamilie. Nach der Schule war Camphausen vier Jahre in Lehre bei einem Düsseldorfer Handelshaus und reiste in dieser Zeit mehrfach nach Brüssel und Paris. Er heiratete 1828 Johanna Elise Lenssen, die Tochter eines Spinnereibesitzers aus Rheydt, mit dem er weitläufig über seine Mutter verwandt war. Bereits 1826 gründete Camphausen mit seinem Bruder in Köln eine Niederlassung der väterlichen Ölmühle, in deren Leitung er inzwischen eingetreten war, und siedelte dann 1830 endgültig in die rheinische Metropole über. Hier wurde er schnell heimisch und gehörte bald zur städtischen Gesellschaft. Köln war damals nicht nur die größte Stadt des Westens, sondern auch Dreh- und Angelpunkt der politischen Entwicklung des Vormärz. Aufgrund der Nähe zu Frankreich und des neu gegründeten Belgiens war die Großstadt Mittelpunkt des wirtschaftlichen und gesellschaftlichen Lebens.

☆☆☆

Das Kommissionsgeschäft von Hansemann lief hervorragend, sodass er sich zusätzlich anderen unternehmerischen Feldern widmen konnte. Im Argen lag damals der Schutz gegen Schäden, insbesondere Brandschäden, die vor allem die Tuchfabriken in Mitleidenschaft zogen. Aufgrund seiner profunden Kenntnisse im Textilgeschäft kannte Hansemann die Risiken für die Unternehmen. 1824 gründete er die Aachener Feuer-Versicherungs-Gesellschaft, die zehn Jahre später in Aachener und Münchener Feuer-Versicherungs-Gesellschaft umbenannt wurde, da sie auch in Bayern tätig wurde. Das Besondere an dieser Gesellschaft war, dass Hansemann unternehmerischen Erfolg mit gemeinnützigem Handeln verknüpfte, eine sehr frühe Form der »Corporate Social Responsibility«. Die Gewinne der Versicherungsgesellschaft wurden zur einen Hälfte an die Aktionäre ausgezahlt und zur anderen an öffentliche Arbeitsanstalten oder an Arme verteilt. Zum Zweck der Förderung der sozial Schwachen gründete Hansemann zeitgleich zur Versicherung auch den Aachener Verein zur Beförderung der Arbeitsamkeit, der nicht nur unterstützen, sondern auch zur Selbsthilfe animieren sollte. Zwar wurde der Verein bereits mit Gründung der Versicherung konzipiert, nahm aber erst zehn Jahre später seine Geschäfte auf. Bis zu seiner Übersiedlung nach Berlin 1848 blieb Hansemann in der Direktion der Versicherung und Vorsitzender des Vereins. Seine eigene unternehmerische Tätigkeit gab Hansemann 1844 weitgehend auf, er beschränkte sich auf einen Kommanditistenanteil in seiner Wollhandlung, die ein Partner übernahm.

Auch Ludolf Camphausen war in Köln mit einem Partner tätig, mit seinem Bruder August. Hier gliederte er zunächst der Ölmühle eine Getreidehandlung an und 1840 ein Bankgeschäft. Letzteres war nicht ungewöhnlich, aber nur wenige Unternehmen konnten den Wandel vom Warenhandel zum Bankgeschäft erfolgreich umsetzen. Nach einigen Jahren geriet das Bankgeschäft zur Haupttätigkeit der beiden Brüder. Die beiden erwarben auch Grundstücke, arrondierten diese und legten das Viertel rund um die Rheinaustraße an. Doch weder Camphausen noch Hansemann beschränkten sich auf diese mehr lokal gebundenen Unternehmen. Ihr großer Blick galt der Mobilität, durchaus im Sinne der Zeit. Mit der beginnenden Industrialisierung im 19. Jahrhundert, dem Übergang von der Manufaktur hin zur Fabrik, wurden auch die Bedürfnisse zur Erleichterung des Waren- und Personentransports größer. Unternehmer, die auf Messen und Ausstellungen ihre Waren präsentierten oder einkauften, waren auf die Postkutsche angewiesen. Diese Form des Reisens war mühsam und anstrengend. Obwohl Camphausen eher weniger reiste, war er Vater der Idee, die das Rheinland zur Eisenbahnmetropole machen sollte.

☆☆☆

Die Eisenbahn wurde in England erfunden – so wie die Dampfmaschine und die Spinnmaschine. Zu Beginn des 19. Jahrhunderts war die britische Insel das innovativste Land in Europa. Doch das englische Beispiel blieb nicht singulär – selbst bei den damaligen Kommunikations- und Reisemöglichkeiten strahlte die Technologie auf den Kontinent über. Über Belgien kam die Industrialisierung Richtung Osten in die deutschen Staaten, beginnend im Rheinland, wo der Technologietransfer aufgrund der Grenznähe seine Wurzeln hatte. Einer der Eisenbahnpioniere war der westfälische Unternehmer Friedrich Harkort, der 1825 in einem Aufsatz das Loblied auf die Eisenbahn sang. Ein weiterer Ideengeber war in Sachsen tätig. 1833 hatte Friedrich List in einer vielbeachteten Denkschrift bereits ein deutsches Eisenbahnnetz gefordert – dabei gab es gar noch keinen deutschen Nationalstaat. List wollte beginnen mit der Eisenbahn von Leipzig nach Dresden. Der Erste aber, der über die Grenzen der europäischen Staaten dachte und eine Eisenbahnlinie in ein nicht-deutsches Land forderte, war Ludolf Camphausen. Nach seiner Übersiedlung nach Köln erarbeitete er sich als Autodidakt ein Spezialwissen, indem er sämtliche Eisenbahnliteratur aus dieser Zeit, auch aus Amerika, England und Belgien, las. 1831 bereits entwickelte er die ersten Pläne für eine Eisenbahnverbindung. Als Wirtschaftspolitiker wusste er, dass insbesondere die staatlichen Abgaben auf dem Rhein für die weitere Entwicklung des Rheinlandes schädlich sein würden. Daher plante er einen »Eisernen Rhein« von Köln nach Antwerpen, im rechten Winkel zum Fluss, der neben der Umgehung der niederländischen Steuern und der abzuschaffenden Bevorzugung niederländischer Waren auf dem Rhein auch die engere Bindung des jungen Belgiens an die Rheinlande forcieren sollte. Ähnliche Pläne gab es bald auf belgischer Seite, belgische Ingenieure besuchten im Frühjahr 1832 Köln.

Die Idee von Camphausen wurde allgemein begrüßt. Dieser führte auch in Brüssel Gespräche mit möglichen Investoren und verfasste im August 1833 eine umfangreiche Denkschrift »Zur Eisenbahn von Köln nach Antwerpen«. Für Camphausen fußte der materielle Wohlstand der Bürger auf einer »möglichst große(n) Produktion für eine möglichst große Konsumtion«. Eine höhere Produktionsrate bedingte aber auch entsprechende Transportkapazitäten – und da kam die Eisenbahn als Konkurrenzverkehrsmittel zu den bisherigen Transportmöglichkeiten ins Spiel. Im Juni 1833 reichte ein eigens dafür gegründetes Kölner Komitee eine Eingabe an die Regierung zwecks Genehmigung eines Aktienvereins ein, der die vorbereitenden Arbeiten übernehmen sollte. Grundsätzlich war Camphausen zwar der Meinung, dass der Staat die Einrichtung von Eisenbahnlinien übernehmen sollte, da Bau und Unterhaltung von Infrastrukturmaßnahmen öffentlicher Zweck seien. Aber wenn der Staat dazu nicht in der Lage oder willens wäre, müsste er wenigstens die Rahmenbedingungen für private Unternehmer schaffen. Von vornherein sah Camphausen den späteren Übergang der Bahn in staatliche Hände vor. Dabei war ihm klar, dass nur der Güterverkehr die notwendige Rentabilität für die Strecken erbringen könnte. Der Personenverkehr hingegen war eher ein Nebenprodukt. Dies lag aber besonders an der damaligen geringen Mobilitätsrate. Camphausens Schrift wurde auch in Belgien verbreitet und fand so auch Aufmerksamkeit im europäischen Ausland. Noch heute verwahrt die British Library ein Exemplar dieser Schrift.

Damit der Bau aufgenommen werden konnte, benötigten Camphausen und seine Mitstreiter ein Unternehmen. Die Rheinische Eisenbahn-Gesellschaft konstituierte sich offiziell am 25. Juli 1835 in Köln, die erste Generalversammlung wählte Camphausen zum Direktor. Ursprünglich plante er die Bahn über Aachen zu führen, aber aufgrund der Topographie des Geländes traten Schwierigkeiten auf, die das private Unternehmen dazu brachten, die Trassenführung anders zu planen und nur Stichbahnen zuzulassen. Dies rief indes in der Grenzstadt scharfen Protest hervor. Nachdem ein erster Versuch gescheitert war, übernahm David Hansemann die Initiative und gründete eine eigene Gesellschaft, die sich um die Konzession bewarb. Besonders David Hansemann empfand die Missachtung der Stadt Aachen als schmerzlich, weil er erkannte, dass der Anschluss an das neue Verkehrsmittel für die Zukunft entscheidend sein werde. Dabei dürften auch eigene Interessen als Wollhändler eine Rolle gespielt haben. Das Bemühen von Hansemann bezüglich der Streckenführung war zwar aus Aachener Sicht verständlich und nachzuvollziehen, aber dadurch wurde das Projekt aufgrund der komplizierten Bauten wesentlich teurer und es verzögerte sich zudem um mehrere Jahre. Bei der ursprünglich gedachten Streckenführung an Aachen vorbei hätte 1835 die erste deutsche Eisenbahn sicher nicht zwischen Nürnberg und Fürth, sondern auf der Strecke der Rheinischen Eisenbahn verkehrt. Auch die Belgier waren schneller: Am 5. Mai 1835, sieben Monate vorher, fuhr auf der Strecke Brüssel nach Mechelen, einer Teilstrecke des »Eisernen Rheins«, der erste Zug auf dem europäischen Kontinent. Die Strecke Antwerpen–Mechelen wurde 1836 eröffnet.

Der Zwist zwischen den Kölnern und den Aachenern wurde in der Zwischenzeit vehement ausgetragen – beide Parteien bestellten Gutachten und wurden mehrfach bei der Regierung vorstellig. Schließlich war es so weit: 1837 wurde eine Kabinettsordre erlassen, die die Streckenführung über Aachen auferlegte und gleichzeitig das Zusammengehen der beiden Gesellschaften einforderte. Sitz der neuen Gesellschaft sollte Köln sein. In der ersten gemeinsamen Generalversammlung nahm Camphausen aus Enttäuschung und wegen Streitigkeiten mit den Kapitalgebern das ihm angebotene Amt des Direktors der Gesellschaft nicht an. Besonders mit Abraham Oppenheim war Camphausen aneinandergeraten. Der einflussreiche Bankier Oppenheim, der auch Aktienzeichnungen bei seinen Geschäftspartnern besorgt hatte, verlangte eine entsprechende Rendite. Camphausen hingegen wollte das Kapital zunächst im Unternehmen bündeln. Hansemann war nicht nur in der Streckenfrage anderer Meinung als Camphausen, sondern auch er wollte ein rein privatwirtschaftlich ausgerichtetes Unternehmen führen. Die Gesellschaft wählte ihn zum Vizepräsidenten, die Präsidentschaft übernahm ein Kölner Richter.

Das Eisenbahnunternehmen hat die beiden Charaktere zusammengebracht und gleichzeitig entzweit. Camphausen schrieb in dieser Situation an einen Bekannten über Hansemann: »Dieses Mannes Freund zu sein, würde ich gefährlich erachten …«, aber auch: »Was ich aber nicht begreife, ist, dass Hansemann alles gelingt, was er angreift.« 1843 war es dann Hansemann, der aufgrund eines Streites mit Oppenheim die Gesellschaft verließ. Ludolf Camphausen nahm im Januar 1844 an der Generalversammlung teil, bei der Hansemann zurücktrat. Der Kölner Unternehmensgründer, sechs Jahre zuvor aus der Direktion ausgeschieden, dankte dem Konkurrenten von einst für die geleistete Arbeit im Sinne des Unternehmens. Hansemann antwortete, dass es ihn besonders freue, dass dieses Lob aus dem Munde von Camphausen, mit dem er sich in der Vergangenheit häufig gestritten habe, komme.

Zu diesem Zeitpunkt war der Bau der ersten europäischen Linie schon fast vollendet. Das erste Teilstück, von Köln nach Müngersdorf, wurde am 2. August 1839 eröffnet. In dem heutigen Stadtteil von Köln steht noch der älteste Bahnhof Deutschlands, das Haus »Belvedere«. Die Lokomotiven der Gesellschaft stammten aus England – auch das ein Beispiel grenzüberschreitender Wirtschaft vor über 150 Jahren. Am 1. September 1841 wurde die Strecke bis Aachen eröffnet und zwei Jahre später von Aachen bis Herbesthal, wo an die belgische Bahn angeschlossen wurde. In dieser Zeit waren Eisenbahnen nunmehr sehr viel stärker in das Bewusstsein geraten. Fast zeitgleich entstand die Strecke Köln–Minden–Berlin, die das preußische Stammland mit den beiden 1815 hinzugewonnenen Provinzen Rheinland und Westfalen verbinden sollte. Der Treiber dieses Unternehmens, das schließlich 1843 gegründet wurde, war Hansemann. Vier Jahre später fuhr die Eisenbahn von Deutz, vor den Toren Kölns, bis in das westfälische Hamm. Wenige Monate später war die Strecke bis Berlin befahrbar.

Auch nach dem Ausscheiden aus der Gesellschaft engagierte sich Camphausen weiter für den Eisenbahnbau. In einer großen Denkschrift 1838 legte er das Verhältnis der Eisenbahngesellschaften zum Staat nieder und durchdrang alle Aspekte, sowohl juristischer wie wirtschaftlicher Natur, die mit dem Bau von Eisenbahnen zusammenhingen. Sie waren für Camphausen Teil eines funktionierenden Verkehrsnetzes. Auch, wenn er sich in der aktiven Phase der Gründungen nicht hatte durchsetzen können, behielt er doch letztlich Recht. Nur hingewiesen werden soll an dieser Stelle darauf, dass sich Camphausen auch um die Dampfschleppschifffahrt durch die Gründung der Kölnischen Dampfschleppschiffahrts-Gesellschaft 1841 verdient machte. Deren Erfolg hing wesentlich von dem Engagement Camphausens ab, der die preußische Regierung zur Intervention gegen die niederländische Abschottung veranlassen konnte. Und er ließ leichte Lastkähne bauen, die sehr vielseitig einsetzbar waren, sodass sich die Frachtzeit verminderte.

Überhaupt war es Camphausen, der mit dem Credo für den freien Verkehr in Europa und mit seinem Engagement in dieser Sache wirtschaftspolitische Akzente setzte. Preußen sollte dabei die Funktion eines Netzes haben, dessen Enden bis an die Nordsee und bis nach Schlesien reichten. Zwar konnten generelle Waren- und Personenreisefreiheit erst über 150 Jahre später in Europa durchgesetzt werden, aber der rheinische Liberale machte sich bereits diesen Grundgedanken zu eigen. Immer wieder trat er für ein Abkommen mit Belgien ein. Wenn es nach ihm gegangen wäre, hätte sich das Gebiet des Zollvereins bis an die belgische Nordseeküste ausgedehnt.

☆☆☆

Die Beschäftigung mit wirtschaftspolitischen Fragen führte beide Unternehmer in die Politik. Hansemann wurde 1828 für zwei Jahre Mitglied des Aachener Gemeinderates. Erneut nahm er das Amt 1846 bis 1848 wahr. 1827 war er Mitglied der Handelskammer geworden, deren Präsident er von 1836 bis 1839 und von 1843 bis 1848 war. Da er sein Wollhandlungsunternehmen an einen Mitgesellschafter übertragen konnte, widmete sich Hansemann seit 1844 ausschließlich der Politik. Bereits 1843 und 1845 war er als stellvertretendes Mitglied im Rheinischen Provinziallandtag gewesen. Dort brachte er im Februar 1845 einen Antrag ein, der die Schaffung einer Repräsentation auf der Ebene des Zollvereins vorsah. Diese Funktion führte zu weiteren Ämtern, die ihn – neben Camphausen, von Beckerath, Mevissen und anderen – zu einem maßgeblichen Vertreter der »Rheinischen Liberalen« machten. Diese wollten im Vormärz für das wirtschaftlich aufsteigende Bürgertum neue Mitspracherechte erreichen. Da Friedrich Wilhelm IV. und die preußische Hofkamarilla die Reaktionen des Bürgertums falsch einschätzten, blieben die Rufe nach einer Verfassungsreform ungehört. Mit einer Hinhaltetaktik wurden die politisch Aktiven im Vormärz beruhigt. Statt einer Verfassungsänderung berief der König 1847 den Vereinigten Landtag ein, zu dem die Abgeordneten der Provinziallandtage zusammengerufen wurden. Im selben Jahr forderte Hansemann bei einer politischen Veranstaltung der Liberalen in Heppenheim die nationale Einheit Deutschlands durch die Umwandlung des Zollvereins in eine politische Vertretung mit erweitertem Aufgabenspektrum.

Im Vereinigten Landtag war Hansemann unter den Konstitutionell-Liberalen der älteste Parlamentarier. Er sprach bei den Sitzungen zu Haushaltsfragen, zu Eisenbahnprojekten und zu Appellen an den König. Dadurch wurde er schnell – neben Georg von Vincke – zum politischen Kopf der Liberalen. Diese Parlamentszeit diente ihm als Grundlage für die Auseinandersetzungen in den nachfolgenden Monaten.

Ähnlich wie Hansemann in Aachen wurde auch Camphausen schnell in seiner neuen Heimat Köln anerkannt. Dies wird besonders deutlich an der bereits 1833 erfolgten Wahl in die Handelskammer. Diese war nicht unumstritten, aber der intellektuelle Camphausen konnte die eingesessenen Unternehmer bald von seinen Fähigkeiten überzeugen. Er schlug ebenfalls einen politischen Weg ein und wurde dabei von seinem Bruder August unterstützt, der sich um das Unternehmen kümmerte. Der Handelskammer gehörte er bis 1848 an, mit einer Unterbrechung von 1837 bis 1839. 1839 wurde er zum Vorsitzenden gewählt. Dies blieb er bis zu seinem Ausscheiden. Um sich der Politik zu widmen, verzichtete er auf das Präsidentenamt der Handelskammer. Bereits 1831 hatte er sich mit einer Denkschrift über die Erweiterung der Hafenbauten bekannt gemacht, sodass er auf Vorschlag des Oberbürgermeisters Johann Adolf Steinberger in den Stadtrat berufen wurde. Diesem gehörte er – mit einer Unterbrechung von zwei Jahren – bis 1848 an. Doch die nachhaltigste Wirkung erzielte er mit seiner Tätigkeit als Berichterstatter in der Handelskammer. Bei Camphausen mischten sich schriftstellerisches Geschick mit wirtschaftspolitischem Sachverstand und einer persönlichen Risikobereitschaft. Er gab sich in seinen Berichten für die Handelskammer als überzeugter Freihändler. Er äußerte sich zum Eisenbahnbau und zur Schifffahrt, zum Börsen- und Maklerwesen, zu Bank- und Kreditfragen, Zöllen, Steuern sowie zu den Außenwirtschaftsbeziehungen mit den Niederlanden und Belgien. Diesen Denkschriften zielten auf eine Verbesserung der gesamtwirtschaftlichen Situation und der Unternehmen – als Unternehmer und Wirtschaftspolitiker verstand sich Camphausen stets als Vertreter seines Standes. Damit hob er auch das Ansehen der Handelskammer, die bis 1831 noch offiziell vom Oberbürgermeister geleitet wurde. Erst durch die Entwicklungen in Elberfeld und Barmen sowie in Düsseldorf, wo 1830 und 1831 Handelskammern neuen Typs gegründet wurden, denen das Recht der freien Präsidentenwahl zugestanden wurde, änderte sich dies auch in den älteren linksrheinischen Handelskammern, die französischen Ursprungs waren. Die Wahrnehmung der Ämter in Handelskammer und Stadtrat waren geprägt von dem politischen Willen Camphausens, die Großstadt Köln weiter zu der führenden »Handels- und Verkehrsmetropole des Rheinlandes« zu gestalten. Camphausen gehörte – wie Hansemann – dem 7. und 8. Rheinischen Provinziallandtag 1843 und 1845 an. Dort trat er u.a. für die Aufhebung der Presseeinschränkungen und die Selbstverwaltung der Gemeinden ein. Am 12. Februar 1845 brachte Camphausen einen Antrag ein, der ihn zum Wortführer der Liberalen machte. Der Antrag zielte auf die Errichtung einer parlamentarischen, durch das Volk legitimierten Vertretung, so wie es Friedrich-Wilhelm III. 1815 im Verfassungsversprechen angekündigt, aber nie verwirklicht hatte. Nun sollte der Sohn, Friedrich Wilhelm IV., auf dem große Hoffnungen ruhten, das Versprechen einlösen. Damit sollte dem Beamtenstaat, dem Junkertum und der Hofkamarilla ein Ende bereitet werden.

Gleichzeitig war Camphausen kein Freund von revolutionären, radikalen oder zu demokratischen Gedanken – er war stets »freisinnig-konservativ und betont preußisch gesinnt gewesen«, erkannte die herausgehobene Stellung Preußens in Deutschland an und lehnte ein allgemeines wie gleiches Wahlrecht ab. Wie Hansemann trat auch Camphausen 1847 seine Reise zum Vereinigten Landtag an. Dort trat er für eine periodische Zusammenkunft ein, die aber vom König abgelehnt wurde. Camphausen wollte den Vereinigten Landtag als preußisches Parlament nicht gegen die Monarchie einsetzen, er war kein Radikaler. Er verstand sein Eintreten für den Parlamentarismus, die Gleichberechtigung der Juden oder für eine gerechte Einkommenssteuer als Beitrag zur Stabilisierung des preußischen Staates von innen heraus.

Im Februar 1848 brach in Paris die Revolution aus und schwappte rasch auf die deutschen Länder über. Am 18. März kam es zu Straßenkämpfen in Berlin. Erst jetzt, viel zu spät, lenkte der preußische König ein und war zu Zugeständnissen bereit. Doch dem ersten liberalen Kabinett unter Graf Heinrich Arnim-Boitzenburg wollten sowohl Camphausen wie auch Hansemann nicht angehören. Nachdem Ersterer bereits nach wenigen Tagen seine Demission einreichte, schlug aber dann doch die Stunde der rheinischen Liberalen.

Am 29. März 1848 wurde das liberale Kabinett unter dem

Ministerpräsidenten Ludolf Camphausen gebildet. Stand er Anfang der 1830er Jahre der Staatsführung von Preußen noch kritisch gegenüber, so änderte sich seine Haltung mit dem Regierungsantritt Friedrich Wilhelms IV., weil über diesen der Weg zu einem deutschen Nationalstaat begangen werden konnte. Camphausen nahm daher auch das Amt des Ministerpräsidenten an. Allerdings bezeichnete er sein Kabinett als eines der Vermittlung und des Übergangs. Als Finanzminister wurde David Hansemann berufen – nunmehr saßen die Konkurrenten von einst gemeinsam am Regierungstisch und mussten den Zwist aus vergangenen Zeiten ruhen lassen. Für die Monarchie war der Zugriff auf die rheinischen Bürger ein Notanker – die Revolution zu verhindern, lautete das oberste Gebot. Mit preußischen Junkern konnte das nicht gelingen, wohl aber, so glaubte man, mit den rheinischen Liberalen, Camphausen und Hansemann. Der Kölner Unternehmer stand dem König sehr viel näher als der Aachener, daher lief das Ministerpräsidentenamt automatisch auf Camphausen zu. Dabei war Hansemann von seinem Auftreten und auch seinem politischen Geschick sicher der bekanntere und tatkräftigere von den beiden. Camphausen war mehr ein Mann leiser Töne und ein hervorragender Analytiker. Zum ersten Mal übernahmen in Preußen bürgerliche Liberale Regierungsämter. Das Kabinett Camphausen bestand aus wenigen neuen und vielen alten Gesichtern. Es stand aber unter keinem guten Stern: Es musste die Unruhen im Schach halten, sich gegen die preußischen Junker am Hofe durchsetzen, die aufkommende Wirtschaftskrise besiegen und die Verfassungsreform in Angriff nehmen. Ein Opfer der Wirtschaftskrise wurde das von Hansemanns Kompagnon geführte Wollhandelsunternehmen in Aachen. Hansemann selbst versuchte, dem belgischen Beispiel zu folgen und den Staat per Verfassung vom absolutistischen hin zum konstitutionellen Verfassungsstaat umzuwandeln. Camphausen und Hansemann waren konstitutionell-monarchisch und wollten im bestehenden System dem Bürgertum mehr Mitwirkungsrechte einräumen. Camphausen hielt dem ungeheuren Druck nicht lange stand, er trat im Juni nach nur drei Monaten wieder zurück. Äußerer Anlass war der Militäreinsatz bei der Niederschlagung des Sturms auf das Berliner Zeughaus am 14. Juni 1848. Hinzu kam eine zunehmende Radikalisierung von Teilen der Bevölkerung, aber auch der preußischen Nationalversammlung, in der die Angriffe gegen die Regierung heftiger wurden. Ursache des Scheiterns war aber der Monarch selbst, der die Chance einer liberalen Regierung nicht erkannte und gegebene Versprechen nicht einhielt. Der König beauftragte nach dem Rücktritt Camphausens Hansemann mit der Kabinettsbildung, der aber Finanzminster unter Rudolf von Auerswald blieb. Aber auch dieser Regierung war nur eine Dauer von drei Monaten beschieden. Von Auerswald wurde abberufen und der konservative Graf Ernst von Pfuel als neuer Ministerpräsident berufen. Hansemann hatte sich derweil als Finanzminister einen solch hervorragenden Ruf erworben, dass er zum Chef der Preußischen Bank ernannt wurde. Dieses Amt behielt er bis 1851. 1869 wurde übrigens Ludolf Camphausens jüngerer Bruder Otto (1812–1896) Finanzminister unter dem Ministerpräsidenten Otto von Bismarck – mit dem er neun Jahre zusammenarbeitete, sich dann nach dessen Abkehr vom Wirtschaftsliberalismus aber überwarf. Als Mitglied des Herrenhauses wandte sich Otto von Camphausen gegen die Verstaatlichung der Eisenbahnen, konnte diese aber nicht verhindern.

David Hansemann zog sich aus der Politik zurück, hielt aber als Privatmann weiterhin Kontakt zu liberalen Kreisen bei der Deutschen Nationalversammlung in Frankfurt. Er blieb stets ein Verfechter einer großdeutschen Lösung in der Frage der nationalen Einheit des Landes, stellte sich damit jedoch gegen die Mehrheit der Liberalen. Zwar gehörte er der Ersten Kammer noch an, schied aber – unter dem Zeichen der Reaktion – im November 1852 aus. Auch Camphausen ging nach seiner Zeit als Ministerpräsident nach Frankfurt, allerdings in offizieller Mission. Er wurde preußischer Bevollmächtigter bei der von der Deutschen Nationalversammlung eingerichteten Zentralgewalt – ein Angebot, dort Außenminister zu werden, hatte er zuvor, trotz Drängens des Königs und Hansemanns, abgelehnt. Die Entscheidung erwies sich als richtig. In Frankfurt galt er als Vertreter Preußens, während er in Berlin mit Briefen und Denkschriften versuchte, die preußische Monarchie und das deutsche Nationalparlament zusammenzubringen. Im Januar 1849 gelang es Camphausen, den König zu einer Initiative für die nationale Einheit Deutschlands zu veranlassen. Er konnte eine Note verfassen, die den deutschen Regierungen mit der Bitte um Stellungnahme zur künftigen Reichsverfassung und der Diskussion über den Bundesstaat im Frankfurter Parlament überstellt wurde. Das Amt des Beauftragten nahm er nur bis zur Ablehnung der deutschen Kaiserkrone durch Friedrich Wilhelm IV. wahr. Am 22. April 1849 trat er zurück, wieder einmal gescheitert. Er wurde Mitglied im Herrenhaus, der Ersten Kammer des Preußischen Abgeordnetenhauses, zog sich aber – wie die Mehrzahl des liberalen Bürgertums in der Reaktionszeit – weitgehend von einer politischen Betätigung zurück. Sein politisches Scheitern basierte weniger auf seinem eigenen Unvermögen, sondern auf den unüberbrückbaren Gegensätzen zwischen herrschender Elite und demokratischem Bürgertum. Diese waren mit Argumenten nicht zu überbrücken. Camphausen wurde noch zum »Wirklichen Geheimen Rat« ernannt – mehr oder weniger eine Geste. Er war 1850 Mitglied im Erfurter Unionsparlament, wo es ihm gelang, den Verfassungsentwurf für eine kleindeutsche Lösung unter Führung Preußens en bloc abstimmen zu lassen. Die Verfassung trat nie in Kraft. 1860 ernannte ihn der König zum Mitglied des preußischen Herrenhauses auf Lebenszeit.

Noch einmal ließ sich Camphausen wählen, 1867 als Altliberaler in den Reichstag des Norddeutschen Bundes, ohne sich allerdings einer Fraktion anzuschließen.

☆☆☆

Beide rheinische Liberale waren nicht nur unternehmerisch und politisch tätig, sondern äußerten sich zudem publizistisch. Hansemanns erste Denkschrift hieß »Über Preußens Lage und Politik am Ende des Jahres 1830«. Zu dieser Zeit stand er unter dem Eindruck der Entwicklungen in Belgien. Diese Eingabe an den König wurde erst nach 15 Jahren den Mitgliedern des Rheinischen Provinziallandtages bekannt und 1850 erst in Buchform veröffentlicht. Hier setzte sich Hansemann für die Linderung der Not in den ärmeren Schichten ein und machte sich zum Vorreiter der Meinungsfreiheit. Auch gegen die Altlasten der Feudalherrschaft, insbesondere im Abgabewesen, setzte er sich zur Wehr. Ärger löste er in Berlin mit seiner Ablehnung der absoluten Macht der Monarchie aus. Er sah deren Aufgabe vielmehr im Dienst der Fürsorge für das Volk. Dabei war seine Stoßrichtung die Vermeidung von Unruhen und Revolution wie in Belgien. In einem seiner größeren Werke mit dem Titel »Preußen und Frankreich, staatswirtschaftlich und politisch unter vorzüglicher Berücksichtigung der Rheinprovinz«, 1833 veröffentlicht, setzte er sich kritisch mit der preußischen Haushaltspolitik auseinander. Darin forderte er aber auch eine Verfassung, ein gewähltes Parlament, den Verzicht des Königs auf ein absolutistisches Staatsverständnis und die Übertragung der Regierungsverantwortung auf breite Schultern. Vorbilder waren für Hansemann die englische Demokratie und die bürgerliche Staatsform in Frankreich. Diese Schrift führte übrigens dazu, dass Hansemann nicht mehr zum Handelsrichter gewählt werden durfte. Sieben Jahr später befasste er sich in einer unveröffentlichten Schrift mit Verfassungsfragen und dann wieder 1846 mit politischen Angelegenheiten. Seine publizistischen Äußerungen in der Revolutionszeit kreisten überwiegend um die Verfassung. 1848 veröffentlichte er »Die deutsche Verfassungsfrage«, und ein Jahr später kommentierte er unter dem Titel »Die Deutsche Verfassung vom 28. März 1849« die Entscheidung des Deutschen Nationalparlaments in Frankfurt – das Werk erlebte sieben Auflagen. 1850 legte er nach der gescheiterten Revolution eine weitere Schrift vor: »Das Preußische und Deutsche Verfassungswerk«. Mehrfach schrieb er über die Gründung von Eisenbahngesellschaften. 21 wichtige Denkschriften und Bücher hat Hansemann hinterlassen, deren Inhalt mehr auf das Pragmatische und Umsetzbare gerichtet waren als auf Theorien und philosophische Abhandlungen.

Auch Camphausen verbreitete seine Ansichten in zahlreichen Denkschriften und Veröffentlichungen, insbesondere der Handelskammer Köln. Im Mittelpunkt standen seine drei umfangreichen Denkschriften zum Eisenbahnwesen 1833, 1835 und 1838, die für die Entwicklung des Eisenbahnwesens in den deutschen Staaten wegweisend waren. In seinen Eingaben an die Ministerien beschäftigte sich Camphausen mit dem Außenhandel mit Belgien und den Niederlanden, mit Schifffahrtsabgaben und Zöllen, dem Kölner Freihafen, der Reform des Börsen- und Maklerwesens, dem Geld- und Bankwesen sowie verschiedenen praktischen Fragen des Wirtschaftslebens, u.a. Postverkehr, Warenzeichenschutz, Fabrikengerichten und dem Straßenausbau. Im Gegensatz zu Hansemann suchte Camphausen nicht so sehr die Öffentlichkeit, sondern richtete seine Denkschriften – gerade auch in offizieller Funktion – direkt an die Regierung oder andere jeweilige Verantwortliche.

☆☆☆

Nachdem Hansemann 1851 aus dem Amt des Präsidenten der Preußischen Bank ausscheiden musste, gründete er in Berlin eine eigene Bank, die Disconto-Gesellschaft. Diese war vom Prinzip her eine Genossenschaftsbank, die aus den Geschäftsanteilen der Mitglieder, aus Guthaben und aus eigenen Akzepten heraus Geschäfte machte, vornehmlich die Diskontierung von Wechseln – daher der Name – und im geringeren Umfang auch die Vergabe von Kontokorrentkrediten. Vorbild dieser Genossenschaftsbank war eine Brüsseler Gründung im Jahr 1848, die Union du Crédit, die als Vereinigung von Kaufleuten und Gewerbetreibenden die Kreditvergabe untereinander ermöglichte. Dies zeigt einmal mehr, dass der Blick über die Grenzen, insbesondere nach Belgien, für die liberalen Kräfte des 19. Jahrhunderts wesentlicher Bestandteil ihrer Reflektion war – man lernte voneinander und übernahm ohne nationale Ressentiments Vorbilder. Hansemann sah sich aber aufgrund der wachsenden Industrialisierung und dem damit verbundenen Kreditbedarf für die Unternehmen genötigt, die Bank umzugestalten in eine Industriebank, die – ähnlich der späteren Kommanditgesellschaft auf Aktien – ihre Einlagen erhöhte und andere Geschäfte tätigen konnte. Für das Modell der gemischtfinanzierten Banken mit Eigenkapital und fremden Mitteln gab es in den deutschen Staaten kein Vorbild. Die Banker waren zudem der Meinung, dass das Eigenkapital weit über dem von Einlagen Dritter liegen müsste. Hansemann sah dies anders und wurde durch den Erfolg englischer Depositenbanken in dieser seiner Ansicht bestärkt. Auch hier war wieder der Blick auf andere Staaten beflügelnd – der liberale Unternehmer wusste, dass Wirtschaft keinen Halt an nationalen Grenzen findet. Daher war er auch interessiert an den Verkehrsentwicklungen, insbesondere der Eisenbahnen, in den anderen europäischen Ländern. Er hatte zahlreiche Kontakte zu Unternehmern und Staatsbeamten in Österreich, Frankreich und Russland. 1859 erreichte Hansemann die Übernahme einer Eisenbahnanleihe für Russland, und in den 1860er Jahren nahm die Disconto-Gesellschaft enge Verbindungen zum österreichischen Staat auf. Weniger erfolgreich war Hansemann mit eigenen Beteiligungen der Bank an Industrieunternehmen, bereits die ersten drei waren unternehmerische Misserfolge. Sein jüngster Sohn Adolph trat ihm an die Seite und leitete mit dem Vater das Unternehmen. In den letzten Lebensjahren Hansemanns finanzierte die Disconto-Gesellschaft zahlreiche Eisenbahnlinien in den deutschen Staaten. Die Disconto-Gesellschaft wurde 1929 von der Deutschen Bank übernommen, einer der Nachfolger war der Bankier Georg Solmssen, der seit 1911 Geschäftsinhaber war und dann in den Vorstand der übernehmenden Bank eintrat. Als Jude wurde er vom NS-Staat verfolgt und musste 1934 emigrieren.

Noch einmal – kurz vor seinem Lebensende – wurde Hansemann politisch aktiv, dieses Mal für die unternehmerische Selbstverwaltung. 1860 trafen sich die preußischen Handelskammern zum ersten preußischen Handelstag in Berlin. Hansemann, der als Vertreter der Ältesten der Berliner Kaufmannschaft an der Sitzung teilnahm, wurde zum Präsidenten gewählt. Ein Jahr später trat in Heidelberg der erste Allgemeine Deutsche Handelstag zusammen, die Vertreter von über 90 Handelskammern und kaufmännischen Kooperationen wählten Hansemann zum ersten Präsidenten der bis heute bestehenden Spitzenorganisation der deutschen Industrie- und Handelskammern. Da galt er schon längst als Berliner, wo er seit der Mitte der 1850er Jahre in einer Villa im Tiergarten wohnte, seine rheinische Sozialisation und Nähe zur grenznahen Stadt Aachen blieb jedoch erhalten. Zwar trat er nach der Leitung des zweiten Handelstages 1862 aufgrund seiner ausgeprägten freihändlerischen Ausrichtung wieder aus; mit seinem Namen verschaffte er der Kooperation der Handelskammern jedoch Ansehen und öffentliches Aufsehen und das, obwohl Hansemann nicht deren

Gründer war. Vielmehr suchten sich die Vertreter der Handelskammern damals einen Repräsentanten, der zwar mit ihnen in Verbindung gebracht werden konnte, vor allem aber berühmt war. Beim Handelstag präsentierte sich Hansemann als Anhänger einer großdeutschen Lösung.

Einem letzten Projekt widmete sich der ruhelose Unternehmer und Politiker, indem er die Gründung von Hypothekenbanken vorantrieb, da insbesondere im preußischen Osten Immobiliarkredite neueren Typs benötigt wurden. Hansemann starb an 4. August 1864 bei einem Kuraufenthalt in Schlangenbad an einer Lungenentzündung.

Anders als Hansemann hielt sich sein Konkurrent aus früheren Tagen im Alter weitgehend von neuen wirtschaftlichen Betätigungen fern. Camphausen hatte das Bankgeschäft bereits in den 1840er Jahren seinem Bruder überlassen, blieb aber dennoch zunächst Teilhaber. Endgültig zog er sich 1868 aus dem Unternehmen zurück und widmete sich seinen naturwissenschaftlichen, mathematischen und astronomischen Studien. Letztere betrieb er in seiner privaten Sternwarte, die er sich in seinem Landhaus in Rüngsdorf bei Bonn errichten ließ. Für ein von ihm entwickeltes Verfahren zur Ortsbestimmung erhielt er 1860 von der Philosophischen Fakultät der Universität Berlin die Ehrendoktorwürde verliehen. Dies empfand er eher als belustigend, fühlte sich aber dennoch geehrt. Am 3. Dezember 1890 starb er in Köln.

☆☆☆

Beide Unternehmer wirkten sowohl mit ihren Unternehmungen, ihrem politischen Engagement und ihren Ämtern in den Selbstverwaltungsorganisationen der Wirtschaft für das Rheinland. Sie verstanden sich als »rheinische Liberale« und haben sich zeit ihres Lebens mit dem Rheinland identifiziert. Gemeinsam setzten sie sich für mehr Mitsprache sowie die Berücksichtigung der Belange des aufstrebenden Bürgertums ein. Da die Frühindustrialisierung von Westeuropa über das Rheinland nach Preußen hinüberkam – teilweise durch belgische Unternehmer wie Charles Detillieux und Télémaque Fortuné Michiels oder englische Unternehmer wie James Cockerill oder später William Thomas Mulvany – waren die rheinischen Unternehmer sehr viel fortschrittlicher als das Unternehmertum andernorts. Hinzu kam die innerrheinische Mobilität – in Köln siedelten sich in diesen Jahren protestantische Unternehmer vom Niederrhein, aus dem Bergischen Land und aus der Aachener Gegend an. Sie kamen in der Handelskammer und bei Gesellschaften zusammen, kommunizierten und agierten gemeinsam. Die Unternehmer hatten vielfältige geschäftliche Verbindungen in die europäischen Nachbarländer und bereisten diese zum Teil auch. Dadurch kamen sie mit fortschrittlichen Ideen in Verbindung und versuchten diese auch selbst umzusetzen. In ihrem wirtschaftlichen Handeln dachten sie bereits damals grenzüberschreitend, europäisch. Durch ihr Engagement für die Überwindung der Kleinstaaterei und für eine Verfassung haben sie an der Verbreitung demokratischen Gedankengutes mitgewirkt. Auch, wenn beide keine Revolutionäre waren, so gestalteten sie auf dem Weg zu einem vereinten Europa eine frühe politische Etappe mit, die auch in der Rückschau an Bedeutung nichts verloren hat.

Camphausen und Hansemann – man könnte meinen, beide seien in Vergessenheit geraten, aber dem ist nicht so. Noch heute sind beide Unternehmer und Spuren ihres Wirkens präsent. Camphausen wird in Köln geehrt durch eine Straße in der Neustadt-Nord, dem Plenarsaal der Industrie- und Handelskammer zu Köln und als Ratsturmfigur. An Hansemann erinnert ein 1888 errichtetes Denkmal in der Stadt Aachen, Platz und Straße, auch in Köln-Ehrenfeld, tragen seinen Namen. In Aachen ist eine Realschule nach Hansemann benannt. So finden sich in den beiden rheinischen Städten Aachen und Köln – beide mit besonderer Bedeutung für die europäische Geschichte – Zeugnisse von zwei Unternehmern des 19. Jahrhunderts, die einen bedeutenden Schritt in der Geschichte getan haben. Von den Unternehmen, die beide gegründet haben, ist jedoch nur noch die Aachener und Münchner Versicherungsgesellschaft als AachenMünchener aktiv. Das Unternehmen gehört zum italienischen Generali-Konzern – so schließt sich der Kreis zu Europa.

Literatur:

Erich Angermann, *Ludolf Camphausen* (*1803–1890*) in: *Rheinische Lebensbilder*, Bd. 2, Düsseldorf 1966, S. 195–221

Erich Angermann, *Camphausen*, in: *Neue Deutsche Biographie*, *3*, Berlin 1957, S. 112–115

Kurt Loose, *Ludolf Camphausen*, in: *Rheinisch-Westfälische Wirtschaftsbiographien*, Bd. 2, Münster 1937, S. 254–275

Alexander Bergengrün, *David Hansemann*, Berlin 1901

Walther Däbritz, *David Hansemann*, in: *Rheinisch-Westfälische Wirtschaftsbiographien*, Bd. 7, Münster 1960, S. 1–24

Bernhard Poll (Hg.), *David Hansemann 1790–1864–1964*, Aachen 1964

Paul Thomes, *Zwischen gesellschaftlicher Verantwortung und Kapitalismus. Reflexionen zum Wirtschaftsstil des frühindustriellen Unternehmers David Hansemann*, in: Ulrich S. Soénius (Hrsg.), *Bewegen – Verbinden – Gestalten. Unternehmer vom 17. bis zum 20. Jahrhundert*, Köln 2003, S. 155ff.

Klara van Eyll, *Camphausen und Hansemann – zwei rheinische Eisenbahnunternehmer 1833–1844*, in: *Tradition*, 11 (1966), S. 218–231

Der Nachlass von Ludolf Camphausen ist im Historischen Archiv der Stadt Köln, jedoch aufgrund des Einsturzes vom 3. März 2009 und dessen Folgen derzeit nicht nutzbar. Von David Hansemann befindet sich der Nachlass im Geheimen Staatsarchiv Preußischer Kulturbesitz, Berlin.

HANS-PETER SCHWARZ

Konrad Adenauer (1876–1967)

Rheinischer Gründungskanzler der Bundesrepublik

Jeder Jeck ist anders«, heißt es in Köln. Von Adenauer, dem Sujet des folgenden Essays, war diese Feststellung häufig zu hören. Er artikulierte so seine skeptische Menschenkenntnis, die mit einer guten Prise Menschenverachtung gewürzt war. Bundeskanzler sind zwar keine Jecken, aber anders ist ein jeder von ihnen. Sie alle weisen höchst unterschiedliche Züge auf, in die sich die jeweils unterschiedlichen Karrieren, die wechselnden zeitgeschichtlichen Konstellationen, auch die vielfach wechselnden Hoffnungen, Sorgen, Triumphe und Niederlagen eingekerbt haben. Die Bundeskanzler sind aber auch zuletzt deshalb so verschieden, weil sie aus heterogenen Regionen stammen, deren Prägekraft vieles erklärt. Natürlich eignen sie sich im Verlauf ihres Aufstiegs in die allerhöchsten Etagen der Machtpyramide eine kosmopolitische Geschliffenheit an, ohne die sie zu Recht als Provinzdepp verachtet würden. Aber die provinzielle Verwurzelung macht sich doch spürbar bemerkbar, beim einen mehr, beim anderen weniger.

Im traditionell föderalistischen deutschen Kulturraum, wo das Bodenständige nur von den Intellektuellen verachtet, von den Wählern aber eher geschätzt wird, pflegen die klügeren Spitzenpolitiker ihre heimischen Eigentümlichkeiten. Manches davon wird eher unbeabsichtigt kommuniziert. Da Politiker ihre Botschaften jeweils im Dauerreden »überbringen« müssen, kommt ihren Wählern neben dem gestylten Fernseh-Image als Erstes die dialektale Färbung der Rhetorik des großen Mannes oder der großen Frau zum Bewusstsein. Ludwig Erhard und

Kurt Georg Kiesinger waren beide begnadete Redner, aber der Erste war an seinem harten, zugleich leicht verknödelten Deutsch unschwer als Franke aus dem Großraum Nürnberg-Fürth zu identifizieren und Kiesinger hat zeitlebens geschwäbelt, auch wenn er sich gern als »König Silberzunge« bauchpinseln ließ. Helmut Kohl dachte erst recht nicht daran, die breite Pfälzer Mundart bei seinen Wahlkampfreden, Staatsreden oder Interviews völlig verschwinden zu lassen. Demgegenüber fällt das geschliffene Deutsch der Kanzler, die aus Norddeutschland stammen, viel weniger auf. Wo aber, wie bei Helmut Schmidt, die Sprache als Alleinstellungsmerkmal fehlte, musste wenigstens die Prinz-Heinrich-Mütze daran erinnern, dass hier ein Hamburger als Bundeskanzler amtierte.

Doch die Prägung durch die jeweilige Provinz, aus der sich einer oder eine aufgemacht hat, geht weit über solche Äußerlichkeiten hinaus. Bekanntlich sind die meisten Kanzler – Kiesinger, Brandt, Schmidt, Kohl, Schröder – zuvor lange Jahre Ministerpräsidenten, Regierende oder wenigstens Länderminister gewesen. Ihr dort gesammelter Erfahrungsschatz (Bisswunden, die ihnen Gegner oder Parteifreunde beibrachten, mit inbegriffen), die dort aufgebaute Gefolgschaft, der Regierungsstil und die Koalitionspräferenzen und das Verständnis für die spezifischen Interessen pflegen mehr oder weniger stark auch auf die spätere Kanzlerschaft abzufärben. Dass die politische Orientierung und die Konflikte in der regionalen Parteiorganisation, aus der sich ein Kanzler anfangs hochgekämpft hat, gleichfalls eine Rolle spielen, versteht sich. Kurz, das Regionale hat in den Kanzlerbiographien Gewicht, ganz gleich, wie lange sich der oder jener Politiker in seinem Herkunftsland getummelt hat.

Bisher wurde Adenauer in diesem Kontext nicht erwähnt. Aber man muss auf die generelle Bedeutung des Faktors Region verweisen, wenn die ragende Gestalt des rheinischen Gründungskanzlers der Bundesrepublik zur Erörterung steht. Stärker, ausschließlicher als jeder seiner Nachfolger im Bundeskanzleramt ist Adenauer durch die Herkunftsregion geprägt worden. Man versteht die Eigenart seiner politischen Überzeugungen, seiner Machtposition und seines Regierens überhaupt nur aus den besonderen kulturellen, wirtschaftlichen, parteipolitischen und historischen Bedingungen des Rheinlands.

Die Bodenständigkeit dieses alles andere als provinziellen Kanzlers ist bemerkenswert. Von der Wiege bis zur Bahre hat er das Rheinland nie länger verlassen. Im Großraum Köln-Bonn ist er geboren und zur Schule gegangen. Nur für ein paar Studiensemester in Freiburg und München hat er sich aus dem familiären Kokon der Eltern, Geschwister, Tanten und Onkel, Cousins und Cousinen nebst den Schulfreunden vom Kölner Aposteln-Gymnasium entfernt. Dann kehrte er schleunigst zurück, absolvierte in Bonn die erste juristische Staatsprüfung und in Köln die zweite, begab sich dort auf die Laufbahn erst des Anwalts, dann des Verwaltungsjuristen, heiratete in eine Kölner Familie ein, vollzog seinen Aufstieg in der Kölner Stadtverwaltung und wurde zwischen 1917 und 1933 zu einer der politischen Größen des preußischen Rheinlandes. Erst als die Nationalsozialisten im Frühjahr 1933 den kantigen Kölner Oberbürgermeister im Alter von 57 Jahren aus dem Amt verjagten, verließ er nochmals für etwas mehr als ein Jahr seine Heimat und ließ sich in Berlin-Babelsberg nieder, um dort vielleicht eine Stelle in der Wirtschaft zu finden. Doch schon 1935 kehrte er wieder ins Rheinland zurück, um künftig ohne weitere Unterbrechung allda zu verbleiben.

Sein Nachkriegs-Comeback als kurzzeitiger Oberbürgermeister von Köln, als CDU-Vorsitzender in der britischen Zone, als Präsident des Parlamentarischen Rats und schließlich als Bundeskanzler hat er ohne Ortsveränderung vollzogen. Die Ära Adenauer, wie man die Frühzeit der Bundesrepublik durchaus zu Recht nennt, ist dadurch gekennzeichnet, dass er mit bemerkenswerter Zielstrebigkeit, den Gegebenheiten der Besatzungszeit entsprechend, erreichte, dass sich von nun an zwar nicht alles, doch fast alles um ihn drehen sollte. Später wird man sagen, er sei bisher der einzige Bundeskanzler gewesen, dem es gelang, die Bundeshauptstadt provisorisch, wie ursprünglich so vieles in jenen bewegten Jahren – dorthin zu verlagern, wo er sich seit frühester Jugend getummelt hat.

In diesem Punkt gleicht der Gründungskanzler der Bundesrepublik übrigens dem ersten Präsidenten der Vereinigten Staaten. So wie einstmals George Washington die Hauptstadt der USA unweit seines Landsitzes errichten ließ, ist es auch Adenauer gelungen, die Bundeshauptstadt im Rheinland zu etablieren in bequemer Reichweite von seinem Wohnsitz in Rhöndorf. Doch während die Hauptstadt Washington erst nach dem Ende der Präsidentschaft General Washingtons bezugsfertig wurde, hat Adenauer 14 Jahre lang im Bonner Palais Schaumburg residiert. Als er im biblischen Alter von 91 Jahren, aber durchaus noch nicht lebenssatt, in Rhöndorf verstirbt, werden seine Beisetzungsfeierlichkeiten, zu denen die Größen aus aller Herren Länder einfliegen (es fehlen nur Breschnew, Mao-Tse-tung und der Papst) wiederum im Rheinland abgehalten: im Kölner Dom, im Bonner Bundeshaus und dann auf dem heimischen Friedhof in Rhöndorf. Damit geht ein rheinisches Leben und die im Wortsinn rheinische Frühphase der Bundesrepublik zu Ende. Dass ein so rheinisch geprägter, zugleich willensstarker Gründungskanzler der noch ungefestigten Bundesrepublik, die erst zu sich selbst finden musste, zumindest mittelfristig eine rheinische Prägung eingeimpft hat, war nur folgerichtig.

Selbstverständlich wäre es falsch, die zweifellos gewichtige rheinische Komponente in der Persönlichkeit Adenauers zu übertreiben. Seine Gegner haben darin bekanntlich ein Übersoll geleistet. Unablässig haben sie den Verdacht artikuliert, dass erst dem Oberbürgermeister von Köln, und später dem CDU-

Vorsitzenden und Bundeskanzler die Interessen der eigenen Region vordringlicher erschienen als die Zukunft des gesamten Deutschland.

Nennen wir nur den in der frühen Bundesrepublik schärfsten und wirkungsvollsten dieser Kritiker: Rudolf Augstein, den Herausgeber des »Spiegel«. Pünktlich zum Bundestagswahlkampf 1953 hat er eine Broschüre veröffentlicht mit dem Titel: »Deutschland – ein Rheinbund?« Dort waren kritische Kolumnen gesammelt, mit denen er gegen Adenauer zu Felde zog. Dieser habe wieder und wieder versucht oder wenigstens mit dem Gedanken gespielt, eine »Rheinische Republik« ins Leben zu rufen: 1918/19 nach dem erstmaligen Zusammenbruch des deutschen Reiches, erneut 1923 während des »Ruhrkampfs«, dann nochmals 1945 und schließlich, diesmal erfolgreich, als die Bundesrepublik als eine Art Rheinbund gegründet worden sei, diesmal aber nicht unter dem Patronat Napoleon sondern des amerikanischen Generals Eisenhower. Noch am 1. Oktober 1990 hat der über die Wiedervereinigung hocherfreute Augstein den rheinischen Bundeskanzler einmal mehr in den Dunstkreis des Separatismus gerückt. Lebenslang, so war dort zu lesen, sei Adenauer seiner Idee treu geblieben: »einem Rheinstaat mit einer Hauptstadt unter Rebenhügeln, eng verbunden mit Frankreich.« Bekanntlich wurden damit nur Vorwürfe aufgewärmt, die zuerst von den Deutschnationalen, dann von den Nationalsozialisten und in den Jahren der Bundeskanzlerschaft Adenauers von den Propagandisten der SED unablässig artikuliert wurden. Die Auseinandersetzungen darüber haben Adenauers Karriere von den 20er Jahren bis zum Lebensende begleitet, sind auch nach seinem Tod nicht verstummt und erst gegen Ende der 90er Jahre des vergangenen Jahrhunderts eingeschlafen.

Die entsprechende Diskussion war von vornherein durch Simplifizierung gekennzeichnet. Von dem britischen Labour-Politiker Bevin stammt der Ausspruch: »Wer es nicht versteht, mindestens zwei Pferde gleichzeitig zu reiten, hat keinen Anspruch auf einen Job im Zirkus der Politik.« Adenauer hat sich darauf verstanden, stets zwei Pferde oder mehr gleichzeitig zu reiten. Er war ein Großmeister des Sowohl-Als-auch. 1918/19 und 1923 plädiere er in der Tat für eine Rheinische Republik, getrennt von Preußen, aber als Teil des Deutschen Reiches, und 1948/49 wollte er die mit den westlichen Demokratien verbundene Bundesrepublik Deutschland, aber mit dem Anspruch auf Wiedervereinigung. Bis ans Ende seiner Tage hat er an dem Konzept festgehalten, dass die Wiedervereinigung, wie er das beispielsweise 1963 formulierte, »dass die Wiedervereinigung, wenn überhaupt, nur am Ende eines langwierigen Prozesses der europäischen Integration stehen könne, nicht nach Jahren, sondern nach Jahrzehnten zu bemessen, wahrscheinlich aber mit dem Ende des gottlosen Kommunismus zusammenfallend«.

Bekanntlich hat diese Thematik die Parteien, die Publizistik und die Historiker Jahrzehnte hindurch beschäftigt, ohne dass der Forschungsverlauf hier auch nur ansatzweise skizziert werden könnte. Die entsprechenden Kontroversen sind wichtig, aber doch auch abgeklappert. Somit sei im Folgenden versucht, die entsprechenden Fragen, auch die inneren Widersprüchlichkeiten der Politik dieses rheinischen Bundeskanzlers mit einem etwas unorthodoxen methodischen Ansatz zu erhellen.

In der amerikanischen Politologie wird gelegentlich der Begriff »mentale Landkarte« (mental map) verwandt. Was ist damit gemeint? Wer sich in der Geschichtslandschaft seiner Zeit orientieren möchte, bedient sich dabei einer »mentalen Landkarte«. In dieser ist das Bild der Welt verzeichnet, wie sie geschichtlich geworden ist und wie sie sich gegenwärtig darstellt – der eigene Standort und dessen Lage in den Kraftfeldern der inneren und äußeren Politik, die kulturgeographischen und wirtschaftsgeographischen Bedingungen sowie die geostrategische Lage in Bezug auf befreundete oder gegnerische Staaten.

Und auf der mentalen Landkarte sind auch Zielpunkte verzeichnet, denen sich der Politiker annähern möchte.

Allerdings findet sich im Kopf höher organisierter Individuen nicht nur eine einzige Landkarte. Unser Gehirn gleicht eher dem Navigator eines BMW oder eines Mercedes, in dessen Software eine Vielzahl von Landkarten programmiert ist. Je nachdem, wo sich der Fahrer befindet, ruft er diese oder jene Landkarte auf, um mit ihrer Hilfe sein Ziel zu finden.

Wer gleichsam spielerisch versucht, die Gedankenwelt bestimmter Untersuchungsobjekte mit der Frage nach den verhaltenssteuernden mentalen Landkarten zu begreifen, ist allerdings gut beraten, sich an die pluralistische Vielfalt der zeitgenössischen Gesellschaften zu erinnern, aber auch an die Wandelbarkeit der Vorstellungen davon, was real und was wünschbar ist. Pluralistische Vielfalt und Wandelbarkeit – das gilt für ganze politische Generationen, es gilt für die bunten politischen Strömungen, die unsere pluralistischen Gesellschaften bewegen, und es gilt genauso für bedeutende Individuen wie Adenauer. Wieweit die Software großer oder kleinerer Gruppierungen dieselbe ist, ob nicht jeder doch seine individuelle Programmierung aufweist, das gehört bekanntlich zu den umstrittenen Aspekten der historischer Methodologie, die hier unerörtert bleiben müssen. Wir fragen vielmehr: Was ließen die mentalen Landkarten erkennen, die Adenauer aus seinem speziellen rheinischen Blickwinkel von der Lage Deutschlands in Europa und in den globalen Zusammenhängen hatte?

Auf der ersten dieser mentalen Landkarten war Europa in seiner kontinentalen Ausdehnung sowie seinen historischen Sedimenten zu sehen, und die Karte trug auch eine Inschrift: »Köln am Rhein – Metropole des Abendlands.« Wann, wo und wie ist diese mentale Landkarte entstanden? Die Frage »wann« ist leicht beantwortet: Entstanden ist die erste von Adenauers mentalen Landkarten in Köln, das in den Jahren seiner Jugend eine der stolzesten Städte des damals noch recht jungen Bismarckreichs war. Und »wo« genau? Nun, im humanistischen Aposteln-Gymnasium, das Adenauer neun Jahre lang besucht hat. Auch die Frage nach dem »wie« lässt sich gleichfalls recht präzise beantworten: Sechs Wochenstunden Lateinunterricht über neun Jahre hinweg, vier Wochenstunden Griechischunterricht während fünf Jahren, drei Wochenstunden Französischunterricht gleichfalls fünf Jahre lang und überhaupt noch kein Englischunterricht. So entsteht – in Verbindung mit europäischer Staatengeschichte, die einigermaßen nachhaltig unterrichtet wird, und auch etwas Kunstgeschichte – in dem Zeitraum, als Adenauer zwischen 10 und 19 Jahre alt ist, seine mentale Landkarte des Abendlandes.

Dazu kommt natürlich die Anschauung von Köln. Köln, das unter dem Namen Colonia Agrippinensis 50 n. Chr. das Stadtrecht erhielt und Sitz des römischen Statthalters von Niedergermanien war, im Mittelalter die größte und am stärksten befestigte Stadt des Heiligen Römischen Reiches Deutscher Nation, Vorort auch der Hanse ... Köln, eine Stadt der bewunderungswürdigen Kirchen: St. Gereon, St. Ursula, St. Severin, St. Pantaleon, St. Martin und wie sie sonst noch alle heißen, nicht zu vergessen der Dom in der Nordecke der einstigen Römerstadt. Gewiss, Köln besitzt nicht ganz so viele altberühmte Kirchen wie Rom, aber doch fast so viele wie die damalige Stadt Köln Kneipen hat. Köln, das ist für Adenauer also eine Art Inbegriff des abendländischen Europa: römischer Staat und römisches Rechtsdenken, romanische Kirchen und gotische Kathedralen, schöne mittelalterliche Rathäuser, Türme und gewaltige Stadtmauern, in deren Schatten Adenauer 1876 geboren wurde, kurz bevor sie abgerissen werden.

Dennoch wäre es verkehrt, Adenauer als eine provinzielle Gestalt zu verstehen, die ihr Bild vom Abendland allein aus dem Sinn für die große Geschichte der eigenen Stadt und der rheinischen Zusammenhänge erschließt. Er hat über die Kenntnis des abendländisch geprägten Rheinlandes hinaus auch einige andere Regionen Europas schon früh erwandert oder durchfahren, womit er die Vorstellung »Abendland« verbindet. Das ist – um bei der historischen Wahrheit zu bleiben – nicht Frankreich. Bevor er 1951 als Bundeskanzler erstmals nach Paris eingeladen wird, hat er dieses Land nur zweimal kurz durchfahren. Einmal, als er im Frühjahr 1919 mit einer rheinischen Delegation zum Botschafter von Brockdorf-Rantzau nach Versailles fährt, der damals weitgehend vergeblich versucht, auf den Versailler Friedensvertrag Einfluss zu nehmen, hält er sich auch einige Stunden in Paris auf und kauft dort für seine Kinder ein paar Luftballone. Das erste Mal hatte er einen Blick auf Frankreich geworfen, als er das Rhônetal und Südfrankreich auf der Hochzeitsreise im Zug durchfuhr. Diese Hochzeitsreise hatte aber ein anderes Ziel: Italien. Er wollte seiner jungen Frau die großen Museen von Mailand zeigen.

Warum gerade Italien? Weil er dieses wichtigste Land des Abendlandes zuvor schon während eines Studienjahrs in München entdeckt hat. Von dort aus hatte er sich in Gesellschaft eines Freundes wochenlang in Italien herumgetrieben. Ihn beflügelte dabei die damalige deutsche Italiensehnsucht, und so fand er, was er suchte: römische Altertümer, mittelalterliche Kastelle, Palladio-Villen und Gemälde der Renaissance, das barocke Italien ... Er wird es an seinem Lebensabend erneut aufsuchen, als er Ende der 50er Jahre Cadenabbia entdeckt, von da an sein *buon retiro* am Comer See.

Zur mentalen Karte des Rheinländers Adenauer vom Abendland gehört übrigens auch die Schweiz, wohin es ihn fast ein halbes Jahrhundert hindurch Urlaub für Urlaub zum Wandern in den Alpen zieht. Die Schweiz: Modell eines wehrhaften, aus eigenständigen Kantonen und Sprachgruppen entstandenen, freiheitlichen Kleinstaates, dessen Durchgangsstraßen und Alpenpässe von den Zeiten der deutschen Kaiser bis zu den Napoleonischen Kriegen von stärkstem strategischem Interesse gewesen sind.

Die mentale Landkarte füllt sich also früh schon mit konkreter Anschauung. Allerdings ist festzustellen, dass Adenauer trotz genuiner Reisefreudigkeit vor seinen Kanzlerjahren nicht allzu viele andere Länder besucht hat. Gewiss: immer wieder einmal geht es nach Brüssel, in den zwanziger Jahren reist er einmal nach London, auch nach Antwerpen, und er macht Ferien in Karlsbad. Aber anschauungsgesättigt wird seine mentale Landkarte erst zwischen 1950 und 1967, als er bei offiziellen Besuchen England, die Niederlande, Belgien, Österreich, Griechenland, wenige Wochen vor seinem Tod auch noch Spanien aufsucht.

In unserem Zusammenhang geht es aber nicht um Adenauers Reisen, sondern um die Feststellung, dass Adenauers mentale Landkarte von Anfang an viel weiter reichte als rheinabwärts bis Düsseldorf und rheinaufwärts bis Mainz oder Straßburg oder Basel. Gerade die späteren offiziellen Reisen zeigen aber ganz deutlich, dass ihnen Idealvorstellungen der Kulturgeschichte Europas vorangegangen waren, denn sie mussten nach Möglichkeit so geplant werden, dass immer Gelegenheit zum Besuch der historisch besonders denkwürdigen Kirchen und Paläste gegeben war, dazu vor allem auch zum Besuch der berühmten Museen. Seine in der Bismarckzeit in die Phantasie eingesenkte mentale Landkarte vom Abendland war also die eines humanistisch gebildeten, zudem gut katholischen deutschen Bildungsbürgers. Das abendländische Europa, entstanden aus antikem und christlichem Erbe – mit dieser Landkarte machte er sich auf den Weg ins 20. Jahrhundert.

Daneben existierte, und auch dies schon sehr früh, eine zweite mentale Landkarte: der Wirtschaftsraum im kontinentalen Westeuropa. Man könnte sie die Landkarte der späteren Montan-Union und danach die der Europäischen Wirtschaftsgemeinschaft nennen. Seit 1906, als er die Laufbahn eines Kölner Kommunalbeamten einschlägt, auf der er in nur zehn kurzen Jahren den Aufstieg zum Oberbürgermeister schafft, wird er sich der engen Wirtschaftsverflechtungen zwischen dem deutschen Westen und Westeuropa voll bewusst. Das ist das Europa des Handels, wie es sich aus der Kölner Interessenlage darstellt. Der Kölner Wirtschaftsraum ist mit den Niederlanden denkbar eng verbunden. Auch der Kapitalmarkt Brüssel und der Hafen von Antwerpen spielen eine beträchtliche Rolle. Doch Adenauers Wirtschaftseuropa ist vor allem ein Europa von Kohle und Stahl. Die damalige Macht Deutschlands beruhte anfangs auf Kohle und Stahl. Die Kriege in Europa in der ersten Hälfte des 20. Jahrhunderts, die verfehlten oder doch sehr prekären Friedensschlüsse, die Krisen zwischen Deutschland einerseits, Frankreich und Belgien andererseits in der Zwischenkriegszeit, die beiderseitige Besatzungspolitik, die missglückten oder geglückten Friedensschlüsse – sie alle drehten sich zu einem Gutteil um die Verfügung über Kohle und Stahl. Politisch gesehen umfasste diese mentale Landkarte eine Art Fünfeck mit den Ländern Deutschland, Frankreich und jenen drei Staaten, für die sich nach dem Zweiten Weltkrieg die Kurzformel Benelux einbürgern sollte.

Adenauer ist sich über die Interdependenz der Wirtschaft im nordwestlichen Kontinentaleuropa schon früh im Klaren. Die Kurzformel, mit der er sein Konzept schon Mitte der zwanziger Jahre umschreibt, lautete »organische Verflechtung«. Als er seit 1925 und erst recht nach dem Zweiten Weltkrieg nach Lösungskonzepten für die Akzeptanz Deutschlands in Westeuropa und für eine friedliche Zukunft sucht, ist er davon überzeugt, dass die Herstellung eines staatenübergreifenden wirtschaftlichen Großraums der Schlüssel auch zur Lösung der anders unlösbar erscheinenden Sicherheitsprobleme sein würde. Herstellung oder Wiederherstellung der wirtschaftlichen Interdependenz wäre, so liest er aus seiner mentalen Karte der Produktionsstandorte und ihrer Interessenlage ab, nicht allein zum Besten des zweimal geschlagenen Deutschland, sondern überhaupt zum Besten aller Länder dieses Großraums, dem sich seit Gründung der Montan-Union auch Italien zugesellt.

Aus Adenauers Sicht ist das der eigentliche Sinn der Offerte einer Europäischen Gemeinschaft für Kohle und Stahl, die Robert Schuman, sekundiert von Jean Monnet, im Mai 1950 auf den Tisch legen. Das ist letztlich auch die Ratio, die den Römischen Verträgen über die Gründung einer Europäischen Wirtschaftsgemeinschaft im Sechserrahmen zugrunde liegt, die im Frühjahr 1957 auf dem Kapitol in Rom unterzeichnet werden. Symbolisch zeigt sich bei der Wahl dieses Unterzeichnungsortes der innere Zusammenhang zwischen der mentalen Landkarte »abendländisches Europa« und der mentalen Landkarte »Wirtschaftseuropa«. Adenauer ist und bleibt in manchem ein Kind des späten 19. Jahrhunderts. Somit lässt sich auch viel an freihändlerischem Denken bei ihm beobachten. Ein Europa im Zeichen des Freihandels, wie es dann durch die EWG geschaffen wird, das scheint ihm ideal. Er ist aber zugleich ein Mann, der in der Kategorie dessen denken gelernt hat, was man später den »organisierten Kapitalismus« genannt hat. Das Europa der grenzübergreifenden Konzerne und Kartelle jagt ihm keinen Schrecken ein und er zeigt sich davon überzeugt, dass ein Europa des Freihandels und der europäisch verflochtenen Konzerne die Völker und ihre Regierungen dazu zwingen würde, Frieden zu halten.

Unnötig zu sagen, dass dieser Rheinländer, der im Bismarckreich sozialisiert wird und in der Wilhelminischen Ära Karriere macht, auch ein mentale Landkarte von Deutschland im Kopf hat. Auf dieser in unserer Zählung dritten mentalen Landkarte figuriert das Deutschland in den Grenzen von 1871. Es ist das recht ausgedehnte, mächtige Deutsche Reich, dem die Reichslande Elsass-Lothringen angehören, desgleichen im Osten Danzig, Königsberg, Posen und selbstverständlich Breslau genauso wie Dresden, Leipzig oder München. Doch in Adenauers zweiter Lebenshälfte (1919 steht er bereits im 43. Lebensjahr!) schrumpft Deutschland periodisch. Im Frieden von Versailles gehen einige Gebiete im Osten verloren, denen dieser Rheinländer keine großen Tränen nachweint. Schließlich beinhaltet das Deutsche Reich in den Grenzen von 1937 immer noch Ostpreußen, Pommern und Schlesien. Adenauer muss bereits 70 Jahre alt werden, bis er 1946, als sich das ganze Ausmaß der territorialen Veränderungen abzeichnet, auch mit dem Verlust von Ostpreußen, Pommern und Schlesien konfrontiert wird.

Kein Wunder, dass dieser alte Mann genauso wie die große Mehrheit seiner Wähler und der politischen Klasse bis zum Lebensende an der offiziellen Grundlinie festhält, über die völkerrechtliche Zugehörigkeit der Gebiete östlich der Oder-Neiße-Linie dürfe erst in einem Friedensvertrag entschieden werden.

Erst recht hält er am Alleinvertretungsanspruch der Bundesrepublik fest und weigert sich, die DDR als zweiten deutschen Staat anzuerkennen. Er wird zwar notgedrungen zum Gründungskanzler der Bundesrepublik Deutschland, die nur das Territorium der drei Westzonen umfasst, begreift diesen »Weststaat« aber als deutschen Kernstaat und als Nachfolgestaat des zerbrochenen Deutschen Reiches. In der DDR sieht er eine illegitime, von der Sowjetunion beherrschte Irredenta.

Seine Zweifel, ob der verstümmelte deutsche Nationalstaat wiederherstellbar ist, behält er für sich. Doch er ist ein Deutscher, der sich mit unliebsamen Gegebenheiten zu arrangieren weiß und der über die Kunst verfügt, vieles ungelöst in der Schwebe zu lassen, ohne dass es zu Lebzeiten oder auch danach zum großen Debakel kommt. Dass der Geschichtsprozess mentale Landkarten bisweilen verblassen lässt, hat er gelernt.

Nach dem Kollaps des Großdeutschen Reiches im Frühjahr 1945 ist nämlich eine vierte mentale Landkarte fällig: die Landkarte des geteilten Europa. Adenauer erkennt sehr rasch, früher als mancher andere deutsche Spitzenpolitiker, dass dies vorerst die Landkarte der Zukunft ist. Diese Landkarte dient ihm in den Jahren seit 1946 zur Orientierung, als er über die Ämter des Vorsitzenden der CDU in der britischen Zone und des Präsidenten des Parlamentarischen Rats unversehens zum Gründungskanzler der Bundesrepublik avanciert und von nun an bis 1963 die Geschicke der Bundesrepublik dirigiert, die ihren Schwerpunkt im Westen des zerbrochenen Deutschen Reiches hat. Als »Kalter Krieger« und europäische Leitfigur eines kämpferischen Antikommunismus ist Adenauer im Inland und im westlichen Ausland einerseits populär, andererseits wird er unablässig angefeindet, was ihn aber nicht hindert, sich unbeirrbar an dieser mentalen Landkarte zu orientieren. Dass und warum es dem Rheinländer Adenauer leichter fiel, die mentale Landkarte des geteilten Europa und des geteilten Deutschland mit seinen anderen mentalen Landkarten zu verbinden, leuchtet ein. 1946 hatten die Briten das Land Nordrhein-Westfalen geschaffen, dem das für Deutschland wirtschaftlich nach wie vor entscheidend wichtige Ruhrgebiet angehörte. Die Gründung von Nordrhein-Westfalen richtete sich offen oder versteckt gegen zwei weitere Besatzungsmächte – gegen die Sowjetunion, die mit aller Macht in die Kontrolle über das Ruhrgebiet drängte, und gegen Frankreich, das gleichfalls Pläne verfolgte, das Ruhrgebiet aus dem deutschen Reichsverband herauszulösen. Für den Vorsitzenden der CDU in der britischen Zone, die sich von Hamburg und Schleswig-Holstein über Niedersachsen bis Nordrhein-Westfalen erstreckte, war es somit naheliegend, diesen Komplex von Ländern vorerst, bis bessere Zeiten kämen, als Kern einer Gruppierung westdeutscher Länder zu begreifen, mit dem sich 1947 die der amerikanischen Zone verband (Hessen,

Bayern, Württemberg-Baden) und 1948 die französische Zone (Rheinland-Pfalz, Baden, Südwürttemberg-Hohenzollern). Da eine Wiedererrichtung des Deutschen Reiches unter Einbeziehung der Ostzone unmöglich war, von den polnisch administrierten Provinzen im Osten ganz zu schweigen, entsprach die Gründung eines provisorischen Weststaates mit Nordrhein-Westfalen als dem weitaus wichtigsten Land und der gleichfalls provisorischen Bundeshauptstadt Bonn sowohl dem Interesse des Rheinlands als auch dem der gesamten Westzonen.

Bei der Entstehung der mentalen Landkarte des geteilten Deutschland im geteilten Europa spielt der Antikommunismus eine wichtige Rolle. Die deutsche Linke wird den Begriff »Antikommunismus« erst viel später mit negativen Vorzeichen versehen, als Adenauer bereits die politische Bühne verlassen hat. Adenauer begreift damals den Kommunismus als das, was er tatsächlich ist – Legitimationsideologie von Regimen der totalitären Unterdrückung. Damit befindet er sich im Mainstream einer Lagebeurteilung, an der die Christlichen Demokraten, die Sozialdemokraten und die Freien Demokraten bis Ende der 60er Jahre festhalten. Das freie Europa, so lässt sich auf dieser mentalen Landkarte ablesen, ist durchgehend bedroht und in der strategischen Defensive: Kommunistische Subversion durch Stalins 5. Kolonne im Innern der westeuropäischen Demokratien, in Italien, in Frankreich, in gewissem Maß auch in der Bundesrepublik selbst, und Bedrohung durch die sowjetischen Panzerarmeen, verstärkt durch die Divisionen der DDR, von außen her. Das ist gewissermaßen Tag und Nacht die Landkarte, die er an mit Arbeit prall gefüllten Tagen und in schlaflosen Nächten in seinem Kopf mit sich herumträgt. Seine durchgehende Schlußfolgerung: Die Demokratien Europas müssen zusammenstehen, um sich gegen diese beängstigende östliche Bedrohung, die zugleich eine innere Bedrohung ist, zu verteidigen – dies unzimperlich, mit langem Atem und unter Zuhilfenahme aller Mittel bis hin zur Vorbereitung eines Kernwaffenkrieges.

An diesem Punkt ist eine fünfte mentale Landkarte dieses durchaus nicht provinziellen Rheinländers zu erwähnen, die ihm gleichfalls zur Orientierung dienlich ist: die Landkarte der freien Welt des Westens. Es ist eine Landkarte, die den nordatlantischen Großraum umfasst, in dem sich verschiedenartige Demokratien zusammengefunden haben: die Führungsmacht USA, die geschwächten Großmächte des westlichen Europa, Großbritannien und Frankreich, zu denen, so will er es, auch der wirtschaftlich potente deutsche Kernstaat im Westen aufschließen soll, dazu die mittleren und kleineren NATO-Staaten – das alle noch kompliziert durch die blockfreien Länder in Westeuropa.

Von Anfang an weiß Adenauer beim Blick auf diese Landkarte, dass die Staaten des westlichen Europa allein der kommunistischen Bedrohung nicht gewachsen wären. Amerika wird gebraucht, um die Demokratien Europas zu retten – das hämmert er seinen Landsleuten unablässig ein. Aber im großen Heerlager der freien Länder des Westens, dies die komplementäre Schlussfolgerung, müssen die Kontingente Westeuropas doch darauf achten, sich zu einer Art europäischen Allianz in der Allianz zusammenzuschließen.

Auf die atlantische Allianz, so liest er aus der Landkarte der freien, nordatlantischen Welt ab, wirken nämlich zwei Grundtatsachen ein. Die erste dieser Grundtatsachen ist der Atlantik, der Amerika von Europa trennt. Er hat unter den Bedingungen des 20. Jahrhunderts zwar eine Funktion wie das Mittelmeer in der Antike: gewissermaßen eine maritime Drehscheibe, über welche die Verbindungslinien laufen, die aus den Demokratien diesseits und jenseits des Atlantiks eine strategische Einheit machen. Nur hat Amerika leider immer auch die Option, sich in einer Aufwallung des Neo-Isolationismus vom europäischen

Kontinent zurückzuziehen und sich, unter Schutz der US-Navy und seiner Luftflotten, als »Fortress America« zu definieren.

Mit der Sorge vor der nationalegoistischen Preisgabe Kontinentaleuropas durch Amerika verbindet sich für Adenauer beim Studium dieser mentalen Landkarte der freien Welt eine zweite Beobachtung. Die USA und die Sowjetunion – beide nuklear gerüstet, somit eigentlich, so ihre Führung nur bei Verstand bleibt, gegenseitig aufgrund des atomaren Terrorfriedens für einander unangreifbar – sie sind die schlechthin dominanten Mächte. Muss man somit deutscherseits nicht befürchten, dass Amerika, die Vormacht der freien Welt, mit dem kommunistischen Russland, wie Adenauer auf gut Kölsch sagt, »Kippe macht«, also einen Deal auf Kosten der Sicherheit Westeuropas und der Bundesrepublik? Angesichts solcher Eventualitäten, so seine Schlussfolgerung, müssen sich die Demokratien Westeuropas irgendwie vereinigen. Adenauers Europapolitik ist zwar nicht ausschließlich, aber doch deutlich erkennbar, eine Rückversicherungsstrategie für den Fall einer Abschwächung des Schutzes durch die USA oder amerikanischer Untreue.

Eine der nachhaltig wirksamen Erinnerungen Adenauers war der militärische Rückzug Amerikas in den Jahren 1919/20 und die Ablehnung des Völkerbundsvertrags durch den Senat, also das, was man seither den Isolationismus Amerikas nennt. Es ist ganz bezeichnend, dass er am 9. Mai 1950, als er vor der Bonner Presse die frohe Botschaft verkündet, der französische Außenminister Robert Schuman habe vorgeschlagen, eine Europäische Gemeinschaft für Kohle und Stahl zu errichten, dabei mit leichter Hand auch ein Konzept von Europa skizziert, das mit der mentalen Landkarte der freien, nordatlantischen Welt nur schwer völlig zur Deckung zu bringen ist. Europa, so sagt er, könne als eine Art »dritte Kraft« zwischen Amerika und dem sowjetischen Imperium agieren, und zwar als eine Kraft des Friedens. Er entdeckt dann allerdings rasch, dass die Amerikaner es nicht besonders schätzen, wenn ein deutscher Bundeskanzler das Konzept einer »dritten Kraft« artikuliert, und so zieht er diese Vision alsbald wieder aus dem Verkehr. Aber subkutan ist diese Vorstellung, die er aus seiner mentalen Landkarte der freien, atlantischen Welt abliest, doch auch künftig bei ihm vorhanden: Europa als potentielle »dritte Kraft« im Ost-West-Konflikt, Europa als Rückversicherung für den Eventualfall eines Neo-Isolationismus Amerikas, Europa natürlich auch als ein allianzinternes Gegengewicht zur Arroganz der transatlantischen Hegemonialmacht.

Diese Beobachtung lenkt den Blick auf eine sechste mentale Landkarte dieses phantasievollen rheinischen Bundeskanzlers. Es ist dies, so könnte man das formulieren, die Landkarte der abgestiegenen Großmächte Europas. Wer Adenauers Reden in der zweiten Hälfte der 40er Jahre und in den frühen 50er Jahren sorgfältig analysiert und wer zudem seine Mitte der 60er Jahre entstandenen Memoiren studiert, entdeckt eine durchgehende Klage: Die Europäer, sagt und schreibt Adenauer wieder und wieder, waren so töricht, sich in zwei Weltkriegen zu zerfleischen. Wer immer auch die Hauptschuld daran trug, es war jedenfalls eine riesengroße Dummheit – die »Ur-Dummheit Europas«, könnte man in Abwandlung des von George Kennan geprägten Begriffs »Ur-Katastrophe Europas« formulieren.

Man darf aus solchen Klagen den Schluss ziehen, dass Adenauer vor dem Ersten Weltkrieg, also in einer individuellen Entwicklungsphase, über die wir mangels verlässlicher Quellen fast gar nichts wissen, wahrscheinlich eine mentale Landkarte des Weltstaatensystems besessen hatte, in der die globale Vorherrschaft der Großmächte Europas legitim und wünschenswert schien. Seit 1946 kommt er jedenfalls immer wieder darauf zu sprechen, dies nicht ohne nostalgische Untertöne. Häufig beklagt er nun jene Umwälzung, die dazu geführt hat, dass die einstmaligen Flügelmächte Amerika und Russland nunmehr in Europa dominieren, während sich gleichzeitig die Kolonialimperien auflösen. Aus der mentalen Landkarte des Staatensystems nach 1945 liest Adenauer somit ab: Alle einstmals so stolzen Großmächte Europas sind abgestiegen: Deutschland, Italien, aber ebenso Großbritannien und Frankreich. Wenn die Europäer der Epoche nach 1945 überhaupt wieder weltpolitisches Gewicht entwickeln wollen, müssen sie sich irgendwie zusammenschließen. Das heißt: Adenauer begreift das vereinte Europa gewissermaßen als Substitut für die Weltmachtposition der europäischen Großmächte, die in zwei katastrophalen, kriminellen, aber eben auch ganz und gar dummen Weltkriegen verspielt worden ist. In diesem Punkt berührt sich sein Denken teilweise mit dem General de Gaulles, aber auch anderer. In gewisser Hinsicht ist dies die Fortsetzung von Ideen, die Graf Coudenhove-Kalergi schon in den 20er Jahren in die Diskussion gebracht hatte. Adenauer gehörte seinerzeit der Paneuropa-Union an, auch wenn er von Coudenhove-Kalergi als Persönlichkeit nicht allzu viel hielt.

Schließlich eine siebte mentale Landkarte, an die gleichfalls erinnert werden muss. Es ist die mentale Landkarte des Europa der jüngsten Vergangenheit, in dem das imperialistische Deutschland von allen Nachbarn als eine tödliche Gefahr betrachtet wurde. Dieses Deutschland wurde zwar im Frühjahr 1945 zerschmettert, aber Adenauer weiß, dass diese mentale Landkarte die Deutschlandpolitik aller Nachbarstaaten und einstigen Kriegsgegner weiterhin stark bestimmt. Sorge vor der überlegenen deutschen Wirtschaft, die im Zeichen des »Wirtschaftswunders« ihr unerwartetes Comeback geschafft hat, Sorge vor den Labilitäten und der Kriegsgefahr, die aus der Teilung Deutschlands und Berlins resultiert, Sorge aber auch vor der Gefahr auch des deutschen Revisionismus, der vor wenigen Jahren erst in den Zweiten Weltkrieg führte und der nach Lage der Dinge auch zu einem Dritten Weltkrieg führen könnte.

Im Bonn Konrad Adenauers ist man zwar peinlich bemüht, das Wort Revisionismus möglichst nicht zu gebrauchen. Selbstbestimmungsrecht für das deutsche Volk klingt viel besser. Aber natürlich ist der deutsche Wiedervereinigungsrevisionismus und deutscher Revisionismus in Bezug auf die verlorenen Ostgebiete die offizielle Deutschlandpolitik in der Ära Adenauer. Adenauer hält bis zum Ende seiner Kanzlerschaft daran fest, ist sich der Gefahr genau bewusst, dass sich im Denken Frankreichs, Englands, Italiens und anderer Nachbarn die Gespenster der Vergangenheit wieder festsetzen könnten, ganz unabhängig davon, dass die Bundesrepublik ihren Revisionismus mit gebotener Zurückhaltung formuliert, nämlich vorwiegend rhetorisch und als juristisch unterfütterter Vorbehalt, aus dem praktisch nicht viel werden kann.

Adenauers Antwort auf diese vagen Befürchtungen, die sich aus der mentalen Landkarte des gefährlichen Deutschland ablesen lässt, ist an Eindeutigkeit nicht zu überbieten: konsequente Integration der Bundesrepublik in Europa, dies verbunden mit dem Versprechen, auch ein wiedervereinigtes Deutschland müsse und werde in Europa integriert werden! Allerdings insistiert er auf völkerrechtlich weitgehend gleichberechtigter Integration, Integration auch im Rahmen fester Rechtsregeln. Und die Basis dieser Integration soll die Verständigung zwischen Deutschland und Frankreich sein.

Die Frage ist schwer zu beantworten: Besaß Adenauer auch einen Konstruktionsplan dieses vereinten Europa, in dem die europäisch domestizierten Deutschen ihren gleichberechtigten Platz finden sollen? Die Antwort mag manche betrüben, die sich heute bei ihrer föderalistischen Europapolitik auf den »großen Europäer« Adenauer berufen. Tatsächlich verfügte Adenauer nämlich über keinen klaren, festliegenden und dauerhaft maßgeblichen Konstruktionsplan der europäischen Institutionen. Experimentell griff er vielmehr das auf, was jeweils angeboten wurde und machbar schien. Schließlich kam die Bundesrepublik Deutschland ja von der Stunde null her.

Somit sind die Konzepte der Europapolitik, auf die sich der Gründungskanzler der Bundesrepublik zwischen 1949 und 1963 eingelassen hat, so heterogen wie nur denkbar. Adenauer ging anfangs offenbar von der ziemlich illusionären Vorstellung aus, es könne möglich sein, in vergleichsweise kurzer Frist »Vereinigte Staaten von Europa« zu schaffen. Vielleicht, vielleicht könnten sich Frankreich, Italien und die mittleren und kleineren Mächte Westeuropas dazu bereitfinden ... Diese Phase seines politischen Denkens, gipfelnd in dem Vertrag über eine Europäische Verteidigungsgemeinschaft (EVG), die von einer politischen Gemeinschaft überwölbt sein sollte, beginnt 1946 und dauerte bis 1954. Der Kladderadatsch der EVG in der Pariser Assemblée Nationale markierte ihr Ende.

Dem folgte das Konzept der EWG von 1957, das etwas völlig anderes darstellt. Am politischen Fernziel eines irgendwie vereinten Westeuropa hielt Adenauer zwar fest, und die EWG verfügt auch über stark integrative Elemente. Aber faktisch entsteht nun doch in erster Linie ein Wirtschaftseuropa – ein zeitgemäßes Freihandelssystem, das in der Schlussphase in einen großen Gemeinsamen Markt mit gemeinsamen Außenzöllen einmünden sollte.

Zur gleichen Zeit, als die EWG ins Leben tritt, spielte Adenauer aber auch mit bestimmten Überlegungen, die von Frankreich an ihn herangetragen wurden: Konnte, sollte man nicht ein Dreier-Europa schaffen, das auf lange Sicht auch zur nuklearen Selbstverteidigung in der Lage wäre? Dieser Komplex der von 1956 bis 1958 ganz unter der Decke geführten Gespräche ist bis heute nicht voll ausgeleuchtet. Jedenfalls geht es dabei um die trianguläre Entwicklung von Kernwaffen durch Frankreich, die Bundesrepublik und Italien. Ob Adenauer aber dabei nur taktiert hat, um im Rahmen der NATO den Weg zur deutschen

Teilhabe an nuklearen Abschreckungssystemen zu eröffnen, ist unklar.

1958 kommt in Frankreich de Gaulle an die Macht. Adenauer weiß genau, dass dieser nicht ein integriertes Westeuropa anstrebt, sondern ein bloß kooperativ vernetztes Westeuropa, das nach den aus Sicht de Gaulles durchaus noch nicht überholten Vorstellungen europäischer Gleichgewichts- und Hegemonialpolitik konzipiert ist: Frankreich führt, die Bundesrepublik Deutschland fungiert als Junior-Partner Frankreichs und drum herum gruppieren sich die restlichen Länder des Europas der Sechs. England soll möglichst lange außen vor gehalten werden.

Auch aus der heutigen historischen Fernsicht ist das Bild, das sich der rheinische Bundeskanzler seinerzeit vom vereinten Europa gemacht hat, somit denkbar verwirrend. Fast hat man Mühe, sich klarzumachen, dass das jeweils die Europapolitik desselben Bundeskanzlers ist: da ist anfangs der Vorkämpfer für ein bundesstaatliches Europa in den Anfängen, da ist der EWG-Europäer in der zweiten Hälfte der 50er Jahre, der die nunmehr fast souveräne Bundesrepublik als einen prinzipiell autonomen Akteur unter anderen ins Spiel bringt, und da ist der Konföderalist in der Spätzeit seiner Kanzlerschaft, der im Januar 1963 mit dem Elysée-Vertrag sogar auf einen französisch-deutschen Bilateralismus abfährt, aus dem Niederländer, Belgier und Italiener ziemlich außen vor bleiben sollen (wobei Adenauer selbst auch künftig betont, alle Mitglieder der Sechsergemeinschaft sollten sich mit diesem handlungsfähigen deutsch-französischen Kern verbinden). Wer sich das alles vor Augen führt, der erkennt die durchgehende Heterogenität seiner institutionellen Vorstellungen von Europa. Über den Konstruktionsplänen des rheinischen Bundeskanzlers für das vereinte Europa liegt also ein ziemlich dichter Nebel.

Quellen:

Zu Adenauer und zur Ära Adenauer existiert schon eine Bibliothek voller Quelleneditionen, die hier unerwähnt bleiben müssen. Für den Nicht-Spezialisten sind nach wie vor jene Quellen besonders lesenswert, in denen Adenauer selber spricht. Genannt seien also nur:

Konrad Adenauer, *Erinnerungen, (1945–1963)*, 4 Bde. Stuttgart 1965–1968. – Konrad Adenauer: *Briefe (= Rhöndorfer Ausgabe), 10 Bde (1945–1967)*, Berlin und Paderborn 1983–2009. – *Teegespräche (= Rhöndorfer Ausgabe)*, 4 Bde. (1984–1992).

Literatur:

Die beste Einführung in die Ära Adenauer mit kritischer Bewertung der Quellen und des Schrifttums ist: Rudolf Morsey, *Die Bundesrepublik Deutschland. Entstehung und Entwicklung bis 1969* (= Oldenbourg Grundriss der Geschichte), 5., durchgesehene Auflage, München 2007. – Hans Peter Mensing, Aus Adenauers *Nachlass. Beiträge zur Biographie und Politik des ersten Bundeskanzlers*, Köln 2007. – Zu meiner eigenen Deutung siehe: *Adenauer. Der Aufstieg (1876–1952); Der Staatsmann (1952–1967)*, Stuttgart 1986, 1991; und: *Anmerkungen zu Adenauer*, Stuttgart 2007.

Überarbeitete und erweiterte Fassung eines Aufsatzes unter dem Titel *Adenauers mentale Landkarten*, in: Peter Molt/Helga Dickow (Hrsg.), *Festschrift für Theodor Hanf, Kulturen und Konflikte im Vergleich. Comparing Cultures and Conflicts*, Baden-Baden 2007

Autorenverzeichnis

PROF. DR. WOLFGANG BERGSDORF

Geboren 1941, Studium der Politikwissenschaften, Soziologie und Psychologie. 1982–1993 Leiter der Abteilung Inland im Presse- und Informationsamt der Bundesregierung, 1993–1998 Leiter der Abteilung Kultur und Medien im Bundesministerium des Inneren, 2000–2007 Präsident der Universität Erfurt, seit 2008 Präsident der Görres-Gesellschaft zur Pflege der Wissenschaften, Chefredakteur der von der Konrad-Adenauer-Stiftung herausgegebenen Monatszeitschrift »Die Politische Meinung«.

PROF. DR. WERNER ECK

Geboren 1939, Studium der Geschichte, Latein, Griechisch, Germanistik und Archäologie in Erlangen. Promotion 1968, Habilitation 1974, Professor an der Universität des Saarlandes, ordentlicher Professor für Alte Geschichte an der Universität zu Köln 1979 bis 2007. Forschungsschwerpunkte sind die römische Kaiserzeit mit einem Schwerpunkt auf der Wirtschafts- und Sozialgeschichte, die epigraphischen Quellen im gesamten Mittelmeergebiet sowie die Geschichte des Judentums und des Christentums. Seit 2007 Herausgeber der Stadtgeschichte Kölns in 13 Bänden.

PROF. DR. WILFRIED HARTMANN

Geboren 1942, Studium der Geschichte, Germanistik und Politischen Wissenschaften in Göttingen und Tübingen. Promotion 1969, Habilitation 1976, Professor für Mittlere und Neuere

Geschichte und historische Hilfswissenschaften an den Universitäten Mannheim (1989–1991), Regensburg (1991–1994) und Tübingen (bis 2007). Forschungsschwerpunkte sind die Geschichte der Karolingerzeit, Bildungsgeschichte des 11. und 12. Jahrhunderts, Geschichte des kirchlichen und weltlichen Rechts und die Historiographie des hohen und späten Mittelalters.

DR. MICHAEL KAISER
Geboren 1965, Studium der Geschichte, Latein und Mittellatein in Köln. Promotion 1997, Referatsleiter bei der Stiftung Deutsche Geisteswissenschaftliche Institute (DGIA) in Bonn, Lehrtätigkeit an der Universität zu Köln. Forschungsschwerpunkte sind Themen im Umkreis des Dreißigjährigen Krieges sowie die politische Kultur der Landstände im Alten Reich.

DR. HELMUTH KLUGER
Geboren 1944, Studium der Geschichte und Germanistik in Bonn, Freiburg und Köln. Promotion 1985, wissenschaftlicher Mitarbeiter am Forschungsprojekt *Series episcoporum ecclesiae catholicae occidentalis*, Lehrtätigkeiten an den Universitäten Köln, Eichstätt, Mainz, München und Heidelberg. Forschungsschwerpunkte sind Königs- und Adelsdynastien sowie das bischöfliche Amt im Früh- und Hochmittelalter und Geschichte der Stadt Köln.

DR. LOTHAR THEODOR LEMPER
Geboren 1946, Studium der Politikwissenschaften in Köln, nach der Promotion Assistent und Akademischer Rat an der Philosophischen Fakultät der Universität zu Köln, ehemaliger Dezernent für Schule und Kultur im Rhein-Erft-Kreis, derzeit Geschäftsführender Präsident der Otto-Benecke-Stiftung in Bonn und Honorarprofessor an der Rheinischen Fachhochschule Köln

(RFH) für Verfassungstheorie. Direktor des Instituts Kultur und Kommunikation (K&K) an der RFH. Zahlreiche Publikationen zur Frage politischer Theorien sowie zur deutschen Bildungspolitik.

PROF. DR. KLAUS MÜLLER

Geboren 1936, Studium der Geschichte und Anglistik in Marburg, Hull und Bonn, 1962 Promotion mit einer Dissertation zur rheinischen Wahlsoziologie im 19. Jahrhundert, 1970 Habilitation über das kaiserliche Gesandtschaftswesen im Jahrhundert nach dem Westfälischen Frieden. 1971 bis 1999 Professor für Neuere Geschichte an der Universität Düsseldorf. Forschungsschwerpunkte sind deutsche und europäische Geschichte und rheinische Stadtgeschichte.

PROF. DR. DR. HC. HANS PETER SCHWARZ

Geboren 1934, Studium der Politikwissenschaften und Geschichte in Basel und Freiburg i.Br., Habilitation 1964, Ordinariate für Politische Wissenschaft in Hamburg 1966–1973, Köln 1973–1987 und Bonn 1987–1999. Gastprofessuren am St. Antony's College, Oxford, am Woodrow Wilson International Center, Washington D.C. und am Bologna Center der John Hopkins University Bologna. Forschungsschwerpunkte sind die jüngere deutsche Geschichte, die deutsche Innen-, Außen- und Deutschlandpolitik, politische Akteure und Parteien, insbesondere Konrad Adenauer und seine Ära.

DR. ULRICH S. SOÉNIUS

Geboren 1962, Studium der Mittleren und Neueren Geschichte, Bibliothekswissenschaft und Politischen Wissenschaften in Köln, 1999 Promotion mit einer Dissertation über das Wirtschaftsbürgertum im 19. und frühen 20. Jahrhundert, Geschäftsführer der Industrie- und Handelskammer zu Köln, Vorstand und Direktor der Stiftung Rheinisch-Westfälisches Wirtschaftsarchiv zu Köln. Zahlreiche Publikationen zur Wirtschafts- und Unternehmergeschichte des Rheinlandes.

PROF. DR. FRANK GÜNTHER ZEHNDER
Geboren 1938, Kunsthistoriker, seit 1976 ständiger Lehrauftrag für Kunstgeschichte und Museologie an der Universität Bonn, 1991 Honorarprofessor, 1973–1993 Walraf-Richartz-Museum, zugleich Geschäftsführer der Freunde des Walraf-Richartz Museums und des Museums Ludwig, 1996–2004 Direktor des Rheinischen Landesmuseums. Neukonzeption, Neubau und Neueinrichtung des Hauses als Themenmuseum. Ausrichtung zahlreicher großer Ausstellungen. 2009 Berufung zum Gründungsdirektor der Internationalen Kunstakademie Heimbach/Eifel. Zahlreiche Publikationen zur mittelalterlichen, modernen und zeitgenössischen Kunst sowie zur Museumskunde.

Herausgeber:
DR. KARLHEINZ GIERDEN
Geboren 1926, Jurastudium in Köln, 1953 Promotion mit einer Dissertation zum Thema »Hegels Lehre vom Staat«, 1954 Eintritt in die Öffentliche Verwaltung, 1962 bis 1974 Oberkreisdirektor des Landkreises Köln, bis 1990 Vorstandsvorsitzender der Kölner Bank von 1867 eG, 1989–1999 Vorsitzender des Kulturausschusses der Landschaftsversammlung Rheinland. Vorsitzender des Freundeskreises der Abtei Brauweiler.

unter Mitarbeit von: DR. MARION GIERDEN-JÜLICH
Geboren 1951, Historikerin, Promotion 1982 in Köln mit einer Dissertation zum Thema »Zwischen Anpassung und Widerstand – Deutsche Diplomaten 1938–1941«, ab 1985 verschiedene Tätigkeiten im Bundesministerium für Familie, Senioren, Frau-

en und Jugend u.a. als Abteilungsleiterin Gleichberechtigung, 2005–2010 Staatssekretärin im Ministerium für Generationen, Familie, Frauen und Integration des Landes NRW.